Minu ELU, Minu USKi

„Mina armastan neid, kes armastavad mind,
ja kes otsivad mind, need leiavad minu.“
(Õpetussõnad 8:17)

Minu ELU, Minu USK I

Dr. Jaerock Lee

URIM BOOKS

MINU ELU, MINU USK I, Dr. Jaerock Lee
Kirjastaja Urim Books (Esindaja: Seongnam Vin)
73, Yeouidaebang-ro 22-gil, Dongjak-gu, Sõul, Korea
www.urimbooks.com

Autoriõigus © 2010 kuulub Dr. Jaerock Lee'le
ISBN: 978-89-7557-366-8, ISBN: 978-89-7557-365-1(köites)
Tõlke autoriõigus © 2010, Dr Esther K. Chung. Kasutatud autori loal.

Viimati kirjastatud korea keeles, kirjastajaks Kristlik Press, Sõul, Korea.
Autoriõigus © 2006, ISBN: 89-88390-016-4
Tõlkija: Ave Rosenthal
Toimetaja: Urim Books'i kujundusbüroo
Lisateabeks võtke ühendust aadressil: urimbook@hotmail.com

Sügav vaimulik aroom

Öeldakse, et kõige meeldivamat aroomi annab Balkani mäestiku roos. Olgu seda tõde või mitte, sellist emotsiooni ei paku meile iga Balkani mäestiku roos. Selleks, et saada kõige kõrgema kvaliteedidiga parfüüm, peame eraldama roosist lõhna, mis on korjatud varahommikul kell 2, külmimal ja pimedamail ajal.

„Minu elu, minu usk I & II,' Dr. Jaerock Lee autobiograafia, pakub lugejatele samuti kõige paremalõhnalist vaimset aroomi. Seda seetõttu, et tema elu on tõmmatud välja Jumala armsatusest, olles kogenud tumedaid laineid, rasket koormat ja kõige sügavamat meeleheidet.

Miks ei võinud Dr. Lee unistada nii nagu teised noored inimesed säravast ja rõõmsast elust? Tema elus oli aeg, mil ta võitles hea kooli lõpetamise, välismaal õppimise ja mitmekülgselt haritud ja toredaks meheks saamise nimel. Kuid erinevalt unistustest, sai tema elust allakäik kannatuste oruni välja. Ta keha oli kaetud tõvehaavadega. Kuulsuse saavutamise asemel põlati ta ära ja jäeti hooletusse tema kõige lähedasemate poolt. Talle sai väga sügavalt ja põhjalikult selgeks tõsiasi, kui tühine on selle maailma armastus. Ta adus täielikult, mida tähendab vaesus ja kui südant murdev võib tähendada olla perekonnapea ning samas omada mitte mingit jõudu. Kahel korral püüdis ta isegi enesetappu sooritada.

Ta kohtas Jumalat keset kannatuste orgu, suutmata sellises seisundis isegi mitte hingata. Selle hetkeni oli ta oma väsitavas elus üksi vaevelnud. Kõikvõimas Jumal, kelle armul ei ole otsa, tuli tema juurde, kohtus temaga ning alustas kõndimist koos temaga. Taevaliku kuningriigi lootusega tõi Jumal ta meeleheitest välja! Korraga sai Dr. Lee elu suurimaks küsimuseks „Kuidas saan ma Jumalale tema imelise armu eest tasuda?" Ta tegi selliseid tegevusi „Tee", mida Jumal soovitas. Tegudest, mida Jumal keelas, ta hoidus. Kui Jumal ütles „Mine", siis ta läks. Temast sai Jumala kõrge ja suurepärase armastuse vang, ning tema suurimaks eesmärgiks elus sai meelehea tegemine Jumal-Isale.

Apostel Pauluse tunnistus sügavast armastusest, nõnda nagu see on kirja pandud Pauluse Kirjas roomlastele peatükis 8, salmides 35 kuni 39, on ka Dr. Lee tunnistus: *„ Kes võib meid lahutada Kristuse armastusest? Kas viletsus või ahistus* *või tagakiusamine või nälg või alastiolek või hädaoht või mõõk? Nagu on kirjutatud: „Sinu pärast kiusatakse meid kogu päeva, meid koheldakse nagu tapalambaid.' Kuid selles kõiges me saame täieliku võidu tema läbi, kes meid on armastanud. Sest ma olen veendunud, et ei surm ega elu, ei inglid ega peainglid, ei praegused ega tulevased, ei väed, ei kõrgus, ei sügavus ega mis tahes muu loodu suuda meid lahutada Jumala armastusest, mis on Kristuses Jeesuses, meie Issandas. "*

Nõnda nagu on öeldud Õpetussõnade 8:17: *Mina armastan neid, kes armastavad mind, ja kes otsivad mind, need leiavad minu,* kui see oli Jumala tahe, vastas Dr. Lee igas olukorras kogu südamest ainult „Jah" ja „Aamen". Jumal riietas ta oma jõuga ja seadis ta maailma kohale. Tema kirik Manmin (tõlk. Kogu loodu) Joong-ang (tõlk. tsentraalne) kirik palub kõigi rahvaste pärast nõnda kui nimi „Manmin" ütleb. Kirik viib ükshaaval täide Jumala poolt antud nägemusi ning on saanud Püha Vaimu tööde ellu viimise keskmeks.

Rev. Dr. Lee mõistab haigete kannatusi, sest tai se kannatas paljude tõbede käes. Ta mõistab murtud südameid, kuna tai se oli põlatud ja pilgatud. Olles ise tundnud tõsist vaesust, tunneb ta nende südameid, kes peavad raskeid vaesuse koormaid kandma. Seepärast kogunevad tuhanded kirikuliikmed tema umber, soovides temaga näost näkku kohtuda.

Rev. Dr. Lee enda elu on üheks dramaatilisemaks juhtumiseks sellest, kuidas Jumala tundma saamine inimese elu muuta võib. Tema elu näite varal näeme, kuidas elu Jumalale täielikult kuuletumises ja pühendumises rohket vaimset ja materiaalset vilja kanda võib.

Tema elutee kõneleb meile saladusest, mis on kõigi õnnistuste taga: saada puhtaks ja süütuks kui kristall, nõnda nagu Jumal on püha, vahel kui möirgav lõvi ja teisel korral hell ja õrn kui ema käed.

Nõnda kui Dr. Lee elu heidab sügavat aroomi, loodan ma, et ka kõik selle raamatu lugejad võivad anda aroomi, mis on tugevam kui parfüüm Balkani mäestiku roosidest.

10. detsembril 2006.a.
Rev. Dr. Esther K. Chung

Sõuli Naiste Ülikooli endine president, Sõul, Korea
Manmin'i Rahvusvahelise Seminari president, Sõul, Korea
Auprofessor, Universidad Nacional de San Antonio Abad del Cusco, Peru

Tuleproov ja võim

„Minu elu, minu usk I & II" annab selge vastuse küsimusele „Kuidas peaksime oma kristlase elu juhtima?" Ja seega on see raamat kõigile neile, kes tunnistavad Jeesus Kristust ning usuvad tema ristiveresse.

Ausalt tunnistades ei tundnud ma Dr. Jaerock Lee'd, Manmin'i Keskse kiriku vanemprofessorit kuigi hästi. Ühel päeval andis üks mu kolleeg mulle tema raamatu *„Minu elu, minu usk I & II"* ja asunud raamatut lugema, ei suutnud ma pisaraid tagasi hoida. Ma avasin raamatu hilistel õhtutundidel, kui ma und ei leidnud ning see kütkestas mind läbinisti.

Võimatu oli pisarateta lugeda tema kannatustest, mida tingisid kõikvõimalikud tõved, vaesus ja perekonnaprobleemid, aga samavõrd ka tema töö. Raamat kandis endas kogu ainulaadset ja Koreale iseloomulikku kurbust. Tema haigused olid sedavõrd tõsised, et ellu jäämise nimel sundis ta end isegi keha väljaheidet jooma ning tegi katseid enesetapuks kahel korral. Olen elus ka ise paljusid kannatusi läbi teinud, kuid pisarate poetamine seda raamatut lugedes osutus vastupandamatuks ja raskeks.

Paljudest korealased, kes kogesid aega, mil me läksime läbi viiekümnendate ja kuuekümnendate tohututest raskustest, elasid läbi palju kannatusi. Isegi täna on Koreas inimesi, kellel ei ole võimalust muretseda endale talveks kütet või süüa kolmel korral päevas. On palju neid, kes on haigustes, kuid ei saa endale haiglaravi lubada. Leidub neid, kes peale veeuputusi ajutistes hurtsikutes elavad ning tõbede käes kannatavad. Meie, korealased, ei ole kannatustest ja vaesusest veel täielikult pääsenud.

Kuid Rev. Dr. Jaerock Lee alustas peale kõigi nende kannatuste ja piinade võitmist hoopis teist elu, ning käesolev raamat maalib väga liigutaval moel pildi igast tema sammust. See ei tähenda, et raamat oleks kirjutatud, kasutades toretsevaid ja lillelisi sõnu ning püüdes sellega kirjanduslikku elamust. Minu südant puudutasid pigem ausad ja lihtsad laused.

Peaksin ma ütlema: „Tõelisuse aroom?" Tema tunnistus, mis kannab endas tõde Jumala päästest ja ülistab vaid Jeesust Kristust, võib panna lugejaid tundma samasugust Jumala armu.

Võib-olla oli sellest raamatust vaimustumise põhjuseks asjaolu, et minu kätte ei olnud juhtunud ühtki „tõeliselt head raamatut", mis iganes selleks põhjuseks ka oli, siis asjaolu miks just see raamat mind nii tugevalt puudutas, oli järgmine: kahetsus kõigi oma pattude üle peale Jeesusega kohtumist, Jumala kutsele järgnemine ja asumine õppima seminari selleks, et saada pastoriks, ning püüe säästa „kasvõi üks ainus puubrikett" sai teatavaks sümboliks minu ja mu naabrite elus, laste eludes, kes peavad kandma perekonnapea koormat ning nende inimeste eludes, kes oma inimkehades võimetuse vastu võitelvad. Peale selle raamatu lugemist tegin suured muudatused oma kristlikus elus.

Ma usun, et Rev. Dr. Jaerock Lee elu võib olla meie kristliku elu mudeliks. Me usume, et saame puhtaks üksnes kirikus jutlust kuulates, kuid pöördudes tagasi oma igapäevaelu toimetuste juurde, teeme me kompromisse ja patustame taas. Selline oli paheline ring meie elus.

Niisiis annab „Minu elu, minu usk I & II" selge vastuse küsimusele „Kuidas peaksime oma kristlase elu juhtima?" Rev. Dr. Jaerock Lee veenab meid selles raamatus palves kisendama. „Palvetage selleks, et saada puhtaks ning Jumala eesmärkide jaoks kasulikuks", „Palvetage selleks, et Jumalalt jõudu saada", „Palvetage selleks, et saada endale erinevaid Püha Vaimu ande", „Palvetage oma kiriku, pastori ja teiste Jumala teenrite eest", „Palvetage Jumalariigi ja tõelisuse eest" ja „Palvetage vaimuliku armastuse eest". Tema usutunnistus, mis pärineb tema kogemustest, puudutab meie elusid.

Peale tema kiriku avamist hakkasid juhtuma paljud imed nagu rohked tervenemise, surijate tagasi pöördumine ellu ja lausa surnute üles ärkamised ning sellised sündmused võisid teiste pastorite seas kadedust tekitada. Ta õppis orthodoksi pühas seminaris ja sai ka ordineeritud seal, kuid miks tema konfessioon ta endi seast välja heitis? Ebaõiglasest konfessiooni toimisest teeme juttu edaspidi.

Asja tõelist olemust näeme vaadates selle vilja. Täna põleb Püha Vaimu tui Manmi'i Keskses kirikus igal nädalal ja paljud haiged, kes kannatavad parandamatute haiguste käes, saavad terveks. Suuri ristiretki on peetud Ameerika Ühendriikides, Venemaal, Aafrikas, Kesk-Idas, Euroopas ja Ladina-Ameerikas ning nõnda paljud inimesed üle maailma said märke ja imesid näha. Korea on saamas maailma „Missioni keskuseks"!

Isegi peale Manmin'i Keskse kiriku, ühe maailma suurima pühakoja püstitamist, elab ta üksnes palvetamisest mäel ja paastuvatest palvetest. Kui tema tütred olid eluohtlikus olukorras ning isegi kui ta ise ülepingutuse tagajärvel mitmeid päevi verd valas ning surmasuus oli, tuli ta sellistest olukordadest välja vaid usu läbi. Vaatamata sellele ei hoople ta kunagi. Tema usk on see, millise meiegi saavutama peaksime.

See on kõik suur ime, kuidas Jeesus vee pulmalauas veiniks muutmis, veritsejaid ja pidalitõbiseid ravis ning Laatsaruse surnuist üles äratas. Miks aga kritiseerivad mõned inimesed ikka veel tervendamisi ja Jumala võimu, mis Rev. Dr. Jaerock Lee läbi ilmsiks on saanud? Kas me saame üldse rääkida 100 aastat kestnud kristlusest Koreas, kõnelemata tervendustöödest?

Kogu maailmas leidub kõige enam kirikuriste Koreas. Sellel maal näeme inimesi koos valjusti palvestamas, nende kehad värisevad palves olles ja nad isegi tantsivad palvetades; vähihaiged saavad Palve Mäe palvetundides terveks ja surnuid äratatakse ellu. Korea on täna palju missionäre ametisse pannud. Rev. Dr. Jaerock Lee raamatut lugedes sain taas kord tunda, kui õnnistatud maa Korea on.

Praegusel ajal jutlustab Rev. Dr. Jaerock Lee „Taevast" ja me ei tea, millal see lõppeb. Kui keegi sel teemal rääkima hakkab, jätkub tal mõtteid sel teemal ehk mõneks ajaks ja pärast paari nädalat saab jutt otsa. Rev. Dr. Jaerock Lee puhul on lugu teine, aja möödudes muutuvad tema jutud aina ilmekamateks ja detailsemateks. Arvan selle põhjuseks olevate prohveti ande ja muud anded, nii et jutlused ei lõppe ega lõppe ja tekste tuleb justkui siidi kookonist.

Nõnda kui Kuningas Saalomon Õpetussõnades metafoori on öelnud, on ka Rev. Dr. Jaerock Lee sõnumid vaikselt öeldud ja hästi arusaadavad, kuulutades, et Jumala Sõna on kui kuldõunad hõbevaagnal (Õpetussõnad 25:11). Olles tuleproovidest läbi läinud, toob ta ilmsiks imede jõu.

Veebruar 2007
Yoorim Han (TV-ajakirjanik)

Sisukord

Peatükk 3
Minu hüüe

Peatükk 4
Jumala hüüe

Sisukord

Peatükk 5
Kiriku algus

Peatükk 6
Koguduse kasvamine ja proovile panekud

Peatükk 7
Jumal laiendas teenimise piire

Peatükk 1

Arvamus, et sündis tumm beebi

Minu vanemad õpetasid mulle headust ja õiglust

„Tsh, tsh . . sündinud on tumm beebi. Miks ta ei nuta?" Kuna ma ei nutnud sündimise ajal, tegi see mu vanemad murelikuks ja nad püüdsid mulle kerget laksu anda. Isegi siis ei nutnud ma ja pigem naeratasin neile vastu. Mu pereliikmed olla väga kurvastanud, arvates, et ma olen tumm.

Peale Jumala armu tunda saamist, tuli mulle kord mõte, miks ma beebina ei nutnud. Ehk tundis mu vaim juba siis, et ma saan kogema Jumala sulase õnnistatud elu ning juhin paljusid päästmisele. 20. aprillil 1943.a. (vastavalt kuukalendrile) sündisin ma viimase lapsena (perre, kus kasvas kokku kolm poega ja kolm tütart) oma isale, Chabeom Lee'le ja mu emale, Gamjang Cho'le. Minu sünnikohaks on väike külake Haeje Myeon'is, Muan Gun'is, Jeonnami provintsis. Mu isa oli Hiina kirjanduse õpetaja, talle avaldasid väga muljet maitsekus ja muusika. Ajal, mil Korea oli Jaapani ülemvõimu all, käis ta töö tõttu palju kordi Jaapanis, kuid peale Korea iseseisvumist pakkis ta oma ettevõtmise kokku ja otsis vaikse koha, kus elada. Meie pere kolis Changsung'i, külasse Boon-hyang Ri's, Nam Myeon'is, Changsung Goon'is, kui ma kolme aastane olin. See oli väga ainulaadne ja eraldatud küla. Inimesed tavatsesid öelda, et vaid „Chun'i" pere suudab siin end hästi tunda, kuid ometi õnnestus meie perel selles paigas kiirelt kohaneda.

Minu isa, nii hästi, kui ma teda lapsepõlvest mäletan, eraldas end tihti muust maailmast ning luges kodus palju raamatuid. Mäletan ka, et vahel käisid meil ka mõned külalised. Kui isal külalised olid, tavatsesid nad koos mõnd jooki jutu kõrvale rüübata ning kanda ette vanu luuletusi või võistelda teadmistes Hiina kirjandusest.

Minu isa soovis minust alati tubli ja suurt meest kasvatada

Nii tavatses ta mulle tihi öelda: „Jaerock, mees peab truu olema. Ühel päeval peaks sinust selles maailmas Suur Mees saama." Ilmselt on see iga vanema sooviks, et tema laps tubliks kasvaks ning igas asjas edukas oleks. Mina aga mäletan, et minu vanemad püüdsid minus heasid väärtushinnanguid kasvatada ning mu ema ohverdas end meie pere eesmärkide nimel alati.

Mu isa hakkas mulle õpetama „Hiina tuhanded tähemärki", kui ma olin kõigest viie aastane. Ka rääkis ta mulle palju lugusid kuulsatest kangelastest. Kuulates *Kolme kuningriigi jutustustest* lugusid Guan Yu, Zhang Fei ja Zhao Yun kohta, kes kaitses oma isandat Liu Bei'd võitluses eludega riskisid, või lugu Zhu Ge Lian'ist, kes tuule puhuma pani, olin ma kuuldust sedavõrd lummatud, et mu käes said higiga kaetud. Mu isa rääkis mulle selliste tarkade meeste õpetustest nagu Konfuutsius ja Mentsius ning suurte meeste ausameelsusest. Lugusid Mongju Jung'ist, kes teenis Koryo dünastiat (kuigi selle saatuseks oli hävitatud saada) kuni teadmiseni, et ta võib surma saada ja admiral Soonshin Lee'st, kes maa selle hävinemise äärel päästis, liigutasid mu südant alati, kuulates neid kui palju kordi tahes. Lood suurtest meestest, kes püsisid oma kohtadel ning jäid alati truuks, seda isegi eluohtlikes olukordades, said lõigatud selle noore poisi südamesse. Kuulates neid lugusid pidasin ma alati meeles, et mul tuli alati oma vanemaid austada, käia õiget teed ning anda vastu kogu seda armu, mis mulle osaks sai, muutumatult ja poolel teel ringi mõtlemata kogu oma edasise elu.

Unistus saada kongresmeniks

Algkooli alustasin ma unistusega saada kongresmeniks, mu isal oli kombeks mind valimiskampaaniatega seotud sõnavõttudele kaasa võtta. Meil oli kombeks sõnavõtu kohta jala minna ja maad oli sinna tavaliselt 10 kuni 15 kilomeetrit kõndida. Ta võttis mind kaasa kohalikele valimistele, üldistele valimistele ja presidendivalimistele. Tema sooviks oli, et minust kasvaks poliitik, kes tulevikus oma maa heaks suurepärast tööd teeks.

Sel ajal oli võimul liberaalpartei ja sõna võtsid palju inimesed. Kõnemehed olid minu vastu alati väga lahked ning näisid mulle väga eriliste inimestena. Ma tavatsesin tihti mõelda „Kui ma suureks kasvan, saan just selliseks nagu mõni neist..." Kandidaatide kõnesid kuulates unistasin ma igal päeval, et kunagi saab ka minust kongressi liige. Selline unistus oli mul ka keskkoolis ja kõrgkoolis õppides. Siis käisin kõnesid juba üksi kuulamas.

Kool ei olnud minu jaoks väga huvitav, kuna juba enne algkooli minemist olin ma oma õdedelt-vendadelt korrutustabelit ja Hangul'it (korea kirjasüsteem) õppinud. Peale kooli sõpradega mängimine meeldis mulle rohkem. Mulle hakkasid meeldima vägivaldsed mängud, me mängisime sõjamehi, harjutasime maadlemist ja jalahoope. Olin teistest minu vanusegrupi lastest suhteliselt tugevam ning tahtsin kõikides mängudes alati võita. Olin üsna kangekaelne ja uhke. Soovisin mängu alati seni jätkata, kuni mina võitsin. Mu tervis oli väga hea. Isegi ajal, kui meil rahaliselt kerge ei olnud, hankis mu ema minu jaoks rohtudest valmistatud tervistavat ravimit, mis oli üsna kallis. Sellise ravimi võtmine, eriti eemal maakohas, oli tol ajal üsna ebatavaline. Ema armastus oma noorima poja vastu oli väga suur. Kui me emaga küla vahel käest kinni jalutasime, juhtusid vanemad inimesed tihti ütlema: „Su poeg on väga nutikas... Tulevikus saab temast keegi... Võin tema näolt lugedes öelda, et temast saab tulevikus suur mees... Hoolitse tema eest hästi!“ Nägin, et mu ema oli selliseid märkusi kuuldes väga rõõmus. Mäletan, kuidas ta vahel buddha templisse riisi ohverduseks viis ning palus õnnistusi oma perele.

Mu ema palvetas tõsiselt

Õhtuti oli mu emal kombeks käia esmalt duśśi all, seejärel riietada end Hanbok'iga (traditsiooniline korea kleit), minna välja, asetada kauss puhta veega alusele ning palvetada tähtede poole. Mina, kes ma olin noorim, püüdsin olla ärkvel seni kuni ta tagasi tuli. Mõnel õhtul läks tal rohkem aega kui tavaliselt ning siis piilusin ma tema tegevust väljas läbi väikese augu paberist aknas seni, kuni uinusin.

Kord küsisin ma emalt: „Ema, miks sa nii palju maha kummardud ja palvetad?" ning tema vastas: „Selle pärast, et ma palusin Suure Vankri poole ja su suur vend tuli tervena Korea sõjast tagasi. Põhjuseks, miks teie, lapsed, nii terved olete ja hästi kasvate, on see et ma palvetan palju." Hiljem, kui ma haigestusin ja aastaid haige olin, jätkas ema alati tähtede poole palvetamist, kui need ei aidanud enam. Niipea, kui ta hiljem kuulis, et Jumala vägi tegi mind terveks, hakkas ta omaette kirikus käima. „Ma palvetasin buddha ja tähtede poole pikka aega, kuid ei buddha ega Suur Vanker ei suutnud mu poega terveks teha. Kui alates sellest, kui mu poeg kirikus terveks sai, käin ma kirikus." Peale selle välja ütlemist loobus ta kõigist oma iidolitest ning temast sai ustav teenija, kes vaid Jumalat teenib.

Minu vanemate range nõue - haridus

Kuna ma olin kõige noorem, siis püüdsin ma alati sõnakuulelik olla ning mu vanemad armastasid mind seetõttu eriliselt. Mu vanemad olid arvamusel, et haridus ja distsipliin on elu igas etapis väga oluline. Nad õpetasid mu õdedele-vendadele ja mulle palju asju, mitte ainult inimsuhetes olulisi põhimõtteid, vaid ka üldiseid kombeid ja viisakust; seda kuidas õieti ringi liikuda, rääkida, riietuda, laua ääres lusikaga süüa, puhata ja hommikul ärgata. Nad rõhutasid, et rääkides ei tohiks oma häält kõrgendada; et enne kui teine inimene rääkimist lõpetanud ei ole, ei tohiks meie rääkima hakata; et kui vanemad inimesed meiega räägivad, siis ei tohiks neile otse silma vaadata; et oma naabreid külastades ei tohiks me nende peresse lõhesid tekitada ning et kui vaesed me iganes ka ei oleks, ei tohiks me kerjusele ei öelda ja nii edasi. Nad õpetasid meid olema head ja kannatlikud. Mulle näib, et tänu sellisele kasvatusele oli minu juhiks juba enne Jumala tunda saamist südametunnistus ning nii öeldi minu kohta tihti „mees, kellel pole seadust vaja". Ma arvan, et tänu mu vanematelt saadud rangetele koolitusmeetoditele oli mul peale Jumala tunnistamist kerge öelda „Aamen" ja käituda kooskõlas iga käsuga, mis Jumala sõna andis.

Minu isa, Hiina klassikaline õpetlane, õppis füsiognoomiat, mis on füsioloogia oluline osa ning käe pealt lugemist. Ta võis täpselt ette ennustada, mis rahva tulevikus sünnib ning mõningaid sündmusi, mis külas aset leidsid. Mulle ütles ta: „Jaerock, sinust saab suur mees. Sinu tulevikus paistab olevat vaid häid asju, kuid su elujoon on küllaltki lühike ja see näitab raskusi elu keskpaigas ning sinu saatuseks on surra noorelt. Kuid su elujoone kõrval on üks nõrk ühendusjoon ning kui sul õnnestub kolmekümnendatest läbi minna, saab sinust oma rahvale suur õnnistus."

Peale mu füsiognoomia ja peopesa vaatamist oli mu isa väga õnnelik. Ta rõhutas, et kui ma noorena ei sure ning suudan kolmekümnendad üle elada, saan ma reisida paljudesse paikadesse maailmas ning teenida paljude rahvaste austust. Kolmekümneselt oli minu elu väga raske, polnud kohta mu kehal, mis poleks haigusest puudutatud olnud. Paljudel kordadel leidsin ma end surmasuus olevat. Tihti ei teadnud ma isegi seda, kas ma olen võimeline järgmist päeva üle elama. Sellistes tingimustes elades ei saanud ma suureks meheks saamisest enam isegi mitte unistada. Mu isal oli minust tohutult kahju, ta arvas, et ma võin surra noorelt. Nii püüdis ta mind igal moel toetada, õpetada ning mulle kõike vajalikku pakkuda. Mu ema oli samuti nii minu kui kogu pere osas väga hoolas ning ustav.

Õnnetus algkoolis

Lapseeast saadik olin ma alati väga terve olnud. Ema hellitas ja armatas mind kui oma viimast last väga ning andis mulle tihti mett koos erinevate tinktuuride ja taimerohtudega. Kindlasti aitas see kaasa ning ma olin tavaliselt tugevam ning tervem, kui teised minu vanused lapsed. Olgugi, et olin alles väga noor, võitsin ma korea maadluses palju medaleid ning mind kutsuti „tugevaks meheks". Paljud lapsed püüdsid minu järel käia ning nimetada mind nende liidriks.

Meie, lapsed, kes me Korea sõjast lummatud olime, mängisime üsna vägivaldseid mänge. Meile meeldis mängida sõda, pidada mõõgavõitlust, maadelda, jalahoope harjutada ning mängida „Sahbi't, mida mängides on vaja vastast kägistada seni kuni see alistub. Kui me, lapsed, omavahel maadlesime, oli meil tavaks tõsta käsi üles siis, kui me vastase haardes olime ning alla anda soovisime. Kord väsisin ma väga ära, püüdes mitte alla anda. Misiganes võistusega oli tegu, võitlesin ma alati seni kuni võitsin - olin selles osas väga kangekaelne ja uhke. Neljandas klassis mängisin ma ühel päeval koolis oma sõbraga, kes käis juba keskkoolis ning vigastasin üht ribikonti. Mu vanematel ei olnud tol ajal võimalik mind haiglasse viia, nad andsid mulle rohtusid ravimtaimedest ning lootsin, et paranen peagi. Sama õrn koht tegi mulle igal suvel valu. Mu külg tegi valu, hingamine oli raske ning ma ei saanud joosta. Kuna vajalik ravi puudus, siis valmistas mu isa joogi, pannes kaks mürkmadu „Soju" likööri sisse ning ma pidain seda hommikuti ja õhtuti jooma. Seeläbi sai mulle alkoholi joomine juba noorena tuttavaks.

Neljandas klassis käies juhtus aga midagi ühe õpetajaga minu koolist, kutsusime teie hulluks õpetajaks. Olime kooli aias sõpradega maadlemismängu „Sabhi" mängimas, õpetaja aga arvas, et me kakleme omavahel ning kutsus meid õpetajate tuppa. Ta noomis meid ja andis laksu. Seejärel lasi ta meil teineteisele kakskümmand laksu anda. Nii sain ma lakse nii õpetajalt kui sõbralt. Mu nägu paistetas sellest üles ning üks kõrva trummikiledest läks katki. Vedelik tuli kõrvast välja ning selle tulemuseks oli kuulmishäire. Õpetaja vallandati koolist, kuid minu kannatus jäi eluks ajaks.

Minu noorukipõlv

Olin sisse poole elav laps ning väga tagasihoidlik. 1959. a. lõpetasin ma Kwangju linnas keskkoolis ja läksin kõrgkooli Sõulis. Elasin oma vanema õe juures Shindang Dong'is, mis asub Seongdong Gu's, Sõulis, Koreas. Oma lõpuaastal pidin kord koolist haiguse tõttu üle 40 päeva puuduma. Sel ajal, kui ma voodis lebasin, märkasin järsku evangeliste, kes meie majja tulid ning mulle Jeesusest rääkisid. Mõtlesin endamisi: „Millised rumalad inimesed! Kus see Jumal on, kellest ta räägib! Niikuinii ei usu ma Jeesusesse, ja kui ma ka usuks, kuidas suudaks ma sedasi ringi käia ja pühakirja kuulutada? Ma olen selleks liiga arg."

Tundsin kaasa neile inimestele, kes käisid ringi ja rääkisid meile Jeesusest. Ateisti ning tagasihoidliku ja sisse poole elava inimesena mõtlesin ma: „Nüüd on mul veel üks põhjus, miks Jumalasse mitte uskuda - selle pärast, et ma ei taha käia ringi ja kuulutada pühakirja, nagu nad teevad." Mu isal, kes oli Hiina klassika õpetlane, oli kombeks öelda: „Oled sünnilt sellise

Kõrgkoolis I

Keskkoolis

loomuga, et isegi näpuotsatäie soola küsimine on sinu jaoks suur tegu." Kuigi maakohtades olid inimesed sel ajal vaesed, oli sool siiski üsna levinug. Mu isa mõtles sellega ilmselt seda, et ma olen sellist tüüpi inimene, kes mingi hinna eest teistele muret tekitada ei taha.

Algkooli aegadel, kui ma kooli õpperaha maksmise teate sain, ei suutnud ma sundida seda oma vanematele andma. Hilinesin tähtajaga alati, õpetajad pahandasid minuga kõvasti ning käskisid mu vanematel kooli tulla - alles seejärel andsin ma teate ema kätte. Ema andis raha minu kätte kohe, kui teate kätte sai. Ma ju teadsin, et ta annaks raha mulle kohe, kuid mul oli raske temalt seda küsida. See näitab hästi, kui tagashoidlik ja sisse poole elav inimene ma olin. Mu iseloom sai mu tegevust ka hiljem mõjutama.

Enesetapukatse peale mälu kaotamist

Kuna mu tervis jäi aina kehvemaks, pidin ma koolist palju puuduma ning mu õppeedukus keskkoolis oli üsna kehv. Püstitasin endale eesmärgi - sooritada kolledzi sisse astumise eksam ning pääseda seeläbi Sõuli Rahvusliku Ülikooli Inseneride kooli. Hakkasin rohkem õppimiseks ergutavaid rohte võtma. Aja möödudes muutusin ma rohtude suhtes tolerantseks ning pidin kogust suurendama. Veelgi hiljem hakkasid ilmnema sõltuvuse märgid ning mul tuli rohtusid nüüd juba pidevalt võtta. Ilma rohtusid tarvitamata muutusin uniseks ning ei suutnud enam üldse kontsentreeruda. Magasin päevas neli tundi ning õppisin igal päeval rahvusraamatukogus, mis asus kohas, kus nüüd on Lotte kaubanduskeskus. Jätkasin sel viisil õppimist ühe aasta ning kogusin piisavalt enesekindlust, läbimaks Sõuli rahvusülikooli inseneride kooli sisseastumise eksamid.

1962.a. novembris, kui eksamid olid ukse ees, avastasin ma korraga, et olen osa mälust kaotanud. Olin pausi ajal ajalehte lugemas ning avastasin korraga, et mulle ei meenu Korea tolleaegse presidendi, Dr. Synman Rhee, nimi. Püüdsin oma aju pingutada, kuid asi läks aina hullemaks - ma ei suutnud korraga meenutada ühtki inglise keelset sõna ega matemaatika valemit, mida pingsalt õppinud olin. Ma ei mäletanud korraga mitte midagi ning see polnud lihtsalt ajutine nähtud. Katsusin meenutada asju, mida ma hoolega õppinud olin, kuid ei suutnud isegi mitte kõige elementaarsemaid asju meelde tuletada. Mõnda aega tundsin justkui kukuks ma allapoole, ühte suurde tühja auku. Mul puudusid väljavaated tulevikuks ning oli sügavasse depressiooni langemas. Arg ja tagasihoidlik nagu ma olin, veetsin terve ühe aasta end täiendades ning jäin seejärel järsku mälust ilma.

Kuidas võisin ma nüüd oma vanemate ette minna, peale kõike seda mis nad minu heaks teinud olid ning kannatanud minuga koos? Olin liialt häbistatud, et edasi elada. Mõtted viisid elu lõpetamisele ning ma otsustasin selle plaani ellu viia, selle mõttega hakkasin koguma Ameerika päritoluga unetablette, mis teiste inimeste jutu põhjal kõige tugevamad ning efektiivsemad olid. Elasin sel ajal õppimiseks üüritoas oma õe maja kõrval ning sõin koos oma õega.

Ütlesin talle: „Õde, ma täna õhtul oma sõprade juurede õppima. Ma ei söö täna siin õhtust, palun ära oota mind täna õhtul.‟

Õde ei olnud mu plaanist teadlik ja noogutas ning nõustus. Lukustasin ukse seest poolt peale seda, kui olin oma asjad pakkinud ja kirjutanud viimase kirja oma vanematele, õdedele ja vendadele. Võtsin teki, neelasin alla palju tablette ning viskasin pikali. Mõnda aega suutsin päris selgelt mõelda, kuid siis kaotasin järsku teadvuse. Siinjuures kõlab hästi ütlus: „Surm siinses elus on järgneva algus."

Mu vend ja õemees pidasid Dongdaemoon'i turul kangapoodi. Tavaliselt sulgesid nad kaupluse õhtul kell 22, vaatasid muud asjad üle ning jõudsin keskööd paiku koju. Kummalisel kombel soovisid mu vend ja õemees sel õhtul varem koju tulla.

Mu vend oli mu vanemale õemehele öelnud: „Vennas, ma arvan et me võiks täna poe varem kinni panna ja rutemini koju jõuda."

„Tõesti? Mina tahan ka varem koju minna," vastas tema.

Nii panigi mu vend tol päeval poe varem kinni. Olles õe majja jõudnud, ei tulnud mu vend mind tavaliselt õpingutes segama, kuid sel õhtul soovis ta mind millegi pärast kindlasti näha.

„Kus Jaerock on?" küsis ta. Mu õde vastas: „Ta ütles, et läheb oma sõbra juurde õppima." Sellegi poolest tuli vend minu toa juurde. Ta nägi, et uks oli lukus ning tundis, et midagi halba on juhtunud. Ta murdis tuppa sisse ning leidis mu keha juba jahtunud olevat. Mu vend ütles õemehele: „Ta võib ellu jääda, kui me ta haiglasse viime ning ta magu ära puhastatakse." Vend ja õemees viisid mu kiiruga haiglasse, kuid arsti sõnul oli lootust vähe, kuna tablettide kogus oli olnud väga suur. Siiski tulin ma mõne päeva pärast teadvusele, kuid olin enesetapu katse tõttu kaotanud isegi selle väikese osa mälust, mis mul veel alles oli.

Isegi aasta hiljem ei olnud mu mälu veel täielikult taastunud. Sellegi poolest tegin ma sisseastumiseksamid 1964.a. märstis edakalt, olles uuesti tugevalt õppinud ning sain sisse Hanyang'i Inseneride ülikooli.

Minu abielu ja minu saatus

Kolledzis õppimise ajal kutsuti mind sõjaväkke ning ma alustasin oma teenistust 29. oktoobril 1964.a. Teenistus lõpul tutvustas üks mu sugulane mulle üht kirjasõpra, kellest sai hiljem minu abikaasa.

Kaotasin kogu päritud varanduse

1967.a. maikuus lõpetasin ma sõjaväe teenistuse ning vabanesin armeest. Mind oli ootamas midagi ootamatut. Enne sõjaväkke minekut sain ma oma vanematelt teise semestri õpperaha enda kätte. Laenasin selle raha ühele oma sugulasele, kes lubas summa ajaks, mil ma sõjaväe teenistuse lõpetan, koos intressiga tagasi maksta. Kuid sugulase perekonnal oli probleeme ning mul ei õnnestunud isegi mitte laenu põhiosa tagasi saada. Mu vend ja õemees said juhtunust teada ning andsid mulle vajaliku õpperaha. Peale sõjaväe teenistust kohtusin ma oma kirjasõbraga, kes on nüüdseks minu abikaasa, ma armusin temasse meeletult. Lubasime teineteisele, et abiellume.

Ta oli tüdruk, kelle silmad olid suured ja selged kui järv. Ta sai teada, et mulle oli õpperaha antud ning palus see summa talle mõneks ajaks laenata. Nii me tegimegi, kuid ta ei suutnud seda lubaduse kohaselt tagasi maksta. Seetõttu ei olnud mul võimalik teiseks semestriks registreeruda ning tuli mõned kuud oodata. Viimaks otsustasin oma kodulinna tagasi minna. Ütlesin vanemate: „Ema, isa, ma abiellun peagi, mis oleks, kui te maksaksite mulle minu osa juba praegu välja. Ma kulutaksin sellest osa meie abiellumiseks ning kuna mu pruut on juuksur, siis avaksime me raha teenimiseks juuksurisalongi. Ülejäänud osa rahast paneksin ma panka ning koguksin intressi. Õpiksin stipendiumi abil. Peale kooli lõpetamist läheksin Ameerika Ühendriikidesse ning tuleksin sealt doktori kraadiga tagasi." Esitlesin oma tulevikuplaane kui projekti ning veensin oma vanemaid. Nad kuulasid mind ning andsid mulle raha, tundes seejuures siiski väikest vastumeelsust nii teha. Suure summaga läksin ma Sõuli tagasi, unistades roosilisest tulevikust. Kuid asjalood hakkasid halvasti minema. Pidin oma pruudiga Sõuli jaamas kokku saama, kuid ta ei tulnud kohale. Terve nädala ei saanud ma temaga ühendust.

Mulle helistas mu õde ning ütles: „Vennas, ma kuulsin et sa oled sinu osa rahast kätte saanud! Kui palju intressi sa pangast saaksid? Ühel mu sõbrannal on oma äriettevõte ja kui sa investeeriksid tema firmasse, teeniksid sa hea summa. Ma võin sulle tagada, et muretsemiseks pole sul mingit põhjust." Jäin naiivselt oma õde kuulama ning kuna ma ei kuulnud ikka veel midagi oma pruudist, rentisin maja ja andsin ühejäänud summa õe kätte.

Mõne päeva pärast ilmus mu pruut välja. Ta pere ei olnud meie abiellumisega nõus ning kogu vahepealse aja oli ta püüdnud neid veenda. Kõige tipuks oli ka tema enesetappu püüdnud sooritada, neelates unerohte. Ta oli viidud haiglasse ning jäänud vaevu ellu. Kui me kohtusime, oli ta haigast just välja saanud.

Sain õelt kahe kuu intressi raha pealt, mille olin tema kätte andnud ning edasi ei kuulnud ma temalt ühtki sõna. Helistasin talle ja ütlesin: „Õeke, ma pean semestri õppemaksu ära tasuma, palun korralda nii et ma oma raha tagasi saaksin." Vastust ma temalt selle peale ei saanud. Peale aastavahetust külastasin õde ning küsisin oma raha õpingute jätkamiseks tagasi. Nägin, et tal oli mure. Ta ütles: „Vennas, ma arvasin, et mu sõbranna peab äriettevõtet, kuid tuleb välja, et ta tegeleb musta äriga. Ta võeti kinni ja istub nüüd vanglas. Ma ei saa seda raha tagasi." Olin masenduses. Mõtlesin omaette: „Oh kui kohutav! Ma pole isegi kolledzit veel lõpetanud! Mis kohutav ebaõnne see küll on?" Nõnda lihtsalt vaid ühe hetkega kaotasin kogu päritud raha, sest mu õde ei saanud mulle seda tagasi maksta. Otsustasin raha teenimiseks töö leida ja õhtukooli minna. Sain ühe ajalehe juures ajakirjaniku koha ning 1968.a. jaanuaris abiellusin oma pruudiga.

Tundsin end alkoholi osas väga kindlalt

1968.a. märtsis korraldasime peale abiellumist ühel pühapäeval soolaleivapeo. Ostsime peo tarvis Dongdaemoon'ist nelikümmend pudelit viskit ning ka sõbrad tõid palju jookse kaasa. Hommikul sain kokku kolleegidega, pärastlõunal kohtusin

Ajalehe reportina töötamise ajal

Sõulis sõpradega ning õhtul kogunesime kodulinna sõpradega. Nautisin pidutsemist hilisööni. Olin kindel, et talun alkoholi hästi ning ei öelnud isegi mitte hommikul ära ühestki joogist, mida sõbrad pakkusid. Pidin jooma üksi ära vähemalt seitse pudelit viskit. Nii tohutu alkoholi tarbimise järel olid mul kõhuga tõsised probleemid. Kui kõik mu külalised hilisööl lahkusid, lebasin voodis ja tundsin eduka peo korraldamise üle rõõmu.

Korraga hakkas toa lagi keerlema. Elektripirnid ja kõik muu pöörlesid. Seejärel hakkasin oksendama. See toimus nii intensiivselt, et mulle tundus justkui tahaks kogu mu sisemus kurgu kaudu välja tulla. Mu abikaasa ruttas mulle apteegist ravimeid tooma, kuid ma oksendasin ka need välja, enne kui suutsin need alla neelata. Isegi vett ei suutnud ma juua. Olin tohutus piinas. Päeva algusest saadik ei suutnud ma ühtki toitu korralikult manustada. Kõhuprobleemide tõttu ei toiminud mu seedimine korralikult. Proovisin kõike, ka ravimtaimedest tehtud rohtusid. Mitte miski ei aidanud. Abikaasa arvas, et aja möödudes läheb asi paremaks, kuid tegelikult läks asi ainult halvemaks ning ma hakkasin kaotama kontrolli oma keha üle.

Püüe asja paremaks teha

Pidin tööst lahti ütlema. Võtsin kõikvõimalikke ravimeid ning käisin paljudes haiglates, et oma haigustele õige diagnoos saada. Kahjuks ei avastatud mitte midagi muud peale maohaavade. Kaotasin jätkuvalt kaalu ja vaevlesin muude hädade käes. Peale kolme või nelja aastat sellist elu oli mu kehal vaevalt mõni koht, mis terve oleks olnud. Olin kui ringi liikuv „haiguste kaubamaja". Proovisin kõiki ravimeid, mida heaks peeti. Kannatasin sügelust suvel, kui palava ilmaga jalanõusid kandsin ning talvel seetõttu, et külm näpistas. Olin kaetud ekseemidega üle kogu keha ning igaks hommikuks olid põletikuliste kohtadest eralduv mäda koorikuks muutunud. Pea oli pidevalt väga raske. Nina oli pidevalt kinni ning mälujõud muutus kehvemaks ja kehvemaks.

Kannatasin ka lümfiprobleemide käes. Algul oli see justkui väike pallike mu kaelal, kuid kasvas suuremaks ja suuremaks ning muutus viinamarja suuruseks. Lümfipõletiku tõttu ei saanud ma oma kaela korralikult keerata. Kuna ma võtsin liialt palju muid ravimeid, ei saanud idamaised arstid mulle lümfipõletiku vastu rohtusid anda. Ma ei kannatanud mitte üksnes lümfipõletiku käes, aga lisaks ka närvivapustuse, insomnia, ekseemia ja keskkõrvapõletiku käes ning muud organid nagu kõht, peensool ja jämesool ei toiminud korralikult.

Isegi nime vahetust sai proovitud

Mu abikaasa läks mulle erinevaid ravimeid hankima ning me proovisime ka rahvameditsiini ravimeid minu haigustega võitlemiseks. Kui tema pingutused isegi peale mitut aastat jätkuvalt kasutuks osutusid, pöördus ta ebausu poole. Mõned ütlesid talle: „Teda on võimalik tervendada. Peaksid vaimude välja ajaja leidma ja proovima seda kunsti tema peal." Mõned teised ütlesid: „Asi hakkab paranema, kui sa buddha munga kutsud ning palud temast deemoni välja ajada." Mu abikaasa läkski kuulsate munkade juurde ning proovis nende juhtimisel vaimude välja ajamist. Kõige viimaks muutsime isegi oma nime.

Olime kuulnud räägitavat, et oma nime muutes on võimalik ka saatust muuta. Meile tundus, et selles jutus võib oma iva olla. Tol ajal oli keskvalituse hoonete läheduses nimebüroo. Läksime ühel varahommikul Bongsoo Kim'i nimebüroosse. Oodata tuli hommikust lõunani. Ametnik, kellega viimaks kohtusime, ütles: „Teil on kehvad nimed. Miks te uut nime ei võta?" Nii läkski ja sellest ajast peale hakkasime kasutama nime, mis ametnik meile andnud oli.

Haige isa ahastus

Väga sisse poole elav inimene nagu ma olin, püüdsin ma varjata oma pidevat füüsilist seisukorda – isegi oma abikaasa eest. Mu perekond vajus aina enam ja enam võlgadesse ning ma ei suutnud lihtsalt tegevusetult istuda ja seda pealt vaadata. Nii käisin ma ühest paigast teise, otsides tööd. Mu kuulmine oli kõrvaprobleemide tõttu kehv ning tööd ma ei saanud. Kuulmine läks isegi niivõrd kehvaks, et ma ei saanud enam telefoni kasutada ning seetõttu oli töö leidmine eriti keerukas.

Tuli otsida töö, kus ma ei peaks teistest palju sõltuma. Nii ringi vaadates leidsin ma laudade müüja töö. Läksin välja tänavatele laudu müüma, kuid kuna olin loomult tagasihoidlik, siis oli pidev hõikumine „Lauad! Lauad müügiks!" mulle vastumeelne. Siiski õnnetstus mul peale paari edutut tööpäeva aegamisi kindlust koguda ning töö hakkas edenema.

Ühel päeval 1972.a. olin just laudu müüma minemas. Korraga tundsin, et ma ei tunne oma jalgu enam ning kõndimine oli kohutavalt piinarikas. Jätsin lauad ühte lähedal asuvasse kohta ning tuli bussiga tagasi koju. Olin sellest päevast voodisse aheldatud. Ilmnes, et mul oli liigesepõletik. Hakkasin tundma tõsist valu igal korral, kui kõndisin ning sellest peale sõltusin peagi jalutuskepist. Kuid suurem kui füüsiline valu oli vaimne piin. Kurvastasin väga, et ei kuulnud enam. Üks mu kõrvakiledest oli varajase koolipõlve ajal toimunud õnnestuses rebestunud nagu ma varem mainisi. Nüüd hakkas ka teine kõrv halvemaks minema, kuna olin juba viis või kuus aastat tugevaid ravimeid võtnud. Proovisin lugeda inimeste huultelt, kuid kui keskkond ümberringi oli väga lärmakas, ei suutnud ma öeldust aru saada. Isegi mu oma perekonna liikmetele oli raske tunnistada, et ma hakkan kurdiks muutuma. Kartin, et mind hakatake pidama puudega inimeseks. Kui minuga kõneldi, vastasin tihti vale lausega, kuna ei olnud kuulnud mida nad ütlesid või ei suutnud üldse midagi vastata ning punastasin häbist ning alaväärsuse tundest.

Mu abikaasa elu ei olnud kerge, hoolitsedes minu eest ning püüdes vähemalt meie võla intressi ära tasuda. Kuna rentisime kõige odavamaid võimalikke elukohti, pidime tihti kolima.

Kolisime Ah-hyeon Dong'ist Kimpo'sse, Sangdo Dong'i, Chongno'sse, Ddooksum'isse ja nii aina edasi. Väga rasketel aegadel elasime kas mu abikaasa vanemate või tema õe majas. Peale kõiki neid kolimisi seadsime me end viimaks sisse mäekülas Keumho Dong'is. Maja, millesse elama asusime, oli tehtud telliskividest ning nägi ploki moodi välja. Uksest välja astudes võisime eemalt Han jõge näha.

Minu ämm oli selleks ajaks juba lahkunud, ta oli minu pärast palju pisaraid valanud. Kui ta veel elas, viis ta mind haiglasse ja arstide juurde, et mulle nõelravi teha ning taimeravimeid proovida. Kuna kõndimine oli väga vaevaline, tassisid mu sõbrad mind seljas mäest alla ning nii sain ma koos oma ämmaga taksosse istuda ja haiglasse minna. Tagasi tulles ostis mu ämm mulle riisiviina – ilmselt seetõttu, et tal oli minust hale. „Poeg, ma tean et su valu on suur, joo pisut ning tunne end kergemalt.‟

Mu abikaasa oli meeleheites

Mu abikaasa käis ühes ja teises kohas, lootes laenata raha mulle ravimine otstmiseks. Vahepeal kasvasid meie võlad mäe kõrguseks. Kui meil raha väga kriitiline olukord käes oli, läks ta oma vanemate, õe või venna juurde, et neilt laenata. Raha eest maksis ta esmalt intressi eest, mis me võlgnesime ning ülejäänud raha kulutas minu ravimitele. Peagi hakkasid abikaasa vanemad mind väga halvaks inimeseks pidama. Nende arvamuse kohaselt põhjustasin ma nende noorimale ja kõige enam armastatud tütrele suuri raskusi, peamiseks põhjuseks asjaolu, et ma ei suutnud toetada oma perekonda nii nagu üks korralik perekonnapea seda tegema peaks. Olin haigestunud kohe peale meie abiellumist, meil kui noorpaaril ei olnud õnne nautida isegi oma esimesi abieluaastaid. Mu abikaasa oli sunnitud kandma nii pere toitja kui pere eest hoolitseja rolli. Nähes vaeva elatise teenisega, olid tema kasvatada ka meie kaks tütart. Ta oli tohutult väsinud ning koos tema kaela veeretatud kohustustega muutus tema varasem pehme ja meeldiv iseloom raskeks ja karmiks.

Ta oli hoolitsenud minu eest viis-kuus aastat, lootes väga, et minu tervis hakkab paranema. Nähes aga, et minu olukord läks aina kehvemaks ja raskemaks, vajus ta sügavasse masendusse. Ta oli üsna äkilise loomuga ning tihti tuli ette, et kui ta pahaseks sai või vihastas, pakkis ta kiirelt oma asjad ning läks ära oma vanemate juurde.

„Ma ei vaja armastust. Raha on see, mida meil praegu tarvis on. Mine ja teeni meile raha!" Tema kanda olid võlad, mille moodustasid kõrge intressiga laenud erinevate laenuandjate käest. Olukorras, kus laenuandjad temalt raha nõudsid, ei suutnud ta olukorda taluda ning lahkus kodus, öeldes et ei suuda sellist abielu enam taluda. Ometi tuli ta paari päeva pärast alati tagasi.

Ühel päeval avas mu abikaasa Keumho Dong'i turul oma õega koos väikese kohviku. Ta oli hea kokk ning seal käis palju kliente. Tööpäevad kestsid varahommikust hilisööni. Kui ta keskööl koju jõudis, oli ta väga väsinud ja kurnatud. Ta sundis end seda tegema, ikka selleks et ma oma võlgadest lahti saaksime. Töölt väsinuna koju tulles ja mind haigena lebamas nähes kaotas ta igasuguse lootuse ning ärritus iga väiksemagi asja peale. Ka meie tütred kannatasid meie elu tõttu, teised lapsed nendega koos olla ei soovinud. Ajast, mil me kohviku olime avanud, nägin mina vaeva meie esimese tütru, Miyoung'iga tegelemisel ning meie teine tütar Mikyung elas koos minu emaga mu venna majas.

„Kuidas on võimalik, et ta oma isaga nii paljus sarnane on?"

Oli see seepärast, et ta sarnanes nii väga oma haige isaga? Mikyung'il jäi puudu isegi armastuse saamisest oma perekonnalt, seda kõike ikka meie raske olukorra tõttu. Käisin aegajalt oma venna majas ning nähes teda mängimas, mänguasjaks riidetükk huulte vahel, oli see mulle kohutavalt raske. Kuid kuna minu olukord oli niivõrd keeruline, ei saanud ma teda meie juurde tagasi tuua. Olin tohutus ängistuses. Kannatasin sel ajal neuroosi käes, mistõttu olin väga tundlik iga asja suhtes. Kui vahel juhtus, et mu abikaasa kommenteeris midagi ning see puudutas minu eneseuhkust, tõusis meie vahel vaidlus ning oli tavaline, et abikaasa pakkis siis oma asjad, ütles et soovib minult lahutust ning jooksis ära oma vanemate juurde.

„Kuidas sa küll jaksad niiviisi jätkata? Mulle näib, et meie mõlemi pärast oleks parem kui sa end minust lahutaksid."

Seejärel tulid minu juurde mu abikaasa vanemad, väljendasid oma hukkamõistu minu suhtes ning demonstreerisid oma hoiakut kõva häälega, nii et kõik naabrid seda kuulda võisid. Mina reageerisin selle peale punastamisega, kandes endas viha ja häbitunnet. Mu abikaasa, kes kodust lahkunud oli, tuli tagasi ning ütles: „Ma ei tulnud tagasi mitte selleks, et sind näha. Tulin selleks, et oma tütart näha. Ma lahutan sinust siis, kui sa ühel päeval terveks saad. Tahaksin seda kohe praegu teha, kuid kui ma seda teen, hakatakse mulle näpuga näitama ning rääkima, et ma hülgasin haige mehe. Seega - mitte veel!"

Maine armastus muutub

1972.a. vaatasin tõsiselt endasse ning avastasin, et ma polnud muud kui üks keha, mis täidetud parandamatute haigustega. Kuna olin tarbinud niivõrd palju tugevaid ravimeid, ei toiminud süstid ega ravimid minu peale enam. Aja möödudes hakkasid ka minu vanemad, vennad-õed ja sugulased minu peale näpuga näitama ning kaugenesid minust. Abikaasa vältis mind. Isegi mu ema andis alla. Ta tuli mind külastama, olles selleks ajaks juba seitsmekümne aastane ning kui ta mind voodihaigena nägi, nuttis ta kibedalt ning arvas, et olukord on lootusetu.

„Oh! Oh! Kiiresti surma minek oleks kergem lahendus. Nii ei häbistaks sa mind rohkem."

Sedavõrd kohutav oli mu olukord, et isegi mu oma ema, kes mind kõige enam oli armastanud, soovis et ma ei tooks talle rohkem häbi ja sureks. Olin arvanud, et ema ei loobuks minust mitte iialgi, isegi kui ka kogu ülejäänud maailm minu vastu oleks. Tol hetkel tundsin selgelt, kui muutlik ja mööduv on inimeste armastus. Tingimused muutuvad ning armastus kaob.

Kuna isegi mu ema ei mõistnud mind mu olukorras, mida võinuks siis vend suuta? Kord tuli mu vend mulle külla, olles ise purjus ning ütles, et tuli mind lohutama. Kuid lohutuse pakkumise asemel tegid tema sõnad mu enesetunde veelgi raskemaks.

Teise enesetapu katsetuse läbi kukkumine

Tundsin, et olen kui linnuke, kes meeleheitlikult tiibu liigutades ellu jäämise nimel rabeleb ning see kõik on vaid tühine vaev. Esimesel korral, kui mu abikaasa asjad kokku pakkis ja vanemate juurde kolis, läksin talle järele ning tõin ta tagasi koju. Kui ta uuesti ära läks, ei söandanud ma seda enam teha - kartsin põlgust ja halvakspanu, mida seejuures taas kogema pidin.

Kuitahes raske olukord ka ei olnud, tundsin et saan taas elujõudu juurde kui mõtlen oma tütarde tulevikule, kuid ühel päeval seisin ma karmi reaalsusega silmitsi ning olin täiesti jõuetu. Jõudsin taas järeldusele, et surma varju eest ei ole mul kusagile põgeneda ning hakkasin taas unerohtusid koguma, lootuses vabastada end siinsest lootusetust olukorras niipea kui võimalik. Teadmine, et ma piinlen kogu oma elu, oli üks fakt, kuid asjaolu, et mu oma abikaasa käitus minuga väga ebameeldivalt ning lausa tegi mulle haiget, muutis olukorra veel raskemaks. Kaotasin igasuguse soovi elada. Mõtlesin: selle asemel, et oma abikaasa vanemate juurest jälle tagasi tuua, on parem kui ma lahkun. Nii mõeldes neelasin ma alla kakskümmand tabletti, mis ma kokku kogunud olin.

Sel päeval, kui ma tabletid alla neelasin, oli mu abikaasa oma vanemate juures. Kuid ta ei suutnud seal und saada ning oli väga närviline. Ta rääkis hiljem, et kuidas ta ka ei püüdnud, ei saanud ta lahti mõttest, et kodus on midagi juhtunud. Viimaks otsustas ta, et tellib takso ning ta jõudis koju, leides mind surevana. Kiiresti toimetas ta mu haiglasse ning mind päästeti taas. „Ma ei saa isegi endale lõppu peale teha nii nagu ma tahan. Parem ma siis ei proovigi seda enam." Peale seda, kui ma haiglas meelemärkusele tulin ja mõtlesin tagasi oma kahele ebaõnnestunud enesetapu katsele, tundsin, justkui oleks üks kõrgem võim olemas, kes mu plaanidele vahele astub. Nii otsustasin ma, et ei katseta midagi sellist enam kunagi.

Teatavasti on kassid liigesepõletikule head

Vahel, kui ma end pisut paremini tundsin, käisin jalutuskepiga ringi. Kuid aegadel, mil mu seisukord kehvemaks läks, olin voodisse aheldatud ning ei suutnud lihastki liigutada. Keegi pidi mind siis ka väljaheidetega toimetamisel aitama. Mu abikaasa kuulis kuskilt, et liigesepõletiku vastu on kass väga hea ravim. Nii tõi ta meile kasse mitte ainult kõigilt Sungdong Ku piirkonna turgudelt, vaid ka muudest kohtadest nagu Dongdaemoon'i ja Joongbu turud. Ta keetis need roaks, et ma seda sööskin. Vahel, kui toit ei olnud piisavalt küps, lõhnas see nii vastumeelselt, et ma oleksin pigem surnud kui seda söönud.

Mu ema ja abikaasa tõid mulle kõiki võimalikke ravimeid, mis inimeste jutu järgi head olevat. Nad keetsid minu jaoks sajajalgasid, läänesüdamerohtu ja laikpuu koort. Nad söötsid mulle sisse ka koerte ja karude sapipõit. Proovisin isegi maoviina. Minu võitlus kõigi haiguste vastu kestis edasi. Kuulsime arvamust, et Saksamaa päritoluga pidalitõve rohud on mürgiks, mis ravib selleks ette nähtud kohutavat katku. Kuna ma kannatasin igat liiki nahahaiguste käes, mis mu keha kurnasid, võtsin neid tablette ning lootsin tervemaks saada, tulemus oli aga kohutav.

Ma jõin viiskümmend päeva väljaheiteid

Proovisin kõiki võimalikke ravimeid, meditsiinilisi meetodeid, rahvameditsiini, ravimtaimeseid ja isegi ebausku ning vaimude välja ajamist – minu keha oli sellele kõigele vaatamata vajumas sügavamasse ja sügavamasse põhjatusse sügavikku.

„Jaerock, linnas on praegu üks väga kuulus arst. Mis oleks, kui läheksime tema juurde ja küsiksime temalt ta arvamust?"

„Jah, miks mitte? Kaotada pole mul enam mitte midagi."

Kuulasin oma Keumho Dong'is elavaid sõpru ning läksin seda doktorit külastama. Ta kontrollis mu pulssi ja vaatas mu üle ning ütles: „See on tõeline ime, et sa veel elus oled. Su pulss näib löövat, kuid tegelikkuses pulss ei tööta. See on täiesti imepärane, et sa elus oled. Ma tean üht meetodit, kuidas sa terveks saaksid. Kui sa noor olid, mängisid sa palju vägivaldseid mänge, eks ole? Said sa nende käigus palju haiget? Su kehas on palju surnud ja ummistunud vererakke ning verevalumeid. Need ongi kõik su haigused tekitanud."

„Tõesti? Mis nõu te mulle annaksite?"

„Maakohtades on raudteejaamades avalikud tualettruumid. Väljaheite vedelik, mis nendes tualettruumides kõige alumistes kihtides on, on seisnud seal rohkem kui kümme aastat. Kühvelda see välja ning joo seda õllekannust kolm korda päevas viisteist päeva. See kaotab kõik surnud vererakkude laigud su kehast ning sa saad taas terveks."

Arst andis väljaheidete kogumiseks täpsed juhised. Teha oli vaja järgmist: kinnitada männiokkad anuma suule nii et moodustuks filter, siduda anuma külge üks kivi ja lasta anum WC-potti. Nii pidi selge väljeheite vedelik anuma täima. Lubasin doktorile, et kui ma sedasi toimides tõesti terveks saan, tasun talle selle eest heldesti. Olime abikaasaga rõõmsad, arvates et olime imelise ravimi leidnud ning ruttasime maakohtade raudteejaamadesse, ise rõõmust tantsu lüües. Mu ema kuulis pealt, kuidas ma ravimi kogumisest rääkisin ning veetis terve öö, kogudes vedelikku ning tõi selle minu kätte.

Niisiis jõin ma hoolikalt viisteist päeva väljaheidete vedelikku. Kohutav hais tegi isegi ühe korra neelamise väljakannatamatuks, kuid ma sundisin end seda tegema, olles kindel et nii saan ma oma vaevadest lahti. Jõin vedelikku kõrrega, pesin seejärel hambaid ning sõin peale kommi, mida mu ema mulle andis. Hais jäi aga alles. Viisteist päeva läksid mööda ja ravim ei olnud mind aidanud.

„Ema, kui ma suren, lähen ma tagasi meie koju Sõuli ning suren seal."

Peatükk 2

Jumal elab tõesti!

Viimse kroonlehe pudenemisega langeb ka minu elu kokku

Kuidas mu teine õde mulle Evangeeliumi kuulutas

Kui ka meie viimane lootus – väljaheidete joomine – kustus, pöördusime abikaasaga suures meeleheites Sõuli tagasi. Minu ainsaks sooviks oli nüüd kiirelt surra, täitsin nüüd oma aega voodis lebades ja aega surnuks lüües. Minu päevarutiiniks meie tuhaplokkides ehitatud majas oli novellide lugemine ning Korea likööri joomine. Meie väikeses, ühetoalises majakeses oli anum likööriga ning igal pool vedelesid meditsiinilised anumad ning laenatud raamatud.

Meie peres oli vaid mu teine õde usklik. Ta kannatas lapsepõlves kõrge palaviku käes ning kaotas seetõttu nägemise ühest silmast. Ta abiellus noormehega meie naaberkülast ning kasvatas kolme poega ning kahte tütart. Tema eluviis oli väga õiglane ja eeskujulik. Ühel päeval jagas keegi talle evangeeliumi sõnumit ja temast sai truu kirikus käija. Mu ema ja vennad pidasid teda fanaatiliseks usklikuks ning see ei meeldinud neile. „Sa teed oma talus palju tööd ning annad seejärel kõik ära kirikule. Pühapäeviti aga ei tööta sa üldse, vaid osaled siis kiriku tegevuses. Sa ei saa sedasi vaesusest mitte kunagi jagu. Mõtled sa kunagi üldse rikkamaks saada?" Kui mu ema tema juurde läks, naeratas ta vaid ning ütles: „Ema, Jeesusesse uskumine on suur rõõm. Miks sina samuti kirikusse tulla ei võiks?"

Pühapäeviti oli tal kombeks toimetada kodused toimetused vara hommikul ning minna seejärel kirikusse. Ta korrastas kantslit ning teenis kirikus. Mil iganes tal mõni esimene vili või muud väärtuslikku oli, viis ta selle salaja pastori ukse taha ning lahkus vaikselt. Talle meeldis Jumala sulast sedasi teenida.

Ta käis usinalt tervenduskoosolekutel ning otsis tõsimeelsest Jumala armu. Isegi oma kuldsõrmuse, mis tol ajal väga suurt väärtust omas, andis ta ohverdusena ära.

„Jumal, anna mulle usku, millel on kulla väärtus. Anna mulle usku, mis ei muutu aja möödudes nõnda kui kuld on alati jääva hinnaga."

Lapsepõlvest saadik oli mu teine õde mu lemmikuks. Ajal, mil ma Sõulis õppisin, elasin ma sisuliselt tema juures neil aegadel, kui mul vaheaeg oli. Alati, kui tal selleks võimalust oli, püüdis ta minuga evangeeliumi jagada. Isegi peale seda, kui ma haigeks jäin, tundis tema mulle alati väga kaasa. Ta püüdis mind õhutada kirikusse minema, öeldes: „Vend, kui sa lähed kirikusse, siis tervendab Jumal sind. Sa saad taas terveks."

„Õde, ära ole palun rumal. Me elame ajastul, mil inimesed kosmoselaevaga Kuul käivad. Kus on see Jumal? Kui ta elab, näita teda mulle."

Mu õde rääkis mulle palju, et ma peaksin Jumalasse uskuma, kuid kuna ma olin nii iseteadlik ja kangekaelne, oli minu arvamus, et tõeline Jumal peaks end mulle näitama.

Viimase kroonlehe pudenemisega langeb ka minu elu kokku

Tundsin end kui ühe kuulsa novelli kangelanna. Novelli kangelanna elas pidevas meelehärmis, ilma igasuguse lootuseta paremale homsele. Ta uskus, et kui ühe teatud müürilille viimane kroonleht tormiga minema lendab, lõppeb ka tema elu. Ka mina elasin pidevas meelehärmis, ilma igasuguse lootuseta paremale homsele

1974.a. aprillikuus katsid roosad asalead ja kollased kuld-kellukad kõiki mägesid ja lagendikke. Neist levis kaunis lõhn kõikjale. Minu elu aga oli närtsimas ning mulle näis, et iga hingetõmme viis mind lähemale ühele sihtpunktile - surmale.

„Kogu loodu muutub praegusel aastaajal kiiresti. Kuid millal saab minu elu, mis kui viimne kroonleht veel kõikumas on, ometi läbi?"

Mind nähes polnud mitte keegi õnnelik. Ma ei suutnud süüa ei riisi ega liha, küll aga sain ma alkoholi juua. Alkohol oli veel ainus mu sõber. Sõltusin alkoholist sel ajal, kui mu elu vaevu ühest päevast teise jätkus. Mu vanemad, mu vennad ja õed külastasid mind aina harvemini ja harvemine. Peagi ei oodanud ma enam ühtki külalist, ühel päeval aga koputas keegi mu uksele. Koputajaks oli mu teine õde, keda ma väga armastasin.

„Õeke, mis sind Sõuli toob? Astu sisse!"

„Mul on Sõulis üht-teist teha."

Kuna oli parajasti talupidamise kõige kibedam aeg, olin rõõmus - aga ka väga üllatunud - teda nähes.

Palutud teda juhatama

„Vennas, tee mulle palun üks teene. Mul on vaja, et sa mind ühes asjas aitaksid. On üks paik, mida ma hulga aega külastada olen soovinud. Palun vii mind sinna."

„Mida? Mis sa sellega mõtled? Sa ju tead, et ma ei saa kuigi hästi liikuda." „Ma tean. Ma tean. Minu soov sinna minna on väga suur, mul ei ole kelleltki teiselt seda abi küsida."

Algul ma keeldusid, öeldes, et ma ei saa tema juhiks olla kuna mu keha on üleni haige. Tema aga palus mind nii väga, et ma tundsin keeldudes end väga halvasti ning nõustusin viimaks temaga minema.

Koht, kuhu õde minna tahtis, oli tervenduskoosolek, mida juhtis vanem diakoniss Shin-ae Hyun. Teda tunti kõikjal tema tervendamise ande poolest. Saime vanem diakoniss Hyun'iga hiljem tuttavaks tänu sellele, et mu õde oli minu pärast väsimatult palvetanud ning püüdnud leida teed, kuidas mind kirikusse juhtida. Mu õde teadis, et kui ta mulle kirikus tervendamist soovitada püüab, keeldun ma kindlasti. Jumala Vaim oli õele teada andnud, et mind oma juhiks paludes on võimalik mind kirikusse saada.

Enne Jumalasse uskumist

Olin ateist, mulle oli koolis darvinismi õpetatud. Võisin jultunult öelda, et puudub igasugune vaimuelu. Tegelikkuses ei suutnud ma oma sisemuses Jumala olemasolu kunagi eitada. Mõeldes paljudele asjadele, ei suutnud ma siiski ümber lükata mõtet, et elu peale surma on olemas. Sügaval oma südames olin ma tegelikult teadvustanud, et Jumal Looja on olemas. Mõtlesin endamisi: „Kui Jumal on olemas, on tõenäoliselt ka põrgu olemas ja sellist põrgut nagu filmides näidatakse, olin ma kord oma elus juba kogenud. Milline mu surma järgne elu siis veel välja näeb?"

Kuna ma ei suutnud oma südames Jumala olemasolu eitada, pidin tõdema, et ka elu peale surma on olemas. Ühes oma südamesopis oli hirm põrgu osas isegi olemas. Seetõttu püüdsin ma õiglast elu elada isegi enne seda, kui ma Jumalasse uskuma hakkasin.

Niisiis, kuna mu õde palus end tervendamiseks kirikusse juhatada ning palus tõesti end vaid selle kristliku koosoleku kohta viia, nõustusin seda tegema. Ta ärkas vara sel päeval, 17. aprillil 1974.a. ning palus vara minema asuda, et ta endale hea koha esiridades võiks saada. See ole peale pikka aega esimest korda, mil ma majast taas välja läksin. Mägisest linnast, Keumho Dong'ist alla mineks oli mulle väga raske ja võttis kaua aega. Läksime bussile, mis viis meid Seodaemoon'i ning nii saabusime me vanem diakoniss Shin-ae Hyun'i kirikusse.

„On nad kõik siin arust ära?"

Olgugi, et mõlemad mu kõrvakiled olid selleks ajaks katki läinud, kuulsin ma mõningaid helisid, kuid siiski väga ähmaselt. Esimene korrus oli rahvast juba täis ning meil tuli teisele korrusele minna. Trepiastmed olid tehtud kerge kaldega, muutes neist üles mineku puudega inimestele lihtsamaks. Ometi oli mul õega raske sammu pidada, tema oli ju terve inimene ning mina liikusin kepi abil.

Parajasti oli käes grupipalve aeg. Inimesed minu ümber hoidsid käsi üleval ning tegid kõva häält. Midagi sellist ei olnud ma kunagi varem näinud, nii et ma ei teadnud korraga mida teha ning jälgisin, kuidas teised ümberringi käitusid. Märkasin, et ka õde oli põlvedel ning palvetas koos teistega, ta käed olid tõstetud kõrgele ja käed värisesid.

Kõik inimesed ümberringi näisid hullumeelsed, nende seas

ka minu õde. Ma tundsin, et õhetan ning punastan. Tundsin, et tahan sealt välja pääseda. Kuid aina enam ja enam inimesi tuli sisse ning istus maha minu taha nii, et ma ei pääsenud enam välja. Tahtsin sealt kohe välja pääseda, kuid mida ma sain teha? Ei saanud ju oma õde sinna jätta ja ise üksi koju minna! Kuna ma polnud kunagi kedagi selliselt palvetamas näinud - olgugi et olin palvetavaid gruppe näinud - tundsin end rusutuna, vaadates neid inimesi kes oma käsi õhus õõtsutasid ning kõva häälega palveid välja karjusid. Jäin sinna, kuna üksi ära minna polnud võimalik. Mõtlesin, et peaksin ka teiste kombel maha põlvitama. Põlvitasin ning sulgesin silmad. Korraga hakkas mööda mu selga higi jooksma. Oli kevadpäev ja mitte sugugi palav. Olin ka väga peenike, peaaegu vaid luud ja nahk, nii et selline higistamine oli minu puhul lausa võimatu. See kõik oli väga kummaline ning ma mõtlesin: „Ma pean küll väga häbistatuna ning meeleheitel end tundma. Ilmselt seetõttu higistan ma nii palju!"

Mõne aja pärast mõistsin, et niipea kui ma maha põlvitasin, oli Jumal koos Püha Vaimu tulega kõik mu haigused põletanud. Eemal kantslis pidas valgesse riietatud vanem diakoniss Shin-ae Hyun väga tiivustavat jutlust. Tema kõne kostus kõlaritest ning see oli väga vali, kuid ma ei kuulnud seda hästi. Kuuslin vaid mõnda üksikut sõna. Mõtlesin: „Kui tore oleks, kui ma selgelt kuuleksin mida see proua räägib."

Minu südames oli toimunud muudatus ajal, mil ma üleni higiseks läksin (tegelikult olin saanud Pühast Vaimust puudutatud). Soovisin vanem diakoniss Shin-ae Hyun'i paremini kuulda. Mu õde küsis minult: „Vend, miks sa ei palveta samuti kui teised inimesed siin?"

Jutluse lõppedes säras mu õe nägu imeliselt ning ta julgustas mind taas palvetama. Läksin õe juhatamist mööda üles korrusele ning püüdsin inimeste vahelt läbi pugeda kohta, kus diakoniss istus.

Kõlaritest tuli erinevaid helisid, nüüd rääkisid oma tunnistusi inimesed, kes palve läbi paranenud olid. Kuulsin kõnede sisu katkendlikult ning siis kuulsin, kuidas keegi tunnitas et ta sai Püha Vaimu tuld kogeda ning paranes, kui vanem diakoniss Shin-ae Hyun tema peale oma käe asetas.

„Nad peavad palve läbi tervenenud olema. Siiski on mul seda raske uskuda."

Vanem diakoniss Shin-ae Hyun puudutas oma käega korraks igaühe pead, seejärel selga ning seejärel lükkas iga inimese endast mööda. See oli kõik, mis ta tegi. Ta koputas ka mulle pea peale, seejärel seljale ning lükkas mu endast mööda, just nii nagu igaühega. Mõtlesin: „Ta kohtleb inimesi nagu me oleksime mingid esemed! Mul on tunne, et siin on tegelikult tegeist pettusega." On arusaadav, et suure inimeste arvu tõttu ei suuda ta iga inimese pärast palvetada ning seetõttu ta vaid puudutab ja möödub meist, mõtlesin ma solvunult.

Samal hetkel meenus mulle üks juhtum oma põhikooli päevilt. Jung-eup alal tunti üht naist, kellel olla olnud tervendamise and. Kuna tema koosolekutest kirjutati ajalehtedes ning see levis inimeste seas kiirelt, siis kogunes tema koosolekutele Jung-eup'i palju rahvast. Mu vennapoeg läks sinna samuti, kuna ta kõrvast tuli vedelikku ja see valmistas talle piina. Viisteist päeva hiljem tuli avalikuks, et tegemist oli petisega. Ta arreteeriti. Mõned ajalehed kajastasid seda lugu värvikalt.

Mõtlesin endamisi, et kas ka see naine petab inimesi samuti nagu naine Jung-eup piirkonnas teinud oli. Sügavalt mõtteisse vajununa avastasin ma end korraga juba alumiselt korruselt.

„Imelik lugu! Ma tulin trepist alla, tundmata mingit valu ega raskust."

„Ma kuulen! Ma kuulen!"

Mu õde oli tohutult õnnelik justkui oleks tema kõige suurem soov täitunud. Läksime bussi peale. Korraga kuulsin enda ümber kõva häält, justkui oleks äike müristanud. Mõtlesin: „Küll on kummaline! Miks ma sellist suurt lärmi oma kõrvades kuulen?"

Kui ma Keumho turu juures bussist väljusin, kadus äikese mürina sarnane heli. Jätsime õega hüvasti ning mina siirdusin kohvikusse, mida mu abikaasa turul pidas. Lisaks muule toidule oli riiulitel palju liharoogi. Kohvikus ringi liikudes kuulsin ma kliente omavahel rääkimas, kui nad lauas istusid ja sõid ning jõid. Olin korraga nii õnnelik, et reageerisin sellele rusikaga laua pihta lüües.

„Ma kuulen! Ma kuulen!"

Mu abikaasa oli väga üllatunud ning küsis: „Mida, kas sa kuuled? Mida sa täpsemalt kuulen ja kuidas see kõik võimalik on?"

„Ma kuulen selgesti, kuidas kliendid omavahel räägivad. Nüüd ka, kallis, ma olen väga näljane. Ma tahaksin midagi süüa. Annaksid sa mulle pisut riisi ja liha?"

„Mida? Sa saad sedasi ju seedehäire ning lööbe üle terve keha!"

„Minuga on kõik korras. Ma tunnen, et ma suudan neid juba seedida. Ära muretse ja anna mulle vaid süüa."

Niipea kui mu abikaasa mulle riisi ja liha tõi, olid need kohe ka otsas. Tavaliselt sain ma vaid pisut riisi süüa ja see mis nüüd toimus, oli imeline muutus. Tundsin, et mu organism seedis toitu väga hästi. Tõtt öelda ei olnud mul seedimisega enam mitte mingeid probleeme.

Vaieldamatu ime!

Niipea kui ma järgmisel hommikul ärkasin, läksin ma vannituppa. Tavaliselt oli minu hommikuseks rutiiniks minna vannituppa, valmistada endale üks puutikk vatiga ning eemaldada vedelik kõrvast. Tegin seda alati, et oma abikaasale muret mitte tekitada. Tegin seda selgi korral, kuid kõrvast ei tulnud enam midagi. See oli puhas. Veelgi imelikum oli, et ärgates piinas mind alati aneemia. Verevaeguse probleem oli sedavõrd tõsine, et pidin end alati kõvasti kokku võtma ning suutsin alles seejärel vannituppa kõndida. Kuid sel hommikul ei olnud mul mingeid raskusi, läksin kohe vannituppa. Ja see ei olnud veel kõik. Liigesepõletiku tõttu oli mu käeseljal, küünarnukkidel, põlvedel, pahkluudel ning muudel liigendkohtadel mäda. Sel päeval aga avastasin, et mäda asemel olid neis kohtades mu kehal koorikud.

„Ma ei saa asjast aru. Küll on kummaline!"

Korraga hakkas mu süda kõvasti taguma. Ikka veel väga suures ärevuses, läksin tagasi tuppa. Riietasin end lahti ning vaatasin hoolikalt oma keha. Magamise ajal ei saanud ma oma kaela vabalt keerata ning pidin lümfipõletiku tõttu ühel küljel magama. Ja mida ma avastasin – viinamarja suurune muna mu lümfisõlmel oli täiesti kadunud. Veelgi enam – mulle meenus miski, mis oli juhtunud veel siis kui ma haige olin. Oli talv ja meil oli köögis alati kuuma vee anum. Nii nagu ikka, läksin ma hommikul kööki ning kummardusin vee kohale, et sellest pisut ammutada. Pott oli veega vaid poolenisti täidetud ja kaanega katmata. Vesi kees tugevasti.

Asusin vett kulbiga tõstma ning kuum aur sattus mu näole. Püüdsin auru vältida ning pritsisin samal ajal endale kuuma vett peale. Sain kuumast veest põletusi kätele ning rinnale. See jättis mu nahale inetud armid ning tavaliselt ei olnud ma seetõttu kunagi ilma särgita.

Kuid nüüd olid ka need armid läinud! See kõik kokku oli üks suur ja uskumatu ime. Mu kehal ei olnud korraga enam mitte midagi viga.

Sel hetkel hakkasin ka täpsemalt järele mõtlema, mis eelmisel päeval juhtunud oli. Olin suutnud trepist üles ja alla igasuguse vaevata käia. Koduteel kuulsin äikese müra. Kuulsin kliente kohvikus rääkimas. Ma ei kannatanud hommikul enam verevaeguse käes. Mul ei olnud enam mingeid puudeid ning põlved ei teinud enam mingit valu.

„Kas Jumal tõesti tervendas mind?"

Olles silmitsi tõsiasjaga, mida ma isegi ei suutnud uskuda, olin väga üllatunud. Ma ei tarvitanud mingeid ravimeid ja mitte mingit kirurgilist sekkumist polnud olnud, mitte mingisugust! Kuid ometi olin ma kõigist vaevadest vaba! Enam kui kümme erinevat tõbe, mida ükski tablett ravida ei olnud suutnud, olid korraga kadunud!

„Jumal on tõesti olemas!"

Olin rumal inimene, kuid kuidas saanuks ma pikemalt kahelda? Laskusin põlvili ning tõstsin käed taeva poole.

„Oo Jumal! Sa elad tõesti! Kuidas sa mind korraga sedasi küll tervendasid! Palun andesta mulle, kes ma nii rumal olen olnud. Tõrjusin endast varem eemale kõik jutlustajad, kes mind Jumalasse uskuma innustasid. Sa elad tõesti ning sa oled mu kõigist haigustest vabaks teinud!"

Püüdsin asjus kahelda, mõeldes et tegemist on kokkusattumusega, kuid ma ei suutnud enam kahelda. Ma tundsin justkui ma lendaks. Siiski ei suutnud ma ka kogu seda reaalsust uskuda. Mu abikaasa, kes majast väljas oli olnud, kuulis mind palvetamas ning tuli väga üllatunult tuppa.

„Kallis, tule ja vaata mu keha. Jumal tegi mu terveks!"

Mu abikaasa vaatas mind väga üllatunult ning ka temal ei jäänud üle muud, kui tunnistada et Jumal on mu terveks teinud. Tema rõõm oli piiritu ja ta kallistas mind ning me nutsime koos valju häälega. Nutsime pikka aega. Kõik meie kurbus ja piin olid minema pühitud ning meid täitsid vaid rõõm ja tänu.

See üks ja ainus, kes mu terveks tegi

Hetkel, kui ma kirikus põlvile langesin, vabastas Jumal mind Püha Vaimu tulega kõigist haigustest. Jumal oli mu Püha Vaimu tulega tervendanud juba enne seda, kui vanem diakoniss Shin-ae Hyun minu eest palus. Olin olnud ateist ning mul ei olnud Jumalasse mingit usku. Ma isegi ei palunud, et Jumal mind tervendaks, seega - miks ta mind tervendas? Usun, et see kõik oli mu õe palvete tõttu, oli ta ju palunud et Jumal mind päästaks. Ilmselt oli see ka seetõttu, et Jumal teadis: kui ma kord juba Temast teada saan, ei saa ma enam maailmaga sõbrustada ning Teda reeta ning et minu saatuseks saab elada vaid Tema sõnaga ja Teda armstades kuni lõpuni.

Lahutus ja mu abikaasa tagasi tulek

Õnn kolmeks kuuks

Tundsin nagu oleks õnne sinine lind meie perre tulnud, nii nagu see jutus „Õnne sinine lind" seisab. Kõige suuremaks muutuseks meie elus oli, et me läksime lähedal asuvasse kirikusse ning võtsime pühapäevastest ülistusteenistustest osas. Tegime seda seetõttu, et elava Jumala arm oli mind terveks teinud ning me tundsime, et peame selle õnnistuse eest oma panuse andma.

Suur rahaline võlg oli meil aga endiselt alles ning muu olukord ei muutunud. Siiski olime väga rõõmsad ja õnnelikud. Olin lihtsalt õnnelik, et olin nüüd kõigi haiguste piinast lahti. Seda seetõttu, et nüüd oli mul lootus ja unistus viimaks tõsiselt tööd tegema hakata ning iseenda võimetega raha teenima hakata.

Arutasime abikaasaga meie tulevikuplaane. Kuna kõik haigused olid nüüdseks kadunud, võinuks ma paari kuu pärast jälle tööle asuda. Mõtlesime seejärel võlad tasuda ning oma äri laiendada. Me saime nüüd koos tugevasti tööd teha, palju raha teenida ning suure restorani avada. Meie kandis oli üks mees, kes sukeldumiskostüümide valmistamise ettevõtet pidas. Sain tema juures assistendina tööd ning hakkasin unistama, et ühel päeval võin ma hea füüsilise vormigi tagasi saada. Algul olin ma isegi natuke tööd tehes väga väsinud, kuid energia hakkas taastuma. Teenisin raha, planeerisin tulevikku ning peagi oli mu isa sünnipäev tulemas. See toimus umbes 90 päeva peale seda kui ma terveks saanud olin.

Teie poeg jäi haigeks minu pärast?

10. juulil 1974.a. oli mu isa sünnipäev ning kõik meie pereliikmed kogunesid meie kodulinnas kokku. Läksin juba paar päeva varem kohale ning ma abikaasa tuli päev enne sünnipäeva meile järele, olles töö kohvikus ära teinud.

Kuigi tagasi pöördumine ei osutunud eriliselt meeli ülendavaks, olin ma õnnelik. Varem, kui ma kodulinna läksin, peitsin end oma ruumi ja püüdsin teiste inimeste silma alla mitte sattuda. Tarvitasin oma rohtusid ja pöördusin peagi Sõuli tagasi. Kartsin, et naabrid võivad mulle kui puudega inimesele kuidagi teisiti vaadata. Küll olin ma nüüd rõõmus, et võisin siia terve mehena tulla!

Tunnistasin Jumalale: „Oma paljude ravimatute haiguste tõttu ootasin ma ainult surma. Kuid ma läksin oma vanema õega Shin-ae Hyun altarile ning sain sellise imelise tervenemise osaliseks."

Tunnistasin, et minu imeliseks tervendajaks oli Jumal. Mul oli Piiblist vaid õige pisut teadmisi, kuid ma tunnistasin, et

Jumal elab tõesti ning ajagasin oma rõõmu vanemate ja õdede-vendadega.

Peale isa sünnipäeva lõunat hakkas mu abikaasa Sõulu tagasi minekuks asju pakkima. Olin just koos oma vendadega enne ärasõitu koos väikest klaasikest joomas kui väljas vahepeal üks sekeldus toimunud oli. Kuulsin, kuidas uks suure mürtsuga kinni läks. Vaatasin välja ja nägin, kuidas mu abikaasa kohvritega minema kiirustas, öeldes et annab lahutuse sisse. Mu õde ja vennanaine olid talle järele jooksmas, püüdes teda peatada. See kõik juhtus täpsemalt nii:

„Mu tütar, mu poeg jäi haigeks peale seda, kui te abiellusite ja sa oled palju kannatama pidanud. Nüüd aga on head päevad viimaks kätte jõudnud ning asjad lähevad aina paremaks, kui te mõlemad nüüd tublisti tööd teete." Mu ema oli niivõrd õnnelik olnud selle üle, et ta noorem poeg, kes juba surmasuus oli, viimaks terveks sai. Nii andis ta oma miniale nõu kuidas edasi toimida. Mu abikaasa aga luges sellest välja, justkui oleks ma haigestunud ja kannatanud sedavõrd tema pärast ning ta muutus näost kaameks.

„Tahad sa öelda, et su poeg jäi minu tõttu haigeks? Hästi. Mulle on küllalt sellisest perekonnast. Ma lahutan. Jah, seda ma teen!"

„Õde, see on suur arusaamatus. Sa tead, et ema ei mõelnud seda nii nagu sina aru said!"

Ometi pöördus mu abikaasa otsekohe Sõuli tagasi. Nüüd, kui ta sedasi lahkunud oli, muutus sünnipäeva meeleolu korraga matuse meeleoluks. Mu ema oli maruvihane ja ütles: „Su haigus kestis nii kaua seetõttu, et sa sellise naisega abiellusid! Jaerock, unusta see kõik. Meil on tore õhtusöök ootamas. Naudime seda!"

„Unustada kõik?" küsisin mina. „Kuidas sa midagi sellist üldse öelda saad? Kuidas ma selle kõige niiviisi siis nüüd unustada saan?"

Mu vennad ja õed püüdsid mind trööstida, kuid kõik mis nad ütlesid, tegi asja vaid halvemaks. Vihastusin kõige peale, mida mu vennad ütlesid ning läksin ära kööki. Haarasin pudeli ning jõin korraga ära terve pudeli Soju't.

Isa oli šokeeritud kuna ma asjad nii segamini ajasin. Tal oli isegi peale 70 aastaseks saamist hea silmanägemine ja tervis. Ta oli endiselt suuteline raamatuid ja ajalehti lugema. Nüüd aga, peale sellist draamat, kaotas ta korraga silmanägemise. Ajani, mil ta suri, ei näinud ta enam midagi. Ka pidas mu isa sellist käitumist väga häbiväärseks. Mõeldes sellele juhtumile, tunnen ma suurt ängi tänagi veel ning nii jääb see ilmselt kogu mu eluajaks.

Mu abikaasa oli tundnud, et ta oli pidanud seitse aastat minuga suuri kannatusi taluma, teenides meile kogu raha. Talle näis, et see mis ämm ütles, tähendas justkui oleks kõik juhtunud tema tõttu. Tema pettumus pidi olema väga suur. Kurbus, kui ta mõtles kõigile neile seitsmele raskele ja väga väsitavale aastale, pidi teda taas enda alla matma ning raskeks tegi olukorra ka see, et tal ei olnud oma ängist kellelegi rääkida ja kõik tuli maha vaikida.

Pärast nelja piinarikast kuud

Järgmisel päeval läksin oma vanema tütre Miyoung'iga Sõuli tagasi. Otsisin oma abikaasat, kuid kodus teda polnud ja äri juures ka mitte. Koju tuli ta järgmisel päeval, kuid ta oli täielikult teine inimene.

Ta ütles mulle: „Nüüd annan ma lahutuse sisse ja lahutamiseks peame me oma kodulinnas abielu lahutuse protsessi läbi tegema. Tule minuga kaasa ning kirjuta paberitele alla." Püüdsin ta meelt muuta, kuid kõik mis ma tegin oli kasutu. Läksin oma abikaasa nõudmisel meie kodulinna ja kirjutasin paberitele alla.

Kuna linn oli väike, levis kuuldus meie lahutusest kiiresti. Mul oli tohutult kahju oma vanematest ning häbi naabrite eest. Läksin kiiresti Sõuli tagasi, justkui põgenedes. Ma ei olnud kunagi uskunud, et mu abikaasa võiks minust lahutada. Ootasin teda ikka veel koju tagasi ning mõne päeva pärast ta tuligi, koos oma perekonnaga.

Kuulsin mulle öeldavat: „Nüüd, kui te kaks lahutatud olete, tahame me oma pulmakinke tagasi. Võtame tagasi ka raha, mille me turu poe avamiseks deposiiti panime."

Olles kolinud erinevatesse kohtadesse seitseteist korda, ei olnudki meil eriti majapidamistarbeid. Sellegi poolest pakkisid mu abikaasa ja ta pere kaasa kõik asjad, mis ta kunagi toonud oli. Tundsin nende kõigi suhtes tohutut meelepaha. Ajal, mil nemad pakkimisega lõpule jõudsid, läksin mina Keumho Dong'i tulule ja tõin poe deposiidiks olnud raha.

Turg oli rahvast täis. Viie-aastane Miyoung sai selleks ajaks juba kõigest aru, mis toimumas oli. Ta hoidis oma ema seelikust kinni.

„Ema, ära mine ära! Jää minu juurde! Ära jäta mind maha! Ma suren, kui sa ära läheb!", nuttis Miyoung ja järgnes talle. Tal vaesekese oli oma kingad kaotanud. Mu abikaasa aga lükkas ta külmalt eemale.

„Isa, ta ei ole enam minu ema. Nüüdsest ei kutsu ma teda enam emaks. Ära lase tal enam kunagi meie juurde koju tagasi tulla." Mu tüter oli julmalt haiget saanud ning sõnad, mida ta ütlesid, kajasid külmalt ta suust.

Olin sel ajal koos oma sõpradega ehitustööd tegema õppinud. Isegi sel ajal, kui ma enam abikaasaga koos ei olnud, ei puudunud ma üheltki pühapäevaselt ülistusteenistuselt. Kuna pühapäev oli alati kirikusse mineku päev, ei joonud ega suitsetanud ma laupäeviti, kartuses et mu hingeõhk võib pühapäeval kirikus ebameeldivalt lõhnata. Alles peale seda, kui hommikune ja õhtune teenistus selja taga olid, läksin koju ning suitsetasin ja jõin jälle.

Ma ei teadnud sedagi, kuidas palvetada, kuid ma langesin põlvedele ning palusin valju häälega. „Jumal, sina ju tead eks? Ma sain terveks ning nüüd on mul võimalus raha teenida, kuid asjalood on nii nagu nad on. Palun lase mu abikaasal mu juurde tagasi tulla. Ma võin ta õnnelikuks teha ning ta ei pea enam kunagi kannatama. Palun lase tal kiiresti tagasi tulla ning lase meil õnnelikult koos elada."

Varahommikul sõin ma hommikust, jätsin Miyoung'i oma vanema venna juurde ning läksin tööle. Läksin Miyoung'ile õhtul järele peale seda, kui töö lõpetanud olin. Nii kordus iga päev. Hiljem pidin saatma ta tema vanaema juurde meie kodulinna. Peagi aga, kui olin ta oma vanemate juurde saatnud, helistas mu ema mulle. Miyoung'i keha oli peast jalatallani haavanditega kaetud ning asi oli nii tõsine, et rohud ei aidanud. Need olid sedavõrd tõsised, et verd tuli palju ning ta peanahal olid vaglad. Ta viidi haiglasse, kuid näis et elulootust tal ei olegi enam.

Ta otsis oma ema ja hüüdis tema nime, olles ise teadvuseta. Mulle öeldi, et ta võiks vähemalt kordki enne surma veel ema näha. Nii läksin ma oma abikaasa vanema venna majja Keumho Dong'is, teadmata et me olime selleks ajaks juba lahutatud. Õnneks oli mu ämm seal, ma rääkisin talle kuidas asjad olid ning palusin temalt luba oma abikaasat näha. Vastus oli aga külm. „Kui su tütar sureb, on sulle parem kui sa uuesti abielluksid." Tulemusena ei saanud Miyoung oma ema näha, aga jäi vaevu siiski ellu.

Abielu eesmärgiga kohting

Oma elu raskustes otsisin lohutust suitsetamisest ja alkoholi tarvitamisest. Olin pettunud oma abikaasas, kes jättis kodu seetõttu, et mu ema mõne sõna valesti. Vihkasin oma abikaasa perekonda, kes teda minust lahutama õhutasid. Et kõiki neid inimesi ja ebameeldivusi meeltest tõrjuda, tarbisin ma alkoholi. Olin kord kaotanud kogu oma raha, laenates selle oma õele ning nüüd läksin tema juurde ja palusin tal endale äritegevuse alustamiseks raha anda. Sain raha, kuid kulutasin selle baaris joomise peale. Mul ei olnud ei jõudu ega tahet enam eluga edasi minna.

Mu pere püüdis leida lahendust, kuidas mind hävingust välja tuua. Mu õde ütles: „Ema, katsume nii korraldada et ta abiellub uuesti. Kui me ta sellisesse olukorda jätame, saab temast peagi samasugune inimvare nagu ta varem oli." Viimaks oli ka ema sama meelt ning helistas mulle. Ta rääkis mulle ühe meeldivast naisterahvast, kes meie kodulinnas elas ning ema pakkus välja, et ma tuleksin ja kohtuksin temaga.

Ma uskusin: mu abikaasa tuleb tagasi. Ma ei hakka mitte iialgi ühegi teise naisega elama! Teadsin ka, et minu armastus mu abikaasa vastu ei kao kunagi ning ma ei suutnud ettegi kujutada, et võiksin kellegi teisega koos elada.

„Poeg, proovi vaid üks kord! Jäägu see mu viimakse lootuseks," palus mu ema mind ning ma ei suutnud ema palvele vaid kord selle naisterahvaga kokku saada vastu vaielda. Nii ma tegingi. Otsustasin, et vahetan temaga vaid formaalseid viisakusi ning seejärel lahkun. Kuid Jumala ettenägelikkus oli otsatu!

Läksin paika, kus pidin selle naisterahvaga kokku saama ja naine, kes mind seal ootamas oli, osutus kõige ideaalsemaks naiseks keda ma iial kohanud olin. Ta oli selline, kellest ma alati unistanud olin. Mulle meeldisid alati väga valged riided ning tema kandis valget mitmes osas riietust. Tal olid pikad juuksed ning need langesid kaunilt tema seljale. Ta istus seal ning nägi välja justkui mõni imekaunis maaliteos. Mul oli raske oma silmi uskuda. Ta rääkis, et ta ema on ebausklik ning ta usub, et tema tütar saab õnnelikuks siis, kui abiellub mehega, kellele see abielu on teine abielu. Seetõttu korraldas tema ema meile selle kohtumise. Meie sümpaatia oli vastastikune ning perekonnad hakkasid peagi kiiresti pulmadeks valmistuma.

Kuni selle päevani olin ma oodanud tagasi oma abikaasat. Teisi naisi polnud ma kunagi vaadanud. Teadmine, et ma nii kiirelt oma meelt muuta võin, oli ka mulle endale ehmatuseks.

Kuupäev oli paika pandud ning me vahetasime kinke nagu see kombeks on. Kuid siis tuli korraga mu abikaasa tagasi. Kuuldus, et ma taas abielluma hakkan, oli ka temani jõudnud ning ta tuli kontrollima, kui tõsine mu kavatsus on. Mõistes, et mu süda ei ole tema küljes enam kinni ning mu kavatsus teise naisega abielluda on tõepoolest tõsine, oli tema üllatus väga suur.

Andeks andmine oma abikaasale

Kui selle ajani oli mu abikaasa kindlalt uskunud, et erinevalt paljudest teistest ei muutu minu armastus tema vastu iial. Teada saamine sellest, et ma endale kauni vallalise naisterahva olen leidnud ning temaga abielluda soovin, näis teda väga śokeerivat. Nüüd mõistis ta, et ma olin temast tõesti kaugemaks jäänud. Tema aga tuli järgmise päeva hommikul oma pagasiga kohale. Olin parasjagu veel magamas, kui kuulsin müdinat. Abikaasa oli tagasi kõigi oma asjadega. Kuid kas polnud seda nüüd juba liiga hilja teha? Olin tõotanud, et abiellun teisega ning reageerisin tema sisse tulemisele sellega, et loopisin kõik ta asjad majast välja. Meie vahel tekkis arusaatus, mina püüdsin asju majast välja ja tema neid taas majja sisse tuua.

Ütlesin: „Olen su perekonna peale väga pahane, te olete mind minu pere liikmete eest tugevasti alandanud. Pealegi oleme me juba abiellumise kuupäeva välja valinud, mida inimesed küll arvaks kui ma seda nüüd muudaks?"

„Ma teen kõike selleks, et kõigilt meie peredes andeks paluda. Teen tulevikus kõiges just nii nagu sina soovid."

„Hästi, oletame et ma andestan sulle, kuid sellegi poolest ei saa ei mu vanemad ega mu õed ega vennad seda tegema."

Tema aga oli kangekaelne.

„Ma palun ja saan neilt andeks. Minu koht on elada selles perekonnas kuni lõpuni."

Ta oli tohutult muutunud, taltsas kui talleke. Minu tunded tema vastu olid juba täiest kustunud, kuid mul tuli mõelda ka oma tütardele. Nende endi ema käe all kasvada oli neile siiski kõige parem. Nii nõustusin ma viimaks talle andestama, kuid seadsin selleks ka omad tingimused. Ta pidi mulle kõiges tingimusteta kuuletuma ning samuti pidi ta kõigilt pereliikmetelt ja sugulastelt andeks paluma. Nõudsin ka, et tema enda perekonnaliikmed tuleksid ja andeks paluksid. Viimaks leppisin kõigega ning võtsin oma endise abikaasa enda juurde tagasi. See kõik juhtus 120 päeva pärast seda, kui ta kodust lahkunud oli.

Rääkisin oma loo põgusalt selle naisterahva emale, kelle ma peagi kosima pidin ning palusin temalt andestust. Üllatuseks mõistis ta mu olukorda hästi. Ma ise sain alles hulga aega pärast seda aru, et see kõik oli läinud Jumala plaani kohaselt.

Miks oli mu abikaasal lahutada vaja?

Ajal, mil mu abikaasa ühtlasi elatist teenis ja minu eest hoolitses, ei olnud tal elule suuri lootusi. Tema õrn ja puhas süda muutusid kalgiks ja karmiks.

Surm ja elu on keele võimsuses, ja kes seda armastab, saab süüa selle vilja. (Õpetussõnad 18:21)

Oma suu viljast sööb mees head, aga autute igatsuseks on vägivald. Kes valvab oma suud, hoiab oma hinge, aga huulte ammuli ajajat tabab hukatus. (Õpetussõnad 13:2-3).

Hoolimata mitmeid kordi kodust lahkumisest teadis ta, et ma teda armastan, ning ta tuli tagasi. Me tundsime teineteise ustavaid südameid. Ta ei olnud jätnud maha oma abikaasat, kellel puudus elulootus. Küll aga ütles ta sageli, et niipea kui mu tervis paraneb, soovib ta lahutada. Kurjade sõnade kuhjumisega sai neist Saatana püünis, ja kõik see avaldus ühel hetkel mu isa sünnipäeval. Saatan saab kasutada kurje sõnu, mis me välja ütleme, süüdistusena meie vastu ning Jumalal laseb sellel juhtuda, just nii nagu vaimulikus maailmas reegliks on. Mu abikaasa ei olnud suuteline kontrollima oma mõtteid ega tundeid ning see lõppes lahutusega. Kuid Jumal oli ette näinud, et me jääme kokku ning see tuleb kasuks kõigele.

Peatükk 3

Minu hüüe

Tõsise kristlase elu algus

Sain tervendamiskoosolekul selgeks, et olin patustaja

Jumal muutis mu abikaasa iseloomu selliselt, et temast sai kui vagur talleke. Peale abielus uuesti kokku asumist oli meie elus rahu ja rõõm ning seda üle nii pika aja. Peale koju tagasi pöördumist püüdis ta endast pereliikmete teenimiseks kõik anda ning tema pühendus oli suur. Mu esimene tütar Miyoung keeldus absoluutselt teda oma emaks nimetamast ning oli abikaasaga väga külm. Mu abikaasa nägi palju vaeva ja valas palju pisaraid selleks, et Miyoung'i süda taas ümber muuta. Meie uue maja omaniku peale käimisel läksime me 25. novembril 1974. a. tervenduskoosolekule Sungdong'i kirikus Oksu Dong'is. Võtsime abikaasaga hoolega osa kõigist varahommikustest, keskpäevastest ning õhtustest koosolekutest. Jutluse pidajaks oli pastor Byeong-ho Park Korea Evangeelse Pühaduse kirikust. Tema jutluse teemaks oli „Loobuge kõigest ning saage kerjuseks."

Ta rääkis, et millal iganes ta oma elus ohverdusi teinud oli, andis Jumal talle alati suuri õnnistusi selle eest. Ta andis ära kõik ning ehitas üles kiriku ja Jumal, kes näeb kõik, õnnistas teda külluslikult. Meie istusime abikaasaga esimeses reas ning saime rohke armu osaliseks. Tema sõnum tegi mulle selgeks, et meil tuleb Piiblit lugeda, Jeesus Kristus on meie Päästja ning et suitsetamine ja alkoholi joomine tuleb maha jätta. Õppisin ka palvetama ja kuidas kohaselt kümnist ning muid ohverdusi anda. Õppisin kristluse põhitõdesid.

Olin enda üle uhke, kuna ma olin püüdnud elada õigel viisil alati. Inimesed ütlesid minu kohta tihti, et ma olin „mees, kellel pole seadust vaja." Esimesest päevast, mil ma aru sain, kui patune Jumala sõna peegelduses olen, hakkasin ma pisarsilmil kahetsema. Olin väga tagasihoidlik ja sisse poole elav. Minu jaoks oli täiesti ennekuulmatu valada pisaraid ning olla pühkida oma nina pisarate tõttu kõikjal inimeste keskel. Kuid see oli võimalik, sest Jumal tegutses ning Ta andis mulle palju armu.

Ausa kristlase elu algus

Tervenduskoosoleku viimasel päeval tõotasin ma, et annan oma panuse kiriku ehitusse. Elasime sel ajal majas, mille rendi suurus oli 100 000 woni (umbes 100 USA dollarit). Olin Jumalale Tema armu eest nii tänulik, et oleks tahtnud Talle kõik anda, kuid anda ei olnud mul midagi. Olin ahastuses ning suutsin viimaks teha annetuse summas 300 000 woni. Rääkisin asjast abikaasale ning ka tema sooviks oli samasuurusene summa annetada. Otsustasime, et teeme seda kolme kuu jooksul.

Välja lubatud kuupäev oli lähenemas, kuid raha ei olnud

meil ikka veel. Nii otsustasime me, et võtame kõrge intressiga laenu ning tasume oma osa kiriku ehitamiseks. Jumalale antud lubadusest oli vaja kinni pidada, olgugi et intress laenatud summa pealt oli väga kõrge. Minu ja mu abikaasa kristlase elu oli sellest hetkest väga ausaks muutunud, kui me tervenduskoosolekul käisime. Kuna ma töötasin ehitustöölisena, siis neil päevadel kui ma tööd ei teinud, läksin ma varahommikul üles mäele ning palvetasin. Ma ei teanud sel ajal veel, et selline soov palvetada ning paastuda oli Jumala tahe. Mina olin lihtsalt oma südame soovi täitmas.

„Hüüa mind ja ma vastan sulle!"

Ühel varahommikul 1975.a. läksin ma üles Chilbo mäele Suwon'is. Asetasin teki kivide peale ning alustasin palvetamist. Korraga kuulsin ma taevast häält. See oli vali ning selge häält, mis ütles: „Vaata Luuka 22. peatüki 44. salmi!" Avasin kiiresti Piibli ja lugesin.

Ja raskesti heideldes palvestas ta veelgi pingsamalt, ja ta higi muutus nagu maha tilkuvateks higipiiskadeks.

Jumalale meelepärane palvetamine on innukas palvetamine. Palvetasin ja püüdsin mõista, miks Jumal mulle selle kirjakoha andnud oli ning sain sellise selge tõlgenduse.

Iisrael asub kõrbealal, kus öisel ajal langeb temperatuur väga madalaks. Sel ajal, kui Jeesus risti löödi, oli aprillikuu ning öine temperatuur väga madal. Kuivõrd innukalt ja tõsiselt pidi Jeesus palvetama, et ta higi verepiiskadena maha langes? Tema palved olid nii piinavalt tõsised, et veresooned lõhkesid ning naha pinnalt kukkusid maapinnale mitte higi-, vaid verepiisad. Olnuks ta vaikselt palvetanud, poleks midagi sellist juhtunud.

Valjude palvete välja ütlemise saladus

Ajal, mil ma Piiblit lugesin, avastasin ma, et nii Vanas kui Uues Testamendis leidub palju salme, mis õhutavad meid valjul häälel palvetama. Jumal soovib, et me seda teeksime. Mõistsin ka, et meie esiisad said valjult usus palvetades vastused. See on Jumala tahe, et ma valjult palvetaksime. *„Hüüa mind, siis ma vastan sulle ja ilmutan sulle suuri ja salajasi asju, mida sa ei tea"* (Jeremija 33:3). Joona ei kuulanud Jumala sõna ning ta heideti suure kala kõhtu, kuid Joona 2:2 ütleb, et Jumala poole hüüdmine päästis ta. Johannesse 11:43-44 ütleb, et Jeesus andis käsku valjul häälel ning Laatsarus ärkas ellu. Laatsarus oli olnud selleks ajaks 4 päeva surnud, kuid ometi ärkas ta ellu, olles surnulinasse mähitud. Laatsaruse puhul polnud oluline, kas tegu oli vaikse või valju häälega. Kuid kuna see oli Jumala tahe, siis ütles Jeesus oma palveid valjul häälel. Esimese Moosese raamatu 3:17 ütleb:

Et sa kuulasid oma naise sõna ja jõid puust, millest mina olin sind keelanud, öeldes, et sa ei tohi sellest süüa, siis olgu maapind neetud sinu üleastumise pärast! Vaevaga pead sa sellest sööma kogu eluaja!

Enne seda, kui inimesed hea ja kurja puust sõid, elasid nad Eedeniaia külluses ning nende päralt oli kõik see, mis Jumal neile valmistanud oli. Kuid ajast mil nad Jumala reeglitele vastu astusid nind puust süid, said nad lihalikuks. Nõnda muutus senine suhe

Jumalaga tõsisemaks ja karmimaks ning toitu tuli nüüd higi ja rügamise läbi hankida. Kõike, mis me vajame, saame me vaid läbi higi ja rügamise. Kui palju siis enam tuleks meil valada higi ja teha tööd selle nimel, et saavutada midagi, mida inimvõimete abil saavutada ei ole võimalik?

Salajase palveruumi vaimulik tähendus

Mõned teist võivad imestades küsida: „Jeesus ütles, et peaksime minema omaette ruumi ja palvetama seal, miks peaksime siis valjusti palvetama? Kas ei kuule Jumal meid ka siis, kui me vaikselt palvetame?" Matteuse 6:6 ütleb Jeesus: *„Aga sina, kui sa palvetad, siis mine oma kambrisse ja lukusta uks, palveta oma Isa poole, kes on varjatud, ja su Isa, kes näeb varjatutki, tasub sulle!"* Ometi ei leia me kohta Piiblist, kus Jeesus vaikselt suletud ruumis palvetaks. Vastavalt Markuse 1:35 ei palvetanud Jeesus kinnises ruumis, vaid läks vara hommikul eraldatud paika ning palvetas. Luuka 6:12 ütleb, et ta palvetas mäel.

Taaniel avas akna ja palvetas, vaadates Jeruusalemma (Taaniel 6:10), Peetrus palvetas katusel (Apostlite teod 10:9) ning apostel Paulus palvetas „palvekohas". Põhjus, miks neil oma kindlal palvekohad olid, seises selles et nad tahtsid paluda kogu hingest ja südamest, palvetada valjusti. Palvetamine suletud ruumis sümboliseerib palvetamist kogu südamega ning südame kõige salajasemates soppides. Vaimulikult sümboliseerib ruum inimese südant. Minnes suletud ruumi eemaldume me maailma mürast. Samal kombel tuleb meil palvetades esmalt lõigata ära kõik muud mõtted ja mured ning maailma asjad, ning palvetada siis kogu südamest ning täielikult pühendunult.

Jumal teab inimese nõrkust

Algul on igaühel valjusti palvetada väga keeruline. Kui me seda aga iga päev harjutame, saame peagi kõrgemalt jõudu, palvetamine tuleb kergemalt ning me suudame palvetada hästi. Kuna me saame Püha Vaimu, saame ka anni keeltes rääkida. Kui me vaikselt palvetame, saavad muud uitmõtted väga kergelt meist jagu ning selle maailma mõtted ja mured võivad taas meie mõtted üle võtta. Siis hakkame tegelema mõtetega oma abikaasast, lastest, oma isiklikest ning rahalistest asjadest. Väsime ruttu ning muutume uniseks. Kui me aga valjusti palveid välja ütleme, ei saa muud uitmõtted ligi tulla ning unisus ja väsimus ei saa meie üle võimust võtta. Saame olla võidukad oma palvetes.

Kuna Jumal teab inimese nõrkust väga hästi, andis ta meile käsu valjusti palveid välja öelda ning olla seeläbi võidukad. Sain sellest teada ning sellest alates hakkasin palveid valjusti välja ütlema. Neil kordadel, kui ma meie kirikus öösel palvetasin ning palveid valjusti lausa välja karjusin, palus mu pastor mul seda rohkem mitte teha, et naabreid mitte häirida. Hakkasin valjusti palvetamist kirikus vältima siis, kui pastor kohal oli. Seetõttu hakkasin palvetama väljaspool kirikut, läksin paika mida kutsuti Palve mäeks, kui mul selleks vähegi võimalust avanes. Ühelt poolt oli mul kahju, et pastor mul kirikus valjust palveid öelda ei lubanud - selliselt oleks saanud vaenlane kiiresti eemale peletatud ning selline palvemeelsus oleks saanud paljusid kirikus sütitada, tuues sellega koguduse jõudsa kasvamise kaasa. Nagu juba ka varem öeldud, olin väga kinnise iseloomuga ning seetõttu tundsin mulle väga sobivana minna välja mäe tippu ning palvetada seal varahommikust hilisööni.

Jumal juhtis mind alandlikkusesse

Issanda päeva pidamiseks valisin ma ehitustöölise töö

Nende paari kuu jooksul, mil mu abikaasa kodust ära oli, oli laenatud raha intressi summa kasvanud ning mu rahalised raskused suurenesid. Leidsin lahenduseks asuda tööle ehitustöölisena, mida üks ehitustööliste ülemus mulle soovitas. Tema soovitus oli, et ma saan oma füüsilise jõu jälle tagasi, kui ma ehitusplatsil pisut väiksema koormusega töötan. Minu soov oma füüsiline vorm peale seitset aastat kannatamist tagasi saada oli suur. Valisin selle ameti ka seetõttu, et nii sain hoiduda töötamisest Issanda päeval. Kuna tööl ei tulnud käia päris iga päev, oli mul hea võimalus palvetada ning paastuda ja minna taas tööle, kui tööd oli.

Mu võla intress aina kasvas, kuid ma olin veendunud, et Jumal aitab mind kui ma Temale meelepärast elu elan. Mu õed-vennad pakkusid mulle ettevõtlusega alustamiseks algkapitali, kuid ma keeldusin sellest. Tahtsin ise otsast alata, tehes kõik kõige õigemal viisil. Kuna ma olin kasvanud maakohas ning oma pere viimase lapsena, ei olnud ma pidanud kunagi kõvasti tööd tegema. Nüüd, kui ma ehitustööd tegema hakkasin, oli tihti suur vastupidavust vaja ning ka pisarate valamine polnud mulle võõras. Teisele korrusele asju tassides värisesid jalad tihti ning paljudel kordadel kukkusin ma tööd tehes ka maha. Tõusin seejärel taas üles ning tegid endasi. Mind peeti inimeseks, kes sai hakkama kõigega ja mu füüsiline vorm paranes kiiresti.

Ma ladusin kive, tegin tööd kühvliga ning lükkasin käru. Kui sama tööd talvel teha ei olnud, olin ma vastutav brikettide kohale toimetamiste eest. Töötasin ka veevärgi kontoris. Sain palju kogemusi. Samal ajal tegeles mu abikaasa vorstide ja vetikate müümisega, aga ka ehitusel kivide korjamisega. Püha Vaim oli juhtinud mind rasket füüsilist tööd tegema, kuid mina ei aimanud seda sel ajal veel. See kõik oli füüsiliselt raske, sain hästi kogeda ehitustööliste rasket elu, kes rasketes tingimustes elavad. Sain tundma selliste inimeste südameid. Alati, kui mul selleks võimalust oli, tunnistasin neile oma usku Jumalasse ning püüdsin nendega pühakirja jagada.

1975.a. suvel sündis mu kolmas tütar Soojin. Mu abikaasa oli jäänud rasedaks ajal, mil me paljudel tervenduskoosolekutel käisime ning Jumala rohke armu osaliseks saime. Kui ta sündis, ei nutnud ta üldse nii nagu minagi ei olnud nutnud, kui ma beebi olin. Ta naeratas kogu aeg. Ma ei mäleta et oleksin teda kordagi nutmas kuulnud, esimest korda alles siis kui ta kuue aastane oli. Mõnda aega tegime me abikaasaga tööd mägistes kohtades, kus parasjagu ehitati - me korjasime seal kive. Soojin oli kõigest kaks kuud vana ning meil ei olnud kedagi, kes sel ajal teda hoiaks. Nii võtsime me ta ehitusplatsile kaasa ning asetasime platsi ühte nurka maha, päikesevari varjuks liigse päikese eest. Üks päikesevari ei suutnud kogu päikest varjata, kuid ta ei nutnud ka siis. Pidime sellest tööst peagi kahjuks loobuma, kuna levis kuuldus, et uue arenduse tõttu kuulus meie maja lammutamisele ning meil tuli välja kolida.

Elasime mägikülas Keumho Dong'i ja Oksu Dong'i piiril. Maja, milles me elasime, oli otsustatud lammutada ning majaomanik tuli meile sellest teatama. Kuurent oli sel ajal 100000 woni (umbes 100 USA dollarit) ning talle oli pakutud kompensatsiooniks 150000 woni. Talle tagati ka üks korter majas, mis samale kohale plaaniti ehitada ning selle korteri müügist oli tal lootus hiljem 400000 woni saada.

Ta teatas, et kahjuks ei saa ta mulle mingit raha tagasi maksta, tema enda maja oli peagi kadunud. Loobusin temaga vaidlemisest, see näis lootusetu ja mõttetu. Kuskile mujale minna meil ei olnud. Näis, et ainus võimalus oli tänava äärde telk üles panna. Imekombel õnnestus mu abikaasal 50000 woni laenata ning me saime selle rahaga kiriku lähedal väikse toa rentida. See oli päevi näinud kambrike, millesse ei paistnud isegi kiirekest päikest.

Paastumine ja suur kahetsus peale nurisemist Jumala vastu

Umbes kuu aega peale kolimist tuli järgmine teade lammutamisest. Meie toa omanik palus meil välja kolida ning käsiraha, mille me tasunud olime, saime me tagasi. Kuid nii väikese summa eest, nagu me seda kohta rentisime, ei õnnestunud meil midagi uut leida. Läksime abikaasaga Boolkwang Dong'i, lootuses midagi odavat leida, kuid meie otsingud osutusid kasutuks. Jätsime ära lõuna ja loobusime isegi õhtusöögist, et raha säästa. Jõudsime tagasi koju pimedas.

„Jumal, miks sa küll ei kuule mul palvet? Kas meie jaoks ei ole tõesti üht ainustki toakest kuskil olemas?"

Nii öeldes, olin ma hetkeks Jumala peale nurisenud. Olin seda öeldes meie kinnisvaramaakleri büroost möödumas ning astusin juurde, et veelkord pakkumistega tutvuda.

„Üks inimene andis just teada, et tal on tuba rentida. Te võite kohe sisse kolida, lausa homme kui soovite."

„Kui palju see maksab?"

„Saate selle 50000 woni eest."

Läksime kohale seda tuba vaatama. See oli armas toake ning lisaks oli seal isegi üks teine ruum, kus saanuks äri avada. Meie jaoks oli olemas tuba, kuhu me saime lausa järgmisel päeval sisse kolida! Jõudsin tagasi koju ning palvetasin suurest tänumeelest nuttes.

„Jumal, miks ei võiks mu süda kõikumatum olla? Miks mul küll selline kuri süda on? Ma olen olnud haige ja vaene, nüüd aga terve, ja ikka veel nurinsen ma Sinu üle, Jumal! Kui sina poleks meile varju andnud, magaksime me praegu tänaval. Peaksin olema nii tänulik kui üldse võimalik selle eest, et sa imeliselt kõigist haigustest vabastasid. Kuidas ma võin ometi veel nuriseda?" Ma kahetsesin kogu südamest ja valasin pisaraid, et ma olin sedasi Jumala vastu nurisenud. Alustasin kolmepäevast paastu, otsustasin, et ei kaeble enam kunagi millegi üle, mis Jumal mu ellu toob.

Mitte mingeid kompromisse pühapäeva pühitsemise osas

Põhjuseks, miks ma ehitustööd tegema hakkasin, oli, et see andis võimaluse pühapäeva pühitseda ning saada nii ka oma füüsiline vorm paremaks. Elasime väikses kehvas ruumis ning ühel päeval helistas mu vanem õde mulle. Ta pidas restorani ja talle kuulus ka üks elumaja. Ta pakkus, et ma võiksin hakata tema restorani juhtima ning tal oli ka mu abikaasale tööd pakkuda. Selle pakkumise vastu võtmise korral ei olnuks meil tarvitsenud enam raha teenimise üle muretseda ning me oleksime end kenasti jalule saanud seada.

„Vennas, ma saan sulle ka maja pakkuda (elamiseks) ja hea sissetuleku. Tulge ja kandke mu restorani eest hoolt. Ja veel, üks tingimus on ka – teil tuleb kahel pühapäeval kuus ka tööl käia."

„Anna andeks, õde. Pühapäeviti pean ma alati kirikus olema. Ma ei saa seda vastu võtta."

Uudis sellest, et ma olin pühapäeviti kirikus käimise pärast hea pakkumise tagasi lükanud jõudis kiiresti mu ema ja vendade-õdede kõrvu. Ema oli pettunud, et ma õe pakkumise tagasi lükkasin, pidades pühapäeviti kirikus käimist nii palju olulisemaks. Isegi mu õed-vennad ei mõistnud mind ja vangutasid päid, kuuldes, et ma loobusin võimalusest teenida raha mis aitaks võlgadest vabaneda ning elu muretult elada.

Kuidas ma Jumala sõna järgi elada saan?

Kuidas saada lahti oma patusest meelelaadist?

Kui tervenduskoosolek läbi sai, asusin ma usinalt Piiblit lugeda. Enne lugema asumist pesin end puhtaks ning riietasin puhastesse riietesse. Lugesin, istudes sirgelt. Alustasin Matteuse evangeeliumist. Lugedes kohtasin palju selliseid väljendeid nagu „hoidu kõigest kurjast", „heida viha eemale", „ära valeta", „ära vihka", „armasta oma vaenlasi" ja nii edasi.

Olnud mõnda aega kristlase elu elanud, püüdsin end kõrvalt vaadata ning aru saada, kui palju ma Piibli sõnast kinni pidasin. Kui ma märkasin end mõnest reeglist mööda minevat, kirjutasin selle märkmikusse üles. Palusin Jumalat, et ta annaks mulle selleks jõudu ning püüdsin kõiki reegleid ellu rakendada.

Kuna ma püüdsin puhta südamega Jumala sõna ellu viia, sain ma palju Jumala armu ning ma suutsin ruttu sellised mõtted ja tegevused oma elust kõrvaldada, mis sealt kaduma pidid. *„Mina armastan neid, kes armastavad mind, ja kes otsivad mind, need leiavad minu"* (Õpetussõnad 8:17). *„Kui te armastate mind, siis pidage mu käske"* (Johannese 14:15).

See ongi Jumala armastamine, et me peame tema käske ja tema käsud ei ole rasked. (1 Johannese 5:3)

Hiljem, kui ma pastoriks sain, mõistsin ma, et pattusid on kahte liiki. Ühe liigi moodustavad ihuviljad, mida luuakse tegevuse käigus ning teine liik on mõtteviljad, mida ma mõttes teeme. Kui mõtteviljadel edasi lasta areneda, võivad neist viimaks ihuviljad saada.

Püüe kõrvaldada kõik kurjuse väljendusvormid

Sel ajal, kui ma veel haigevoodis olin, mängisin ma ajaviiteks vahel oma naabritega Korea kaardimänge. Tegin seda ka hiljem, kui olin Jumalat tunnistanud, kuid ei tundnud teda veel ning ei teadnud, et kaardimäng on patt. Enne usklikuks saamist võitsin ma kaardimängudes tihti, kuid peale Jumalast tunnistamist ei võitnud ma enam kordagi, kuitahes palju ma ka ei püüdnud. Mõistin, et Jumal on kaardimängu vastu ning püüdsin sellega lõpparve teha. Ühel päeval aga ei suutnud ma kiusatusele vastu panna ning mängisin taas, pannes mängu kogu oma viimase viieteist päeva töötasu. Mängisin kogu öö ning kaotasin kogu raha viimse sendini. Järgmisel hommikul püüdsin need, kes olid raha kaotanud, vähemalt algselt mängu pandud summa tagasi võita. Korraga kuulsin väljast tuttavat häält, pastor oli majaomaniku perele külla tulnud.

Kuulsin seda, kuid mängisin vaikselt edasi. Viimaks olin kaotanud kogu raha. Ülistuslaulud omanikumajast kostusid mu kõrvu ning torkasid südamesse. Peale sõnumi jagamist lahkus pastor. „Kui pastor tuli, pidanuks ka mina omaniku majja minema, kuidas saan ma sellise musta südametunnistusega nüüd kirikusse minna?" Langesin suurde masendusse. Teenistustel osalemine muutus igavaks ning ma ei suutnud palvetada. Varem olin ma isegi ehitustöölise tööd tehes rõõmus, korraga ei suutnud ma enam ühtki ülistust välja öelda. Tundsin vaid piina oma südames. Möödusid kaks nädalat, mina olin jätkuvalt vaevas. Ühel õhtul avasin ma kodus akna ning vaatasin välja. Nägin sellest Tooksum'it ja Han'i jõe ümbrust. Jõe vee kohal särasid mõned tuled ning need paistsid kui punased ristid. „Mis see on?" Tundsin end kummaliselt ja vaatasin taas punaseid riste, mis olid justkui joonele rivistatud. „Miks need tuled ristidena näivad ja mitte sellistena, nagu enne?" Sel hetkel puistas armastuse Jumal mind oma armuga heldelt üle ning mulle sai korraga selgeks, et ma oleksin möödunud korral pidanud pastorit tervitama minema, kes külla oli tulnud. Ma ei olnud ühinenud koduse teenistusega. Kahetsesin pisaraid valades: „Jumal, ma ei puuduta kaarte kordagi enam." Peale sügavat kahetsust andis Jumal mulle tagasi Püha Vaimu täiuse, mille ma kaotanud olin. Kui patumüür murtud sai, tundsin ma end justkui lendu minevat. Need kaks nädalat olid olnud väga raske aeg ja ma sain tõsiselt mõistma, kui kohutav on uuesti maailma asjadest haaratud saada. Jätsin maha igasugused hasartmängud.

Palvetamine selleks, et kõigist pattudest oma mõtetes lahti saada

Kui me seda kindlalt soovime, on võimalik halbadest ihuviljadest suhteliselt kergesti lahti saada. Peame lihtsalt lõpetama kõigi nende tegude tegemise, mida Piibel keelab ning käituma nii nagu Piibel meile nõu annab. Minul oli raskusi kahe asjaga. Ma kandsin endas viha ning rikkusin oma mõttes abielu. Keelatud mõtted lihtsalt tulid mu juurde ning ma ei osanud teha muud, kui nende pärast muretseda.

Sel ajal oli minu elus palju inimesi, kellele ma tahtsin kätte maksta. Nendeks olid mu vennad, kes olid keeldunud mulle laenamast raha ajal, mil ma haigevoodis olin; minu ämm, kes mind oma puudega väimeheks kutsus ning mu abikaasa teised perekonnaliikmed, kes minusse põlgavalt suhtusid seetõttu, et ma oma perele raha ei suutnud teenida. Vihkasin kõiki neid inimesi sügavalt oma südames. Suutsin mõelda vaid üht: „Kui ma terveks saan, teenin palju raha ja näitan neile, kui kenasti ma veel elada saan!"

Mulle oli väga raske armastada vaenlasi, oma abikaasa perekond keda ma nii väga vihkasin. Teine probleem oli abielu rikkumine mõtetes. Jeesus ütles, et pattu teeme me ainuüksi juba siis, kui vaatame naist ning abielurikkumine kui selline on alles meie mõtetes (Matteuse 5:28). Ma ei rikkunud abielu füüsilises mõttes, kuid mu meeled olid segi paisatud, kui ma fotosid kaunitest naisnäitlejatest nägin.

Kui me toidame oma patulikku loomust, vaadates pilte kaunitest naistest või imetledes neid filmides, internetis või tänaval kõndides ning kui me vaimustume sellest aina enam ja enam, siis kas see ei ole Jumala silmis abielurikkumine? Olin üsna kindel, et muudes asjades suudan ma Piibli sõnast juhinduda, kuid need kaks pahet hoidsid mind ikka veel oma võimuses.

Tervenduskoosolekul aga öeldi välja mõte, et meil on võimalik vabaneda kõigest, kui me seda vaid südamest soovime ning palju selle nimel palvetame. Uskusin, et usus ei ole miski võimatu ning hakkasin paastuma ja palvetama, et patulikust meelest täielikult vabaks saada.

„Jumal, luba palun mul abielurikkumise mõtteid enam mitte oma meeltesse lubada, hoolimata sellest kui kena naisterahvast ma näen."

Enne Jumala tunnistamist olin ma riputanud meie kodu seintele mõned pildid ja kalendrid piltidega kaunitest näitlejatest. Kui Jumalat tundma saades lõpetasin ma piltide üles panemise. Paastusin ja palvetasin, kuni suutsin kalduvuse abielurikkumisele oma mõtetest ära lõigata. Tahtsin Jumalat ülistada. Palusin, et minust võiks saada kogenud inimene kirikus, kes abivajajaid rahaliselt toetama võiks hakata. Soovisin aidata kaasa misjonäri töös ning ülistada Jumalat läbi õnnistuste, mida tema mulle alati andis. Peale seda, kui me kolisime toakesse, kus oli ka ruum poe pidamiseks, avasime väikese naljaraamatute poekese. Mu abikaasa tegeles kosmeetika vahendite müügiga, ta liikus selleks palju ringi ning mina pidasin poodi. Mu vennad, kes meie kehva olukorda nägid, pakkusid välja, et nad saaksid abistada mõne muu töö leidmiseks, kuid ma keeldusin sellest. „Peale seda, kui Jumal mu puhtaks teeb, annab ta mulle ka oma õnnistuse." Kui ma võtnuks oma vendade abi vastu, mida ma neile hiljem pidanuks ütlema, kui Jumal mind hiljem materiaalselt õnnistama hakanud?

Pidin keeldume nende abist selleks, et elada vaid Jumala

tahtmise järele. Ilmselt arutasime mu vennad asja omavahel ja ütled seepeale midagi sarnast:

„Mis õnnistused Jumalalt? See kõik on seetõttu, et meie aitasime su hädast välja kui sa suures mures olid."

Kolm aastat selleks, et abielu rikkumisele kalduv meel ümber koolitada

Naljaraamatute poe pidamiseks ei olnud kuigi suurt kapitali vaja. Selleks, et me poega suuremasse ruumi kolida saaksime, paastusin ja palvetasin ma kolm päeva. Kui paastuaeg möödas oli, vaatasin ma üle poeruumi Keumho Dong'i teatris. Ruum meeldis mulle ja ma kirjutasin selle rentimiseks lepingu alla. Avasin uue poe ning kuna ümbruskonnas oli palju baare, olid paljudeks mu klientideks neiud, kes neis baarides töötasid.

Üks naine tuli ja soovis minu lähedusse maha istuda, kui ta poes käis. Ta tuli lähemale ning mina hüppasin toolilt püsti. Kui ta väljakutsuvalt käituma hakkas, püüdsin teda vältida. Reaktsioon sellisele käitumisele oli erinev, kuid minu süda ei värisenud seejuures enam kordagi.

„Kas sa vaatad mulle ülalt alla seetõttu, et ma baaris töötan?"

„Oled sa kivist tehtud või mis? Sul ei ole vist üldse mingeid tundeid."

„Palun tule ja külasta mind baaris. Ma teen sulle tasuta joogi välja."

Kiusatusi oli erinevaid, kuid ma ei lasknud enda meeltel

nendega kaasa minna. Keeldusin kõigist pakutud ahvatlustest ning sellisest hoiakust sai minu tugevus. Hiljem märkasin ma, et abielurikkumisele kalduv meelelaad kadus hoopis. Läbi palvete sai minu suurest nõrkusest hoopis minu tugevus ning abielurikkuv meelelaad sai täiesti välja juuritud. Pärast kolme aastat palvetamist selle nimel, et ma enam abielu ei rikuks, sain ma sellest viimaks päris vabaks.

Minu ainus soov

Piiblist peaks lugema välja vaid ühe vastuse

Minu tõsiseks sooviks oli Piiblist täiel määral aru saada ning soovisin selle järgi kõiges elada. Kus iganes ma järgmise tervenduskoosoleku kohta kuulsin, läksin ma sinna sooviga Jumala armu saada.

Kuna Piiblist oli palju salme, mida ma veel ei mõistnud, käisin ma neil koosolekutel väga innukalt. Kuulates sõnumi jagamist, olin ma rõõmus kui Jumala sõnast hästi aru sain. Kuna koosolekuid peeti ka palvekeskustes, käisin ka neil koosolekutel.

Piiblis oli ka palju üksikuid kohti, mida ma seni ei mõistnud. Et neid kohti mõista, küsisin vastuseid oma pastorilt, kuid alati ei saanud ma vastust ka temalt.

„Pastor, milline raamat võiks mulle Jumala tahtest kõige kiiremini üõlevaate anda?"

„Vend Lee, kui sa soovid Piiblit tõepoolest nii väga täiel

määral mõista, võiksid lugeda Piibli kommentaare ja selgitusi." Olin seda kuuldes väga rõõmus. Mul oli tol ajal väga palju võlgu kaelas ja isegi ühe penni kõrvale panek oli keerukas, kuid ometi õnnestus mul kuidagi Piibli kommentaaride raamat endale osta. Lugesin raamatut, palvetades mäejalamil, kuid mõned kohad jäid siiski arusaamatuks. Ometi jäi tõeliselt sügav arusaamine endiselt kättesaamatuks ning ma tundsin end väga rusutuna. Kommentaaride kirjutaja näis kahtlevat Jumala sõna tõelisuses ning arvavat, et mõned kohad Piiblist on väljamõeldis. Mõnede tõlgenduste kohaselt oli lausa võimalik tunda, kuidas usk kahanema hakkas. Piiblist pidi olema üks vastus, kuid kommentaarid ajasid mind vaid enam ja enam segadusse.

Jumala, selgita mulle sõnu Piiblis!

Aasta oli 1976 ja minu suurimaks sooviks oli mõista Piiblis kirja pandud Jumala tahet. Kuulsin ühelt kirikuliikmelt üllatavat uudist, kes oli osalenud Daegu's peetud tervenduskoosolekul.

„Üks pastor paastus kaks korda nelikümmend päeva, talle ilmus Jumala ingel ning selgitas talle Piibli sõna kolm aastat." Kui mulle sellest räägiti, tundsin justkui põleks mu süda mu sees ning justkui tuli süttis minu enda sees. See võib absurdsena kõlada, et tuleb ingel ja selgitab kellelegi piiblit, kuid mina jäin uskuma. Otsustasin uskuda ja paluda. Hakkasin Jumalat järeleandmatult paluma.

„Jumal, ma usun kõiki Piibli kuutekümment kuut raamatut. Piibel on Jumala sõna, mis on Püha Vaimu juhtimisel kirjutatud. Anna mulle palun innustust ning selgita mulle kõiki neid raamatuid. Või selgita neid mulle ingli abiga, või tule ise, Jumal, ja selgita neid mulle."

Kui Pühakirjas leidub kohti, mida ma ei mõista, ei saa ma Jumala tahet kunagi mõistma. Ainult siis, kui ma Piiblist täiel määral aru saan, saaksin ma Jumala tahtele vastavalt elada. Vaid siis, kui me Jumala sõna õigesti mõistame, saame sellest kinni pidada.

Palvetasin tuliselt, sest soovisin meeleheitlikult Jumala sõnast õigesti aru saada. Jumal juhtis mind sellise palvetamise ning paastumises ohverdamiseni. Päevadel ja tundidel, mil ma ehitusel töötama ei pidanud, läksin ma üle mäejalamile ning palvetasin seal. Mu palvete sisuks oli see, et Jumal mind arusaamisele juhiks. Sellised palved kestsid aastaid.

Jumala õrnad käed

Paari kuuga õppisin selgeks, kuidas poodi pidada ning saavutasin usus teadmine, et võimatuid asju pole olemas. Äri ei toonud mulle sel ajal kasumit, kuid ma ei olnud enamat lootnudki. Raha mul polnud, kuid ma uskusin, et Jumala abiga on kõik võimalik ning nii sai mu sooviks oma äri laiendada. „Jumal, lase mul parem paik poe pidamiseks leida."

Alustasin palvetamist ja kolm päeva hiljem tuli minu juurde üks inimene ning küsis, kas ma tahaksin oma äriga tema poe ruumidesse kolida. Talle kuulus üks suur kauplus. Kolisin oma kaubaga tema ruumidesse, sain temalt käsiraha 150000 woni (150 USA dollarit) ning peale 50000 woni kulutamist poemööbli peale jäi üle summa 100000 woni. Paastusime seejärel abikaasaga kolm päeva ning pärast seda läks abikaasa ja külastas üht teist poodi läheduses. Sellel poekesel läks päris kenasti ning selle rentimise eest küsiti 500000 woni, mis sisaldas tasu ja renti. Otsustasin sõlmida lepingu 100000 woniga, mis mul oli, kuid 400000 woni jäi veel puudu. See oli tol ajal väga suur summa. Mulle meenusid kaks meie kiriku liiget, kes võinuks aidata ning ma palusin abikaasal nendega rääkida. Kahjuks keeldusid nad laenamast. Viimaks tulid meile appi meie naabrid, kes laenasid 150000 woni, kuid ikkagi oli 250000 woni veel puudu. Rääkisima uuesti kaupluse omanikuga ning leppisime kokku, et 250000 woni jääme võlgu ning sellelt tasume ka intressi.

Kirikuliikmed ei tohiks omavahel raha laenata. Sain Jumala sõnast aru alles hiljem ning mõistsin siis ka põhjust, miks ei soovinud Jumal, et ma teistelt kiriku liikmetelt raha laenaks. Seda ikka seetõttu, et Jumala tahte kohaselt ei tohi me teistelt kirikuliikmetelt raha laenata. Isegi veresugulastest saavad raha laenamise tõttu vaenlased. Kui me aga kirikuliikmete vahel raha laename, saab Saatan kergesti meie üle võimu ning Jumal ei soovi seda. Nii õpetan ma kirikuliikmeid ka teenides, et nad ei tohiks omavahel raha laenata. Võin ka öelda, et kui vahel siiski juhtub ja mõned neist laenavad omavahel raha, satuvad nad hiljem raskustesse ja kimbatusse. Meie, vennad usus, peaksime võlgnema üksteisele vaid üht - armastust. Kasumiga, mida me sellest poekesest teenima hakkasime, saime ma tasuda intressi, kuid mitte kunagi kogu võlga. All-linnas oli palju selliseid raamatupoekesi ning nende käive oli päris suur. Palusin Jumalat, et ma võiksin ühel päeval suuremat poodi pidama hakata.

Materiaalse õnnistuse rajale juhitud

Keumho Dong turul oli tol ajal üks populaarne pood. Kõik

teadsid, et selle kaupluse müük oli ümbruskonna parim. See oli pandud müüki ning ainuüksi tasu selle eest oli 1 miljon woni (1000 USA dollarit) ning lisaks sellele tuli juurde arvestada ka rent. Summa oli tõesti suur, võrdlusena ühe töölise ühe päeva töötasu oli kõigest 1500 woni (15 USA dollarit). Omanik arvas, et äärmisel juhul võib ta langetada tasu 950000 wonini, kuid rohkem kindlasti mitte. Hiljem sain ka teada, et kahekümne päeva jooksul peale seda, kui ma poodi vaatamas käisin, et tulnud seda keegi teine rohkem vaatama. Mulle räägiti, et poe omanik oli isiklikes raskustes ning tehingu tegemine oli tema suureks sooviks. Minul aga oli vaid 500000 woni. Selle rahaga selle tehingu tegemine oli võimatu. Palusin tuliselt kogu öö ning läksin omaniku juurde, lootes kokkuleppele jõuda. Ütlesin talle, et kõik mis mul on, on 500000 woni ning palusin tal sellise hinna eest tehing teha. Ma mõtles hetkeks ja nõustus hinnaga 550000 woni.

Viimaks kirjutasime lepingu ikkagi 500000 woni peale. Nõustusin tasuma käsiraha koos esimese kuu rendisummaga. Niisiis kolisime Keumho Dong'i turule. Avasime poe ning kohe algusest peale oli meil palju kliente. Paljud rääkisid, et nad olid soovinud väga ise seda poodi, kuid nad ei teadnud isegi seda, et seda pakkumisel oli. Mõned neist tegid mulle ettepaneku, et kui müüksin poe neile, tasuksid nad mulle 1.2 miljonit woni. Kui üks isik viimaks 1.3 miljoni woni pakkumisega minu juurde tuli, rääkisin ma pakkumisest viimaks naisele. Pakkumine oli hea, oleksime selle raha eest isegi maja osta saanud. Kuid ma ei tundnud, et see tegu oleks õige olnud - alles oli Jumal meid oma tahte kohaselt sellesse paika juhatanud.

Nii otsustasime me, et rahast, mis me poe pidamisest teenime, maksame tagasi oma võla. 1977.a juulis avasime me poe ja alustasime äriga. Pühapäeviti oli pood suletud ning tudengid, kes alkoholi tarbisid või suitsetasid, poodi oodatud ei olnud. Mu pereliikmed laulsid kodus kiituslaule ning kliendid, kes poes olid, kuulsid neid laulmas. Poes käis kliente rohkem, kui endise omaniku ajal. Päeval pidasime me poodi ning öösel palvetasime. Selline oli meie igapäevane rutiin.

Olla treenitud kuulama Püha Vaimu häält

Osanri palvemajas

Janunesin Jumala sõna mõistmise järele veel südavamalt justkui hirv igatseb veeoja järele. 1977.a. osalesin ma palvetamisel Osanri palvemajas. Seal olles kuulsin ma Jumala häält teist korda oma elus. Kuulasin jutlust, mida pastor meile pidas ja tema sõnad olid järgmised: „Kuna Jumal on andnud meile tarkuse valmistada ravimeid, on tema tahteks ka see, et me läheme haiguse korral haiglasse ning võtame ravimeid." Ma ei suutnud seda kuulates kinnitavalt „Aamen" öelda. Minu kogemus kõikvõimsast Jumalast oli sellest sõnumist väga erinev. Läksin peale jutluse kuulamist palveruumi ning küsisin palves kisendades: „Jumal, kas sinu tahe on, et me võtame ravimeid või mitte?"

Kui palju aega möödus, ma ei tea. Korraga kuulsin ma Jumala häält mulle ütlevat: „Vaata 2. Ajaraamatu 16. peatükki."

Avasin Piibli ning selles kohas räägitakse Iisraeli kuningast Asast. Tema valitsusaja algusaastatel tugines ta kõiges ainult Jumalale. Ta võitis kõik lahingud ning inimesed elasid rahus. Tema valitsemisaja hilisemal ajal ei otsinud ta enam abi Jumalalt, vaid vaid sõjameestelt. Ta kaotas lahingutes ning vangistas prohveti, kes tema eksisammudele tähelepanu juhtis. Seejärel jäi Asa jalust haigeks. Ta haigus oli tõsine, kuid ka oma haiguse ajal ei pöördunud ta tagasi ISSANDA poole, vaid küsis abi arstidelt ja suri kaks aastat hiljem. Jõudsin selle peatüki lugemisel veendumuseni, et tema lapsed peavad usus talle toetuma ning mitte usaldama seda maailma.

Püha Vaimu hääle kuulmise treenimine

Tuleb teha vahet Jumala häälel ja Püha Vaimu häälel. Minu puhul oli lugu nii, et Jumala häält kuulsin ma vaid väga erilistel juhtudel. Kuulsin seda vaid mõned väga vähesed korrad. Püha Vaimu võime me kuulda rohkem ja selgemalt, tunnistades Jeesusest Kristusest, võttes Püha Vaimu vastu ning palvetades tuliselt sooviga lükata kõrvale patud, kurjus ning mõtted maailmas.

Hakkasin kuulma Püha Vaimu häält ajast, mil väga noor usklik olin. Kord, kui olin kiriku teenistusest osa võtma, lubas Jumal mulle osaks saada teadmisel, kuid Püha Vaimu häält kuulda. Oli pühapäeva hommikune teenistus ning jutlust kuulamise ajal oli mul tohutult suur soov südames. Tundsin soovi annetada kiriku ühele pastorile 30000 woni. Otsustasin: Jumal, ma hangin 30000 woni ning annan selle pastorile!
Otsustasin seda teenistuse ajal. Kuid kui teenistus läbi sai

ning ma kiriku väravast välja astusin, tulid korraga muud mõtted pähe. 30000 woni oli minu jaoks suur raha. Mõtlesin, et kui mul oleks see raha, annaksin selle talle. Kuid kust võinuks ma selle raha saada? Pastori perel tundub olevat parem elu kui minul. Mul võisin ju teenistuse ajal sellised mõtted peas olla, kuid ma unustan need nüüd.

Järgmisel päeval tuli minu poodi Keumho Dong'i turul pastori ämm, kes oli ühtlasi kiriku vanem diakoniss. „Mu tütrel oli kogu läinud öö kestev sünnitus. Kui me haiglasse läksime, oli meil hädasti 30000 woni tarvis ja raha leidmine oli väga keerukas. Sain vaevu raha kokku ning läksin haiglasse. Tal oli väga raske sünnitus." Olin seda kuuldes endast väljas. „Vanem diakoniss, ma pean teile midagi ütlema. Eile kui ma kirikus teenistusel olin, puudutas Püha Vaim mu südant, kuid mina ei kuuletunud talle. Mõtlesin vaid, et see oli minu mõte ning unustasin selle. Kuid nüüd ma siis tean, mis see tegelikult oli."

Kahetsesin sügavalt ning otsustasin, et järgmisel korral ei mõtle ma enam pikalt. Mõtlesin: kuulsin Püha Vaimu häält, kuid ei kuuletunud ja tulemuseks tekitasin palju raskusi teistele inimestele. Oleks ma häält kuulda võtnud, olnuks ma need 30000 woni Jumala abiga kergesti kokku saanud ning pastori pere ei oleks pidanud kogu öö raskelt kannatama. Oleksin Jumalale kuuletudes ka ise rohkelt õnnistatud saanud. Kahetsesin, et ei olnud oma enda mõtteid kasutades kuuletunud. Olles nüüd sellise koolituse läbi teinud, sain ma targemaks eristamaks iseenda mõtteid ja Püha Vaimu häält.

Olulise kuuletumise õppimine

Õppisin läbi veel teisegi kogemuse, et Jumala tahtele kuuletumine on väga oluline. Teenisin kirikus hoolega ja ühel päeval helistas pastor mulle. Ta ütles: „Meil ei ole piisavalt pühapäevakooli õpetajaid. Tule sina meile appi!" Vastasin eitavalt: „Pastor, andke andeks. Ma pole kindel, et minust head õpetajat võiks olla. Mul ei ole mingit kogemust pühapäevakooli läbi viimiseks ning ma pole kindel, et oskaksin lapsi juhendada. Teen seda kunagi, kui mul rohkem enesekindlust selleks on." Teadsin, et peaksin pastori ettepanekuga nõustuma, kuid tundsin end nõustumiseks liialt ebakindlalt. Ma ei oleks kunagi arvanud, et selline väike asi võika olla suureks seinaks minu ja Jumala vahel. Palusin südamest: Jumal, anna mulle keeltega rääkimise anne.

Kadestasin tol ajal teisi inimesi, keda teistes keeltes palvetamas nägin. Palvetasin, et ma saaksin keeltes rääkimise ande, kuid ei saanud seda. Ühel päeval kuulsin, et võin selle ande saada Han Ol San palvemäel. Läksin sinna koosolekule, kuid andi ma ei saanud. Kuulsin kõlaritest pastor Chunsuk Lee nalja heitmist sel teemal: „Isegi mu koer räägib teises keeles, nii et need, kes te seda andi veel saanud ei ole, te pole mu koerast kuigi palju paremad." Tundsin peale koosolekut, et ma pole tõesti midagi enamat väärt, kui üks pastori koer ning virutasin jalaga kivile enda ees. Jätsin vahele lõuna ning läksin ühele lagendikule. Läksin seal oleva puu varju ning palvetasin, et Jumal mulle selle anni annaks. Korraga tundsin, kuidas miski justkui välgusähvatus mu peast läbi läks. Olgugi, et ma tundsin tohutut ebakindlust, oleksin ma pidanud nõustuma, kui mu pastor mind pühapäevakooli õpetajaks palus. Jumal saanuks anda mulle selle ande, kui ma oleks nõustunud.

Kuid ma olin andnud vastuseks ei.

„Jumal, palun andesta mulle, et ma pastorile eitavalt vastasin. Ma ei vaidle sulle enam kunagi vastu."

Niipea, kui ma seda mõistsin, hakkasin ma südamest kahetsema. Korraga hakkasin ma keeltes rääkima. See oli anne, mida ma nii väga soovinud olin! „Aitäh sulle, Jumal!" Lõpuks mõistsin ma, et igasugune kuuletumine on parem kui ohverdus ja me teeme Jumalale suurt meelt, kui talle kuuletume. Selle kogemuse võrra rikkam, otsustasin taas, et kuuletun Jumalale edaspidi tingimusteta, mõtlemata sellele milline antud situatsioon minu vaatevinklist tundub. Kokkuvõttes peitus selles loos minu jaoks, kes ma olin aru saanud kui oluline on Jumalale kuuletuda, üks tingimus, millega mul oli raske nõustuda.

Peatükk 4

Jumala hüüe

„Issand, kuidas sa minusuguse inimese valida saad?"

1978.a. mais kuulsin ma palves olles Jumala häält nagu oleks müristanud pikne.

„ Minu sulane, kelle ma enne aegade algust välja valinud olen! Ma tegin sinu kallal puhastustööd kolm aastat, varusta end nüüd sõnaga kolmeks aastaks. Ma kasutan sind. Sa ületad mägesid, jõgesid ja meresid, et pühakirja kuulutada, ma olen sinuga kõikjal ning sinust saab minu sulane, kes kõigile rahvastele märkide ja imede kaudu näitama saab, et mina olen elav Jumal. "

Tema selge ja võimas hääl jätkas:

„ Ma valisin su enne aegade algust ja sellest ajast, kui sa emaüsas kasvasid, jälgisid mu silmad sind ja mina ise olen sind seni juhtinud. Su abikaasa saab jääda hoolt kandma

poe eest ja sina alustad nüüdsest teed minu sulasena.
Saad saad teenima rohkem raha, kui siis kui te mõlemad
töötasite. Raha ei saa sinu rahakukrust iial otsa ning sinu
riisipott pole kunagi tühi, vaid ajab üle. Sa saad vajaduses
olijaid aitama. See on Jumal, kes su kõige madalamale
astmele asetas ja see on Jumal, kes sind seni alati juhtinud
on, ning tema juhib sind ka nüüdsest edasi. Sa saad
mõistma, miks ma su kõige madalamale asetasin. Ma
tõstan sind oma jõuga kõrgele kohale. Sa armastasid mind
esimesena ja rohkem, kui oma vanemaid, lapsi ning isegi
oma abikaasat. Sa armastasid ainult mind. Seetõttu annan
ma sulle sajakordselt tagasi."

Kuulasin neid sõnu Püha Vaimu täiuses ja inspiratsioonis
ning vastasin sellele „Aamen". Kui ma sellele hiljem uuesti
mõtlesin, tundus see mulle millegi täiesti erakorralisena. Kuni
selle ajani oli olnud minu unistuseks jõuda soliidsesse ikka ning
olla abiks neile, kes kannatasin haiguste ja vaesuse käes nii nagu
ma ise kunagi seda kannatama pidin. Kas olin ma selle ajani siis
millegi vale eest palvetanud? Mul oli palju võlgu tasuda ja selline
käsklus näis raskena. Mul polnud isegi piisavalt head mälu.
Kuidas sain ma siis nüüd teoloogiat õppima hakata? Mis minu
pereliikmetest saab? Mu meeli valdasid mured ja küsimused. Ma
ei suutnud oma olukorras olles kuuletuda, kuid see sõna oli mitte
kuuletumiseks liialt vali ja võimas. Suutsin mõelda vaid seda,
et kui see on tõesti Jumala tahtmine, siis pean ma Jumala häält
veelkord kuulda saama.

Rääkisin juhtunust abikaasale ning me leppisime kokku, et
kogu asjaajamine poega jääb tema kanda. „Kas võib ehk olla
võimalik, et ma võisin Jumala häält kuuldes eksida? Ehk on

midagi, millest ma sain valesti aru?" Hakkasin kahtlema, kas see oli ikka Jumala hääl, mida ma kuulsin ning hakkasin uuesti Jumalat paluma. „Jumal, olen palunud et saaksin soliidsesse ikka ja võiksin olla inimeste aitajaks, kuid sina soovid et ma sinu sulaseks saaksin! Olen nii tagasihoidlik, et ei suuda ettegi kujutada teiste inimeste ees jutlustamist. Olen ka päris vana juba. Ka puudub mul hea ja tugev mälu ning erinevatele katsetele ei pea ma kuigi hästi vastu." Kuid Jumal soovis sellegi poolest, et ma tema sulaseks saaksin ja nii palusin ma: „Palun lase mul su häält veel kord kuulda."

Seejärel läksin palvekeskustesse, lootuses Jumala häält uuesti kuulda. Palvetasin terve ühe nädala, kuid vastust ei saanud. Läksin mitmete inimeste juurde, kellel öeldi prohveti anne olevat, kuid prohetlikku vastust minu jaoks ei olnud. Läksin mägedel ühest palvekeskusest teise ja veetsin südant vaevavaid päevi, püüdes leida küsimust vastusele, kas see oli ikka tõesti Jumala tahe, et ma tema sulaseks ja veel pealegi pastoriks saaksin. Läksid mööda kolm kuud, andsin juba peaaegu alla ning läksin meeleheites tagasi koju. Ühel laupäevasel päeval tuli minu pastor mind mu poodi külastama. Peagi oli käes minu kord viia läbi grupipalve, kuid mul puudus kindlus seda teha. Ütlesin talle nii nagu tundsin: „Pastor, ma ei ole oma palvele mitmeid kuid vastust saanud. Ma tunnen, et ei saa seda palvet pühapäeval mitte kuidagi läbi viia." Tema aga vastas: „Diakon, olgu pealegi nii, aga see palve tuleb sul läbi viia."

Jumala hääle kuulmine

Mu pastor ütles, et mul tuleb teenistusel grupipalve läbi viia,

kuid mina ei suutnud selle peale ikka oma südames „Aamen"
öelda. Peale tol päeval poes lõpetamist sulgesime uksed ning
läksime koju. Kuna sadas parajasti väga kõvasti vihma, otsustasime
abikaasaga, et ei lähe kirikusse ning palvetame kodus. Keskööl
panime vaiba põrandale, põlvitasime maha ning hakkasime
Jumalat paluma. Palvetasin suletud silmadega, kui nägin korraga,
et toa lagi oli avatud ning taevast paistis alla tuppa valgust.

Mulle tundus, justkui oleks katus olnud avatud. Ning siis,
nii nagu see seisab Ilmutusteraamatus, kuulsin ma väga väärikat
häält, mis meenutas paljude veejugade heli, kuid oli siiski väga
selge ja rahulik. Hääl ütles: „Tee homme grupipalve." See oli
vastus, kuid ometi hoopis teistsugune vastus kui sellest, mida
ma oma küsimusele olin lootnud saada. Sel korral oli hääl soe,
turvaline, austusväärne ning selline, millel olnuks raske keelduda.
Seejuures oli see armastusest ning armulikkusest tulvil.

Tunnen seda häält ikka veel päris selgelt, kuid seda on
sõnades raske väljendada. Ma lihtsalt kuulsin seda ning kõik
rasked mõtted kadusid. Kõik segavad mõtted kadusid ning
ma sain Püha Vaimu täis. Olin niivõrd Püha Vaimust tulvil, et
tundsin end olevat nii kergena kui puuvill ning võimelisena õhku
tõusma. Tundsin, et soovi korral oleksin saanud lausa läbi katuse
lennata. Rõõm, tänu ja õnnetunne said mind enda võimusesse.
Mõtlesin sel hetkel, et niisugune peab olema tunne ka siis, kui me
Issandaga uuest kohtume! Avasin silmad. Valgus oli kadunud ja
katus oli just nii paigal nagu see alati paigal seisab.

Mu abikaasa, kes minu kõrval istus, ei kuulnud häält, kuid ka
tema sai Pühast Vaimust täidetud ning ta teadis, et sel ajal kuulsin
mina Jumala häält suure valguse sees. Kiitsime Jumalat kogu öö
ning andsime talle palvetes au.

Pühast Vaimust täidetud olemine

Järgmisel varahommikul läksin ma kirikusse ning vaatasin üle teenistuse korra. Minu palve oli endiselt teenistuse kavas. Peale eelmisel ööl kogetut tundsin ma end ikka veel nii nagu lendaks ma ringi, olgugi et istusin pingil. Kui imeline see kõik oli! Hetkel, mil ma mikrofoni kaudu palvet lausuma hakkasin, ei olnud mu huuled enam minu huuled. Püha Vaim sai mu südame ja mõtted enda võimusesse. Suurest inspiratsioonist hakkas isegi mu keha palvetades värisema. Palve tuli mu meeltesse justkui üks suur voog ja isegi kui ma oleks seda soovinud, poleks suutnud ma seda peatada.

See kõik oli isegi mulle üllatav, sest ma noomisin oma palves kirikuliikmeid, öeldes: „Häbi teile, kes te Jumala kümnist varastate. Te isepäised südamed, kes ei täna Jumalat! Te ütlete, et usute Jumalasse, kuid teie usk on tühine!"

Suutsin end enam kui kümme minutit kestnud palve ajal kontrollida. Tavaliselt oli nii, et kui keegi ütles pikema palve, kui kolm minutit, hakkasid kirikulised nurisema, et palve on liialt pikk. Peale seda, kui minu palve läbi sai, pöördusin tagasi oma istekohale ja mul oli raske pastorile oma kohalt silma vaadata. Suutsin mõelda vaid järgmist: mis siis nüüd, pole seda enne kuuldud et diakon kirikurahvast sedasi noomib!

Kuid kui teenistus läbi sai, tuli pastor minu juurde ja ütles: „Ma olin sinu palvest väga liigutatud." Ta ei öelnud selliseid repliike tihti, kuid mina tundsin end ikka veel imelikult ning püüdsin lahkuda nii kiiresti ja vaikselt kui võimalik. Paljud inimesed tervitasid mind ja ütlesid: „Diakon, te olite Pühast

Vaimust täidetud. Olin teie palvest väga liigutatud."

Ainult kuuletumisega

Viimaks olin ma kindel, et Jumal kutsus mind oma sulaseks. Tunnistasin, öeldes: „Kuna sa oled mind oma sulaseks kutsunud, siis seda teed ma ka lähen. Kuid Jumal, kanna palun hoolt kõige selle pärast, mis mul hingel: usuõpetuse kool, mu mälujõud ja kõik muu."

Olin kolmekümne kuue aastane, veendunud et Jumal oli mind oma sulaseks kutsunud ning kohemaid rentisin ma toa ning asusin elama omaette. See oli mu majast viie minuti kaugusel. Paastusin ja lugesin hoolega Piiblit, palusin Jumalat et ta mulle tugeva mälu annaks. Tahtsin lüüa risti kogu lihaliku koos kõigi kirgede ja ihadega. Otsustasin teha Jumala sulasena vaid seda, mida Jumal näitab. Oma perest eemal olek polnud kerge, kuid Püha Vaim oli kõiges juhtijaks ja abimeheks. Sain nõu oma pastorilt Oksu Dong'i kirikust, kui kirikusse läksin. Otsustasin minna Kyul (Pühadus) teoloogilisse seminari ja alustada valmistumist sisseastumiseksamiteks.

Viimaks oli aeg käes ja ma sooritasin eksami. Andsin küsimustele vastused, leides need otse Piiblist. Oli ka küsimusi, mille vastuseid ma ei teadnud ning nende küsimuste jaoks antud paberile kirjutasin nime, kuid mitte midagi enamat. Vestlusel küsis dekaan minult, miks ma muudele küsimuste puhul tühjad paberilehed tagasi andsin ja vastasin vaid küsimused, mille vastusest Piiblist tulenesid. Selgitasin talle, kuidas ma kunagi mälu kaotanud olin.

„Sa arvad, et sinust võiks ilma mäluta pastor saada?" küsis tema.

Minu vastus oli: „Jumal suunas mind sellele teele."

„No tore, igatahes oled sa Piibli eksamil 100% kõik õigesti vastanud," lausus tema.

Olin ainus, kes Piibli eksamil kõik vastused õigesti kirjutas. Kuna sain Piibli osas nii hea tulemuse, sain eksamist läbi ning olin sisseastunuks loetud. Olin saanud seminari sisse, olgugi et olin selle pärast väga muretsenud.

Jumal laseb meil lõigata seda, mida me külvame

Seminari elu

Jumala sulased peavad elama elu, mis erineb muust maailmast suuresti. Minu seminarikaaslased aga käisid kaasas selle maailm trendidega. Peale tunde koguneti kohvikusse ning arutati maailma asju. Vaheajal, mis sobinuks hästi palvetamiseks ja piibli lugemiseks, olid nemad pigem mõnusa elu nautimisega ametis. Andsin neile pidevalt soovitusi sedasi aega mitte raisata ja keskenduda palvetamisele, kuid sellest ei hoolitud. Kokkuvõttes elasin väga erinevat elu oma seminarikaaslastest.

1979.a., olles siis kolmekümne seitsme aastane, algasid mu seminariõpingud ja alates esimesest õppeaastast palvestasin ma, et Jumal annaks mulle nime minu kirikule. Mu õde soovis mulle kiriku avamisel appi tulla ning me otsisime selleks sobivat kohta, kuid ei leidnud sobivat.

Jumalariigi jaoks kõrvale panek teeb Jumalale meelehead

Uskusin, et seda mida ma külvan, seda laseb Jumal ka lõigata ning et ta tasub mulle mu tegude eest. Nii püüdsin ma Jumalariigi nimel alati midagi kõrvale panna. Kui ma ehitustöölisena töötasin või tervenduskoosolekul armu osaliseks sain, andsin Jumalale kogu südamest tänuohvreid. Kui mul raha parasjagu ei olnud, andsin lubaduse teatud aja jooksul annetus teha. Kui mul ka lubatud ajal raha ei olnud, võtsin võlgu ja andsin Jumalale selle, mis olin lubanud.

Jumala ette ei läinud ma kunagi tühjade kätega. Millal iganes ma sissetulekut sain, andsin ära enam kui ühe kümnendiku. Tihti andsin kaks või kolm kümnendikku. Et selline annetamine raiskamine oleks, ei tundnud ma kunagi ning nende summade peale ma täpset arvet ei pidanud.

Ühel päeval tuli pastor mind koju külastama. Ta ei olnud minu raskest rahalisest olukorrast teadlik ning kuna kirik oli suurtes raskustes, palus ta mul võimaluse korral kiriku ehituse head rohkem raha tasuda. Ütlesin seepeale: „Aamen. Ma teen seda." Olime pastoriga mõlemad seepeale rõõmsad. Olgugi, et olime ise võlgades, võtsime veel laenu juurde, et pastorile lubatu välja maksta. Püüdsime kiriku jaoks raha anda ning kui aeg oli käes, õnnistas Jumal meid rohkelt.

Jumala tahte järgimine isegi väikeses äris

Üks koostööpartner tõi meie poodi regulaarselt raamatuid müügiks ning tema hämming oli suur, kui ta kuulis, et pood pühapäeviti suletud on. Tema arvamus oli, et sedasi läheb kauplus peagi pankrotti. Olgugi, et meie äri oli väike, oli see Jumalale meelepärane tegevus ning kuna me pühapäeva pidasime ja kümnist tasusime, õnnistas ta meid rohkelt.

Pood oli hommikust õhtuni rahvast täis. Paljud tulid meie ärist eeskuju võtma, kuna kuuldus meie edukast ärist levis naaberlinnadesse. Asjaolu, et meie pood seejuures pühapäeviti suletud oli, tegi inimesi vaid rohkem uudishimulikuks. Meie poes ei müüdud kaupa, mis oleks olnud sündsuse vastane ning suitsetamine oli kaupluses rangelt keelatud. Nii oli meie poes hea ja tervislik õhkkond ning seetõttu külastasid meid paljude hea prestiiziga koolide tudengid.

Mis oli poe edu saladus?

See oli õnnistus selle eest, et me pühapäeviti poodi suletuna hoidsime ning ise pühapäeviti teenistustel osalesime, ja sellise vastuse me igaühele ka andsime, kes meilt seda küsis. Inimestel, kes ei uskunud, oli seda loomulikult raske mõista. Püüdsime poes tegutsedes ka Pühakirja jagada. Hiljem, kui ma kiriku avasin, tulid need inimesed kirikusse ning neist said noorte täiskasvanute missiooni peamised liikmed.

Mõni kuu peale poe avamist olime juba nii heal järjel, et saime kogu võla tagasi maksta, mis oli tegelikult väga suur summa. See toimus enne seminari astumist. Olime kogu võla tasunud ning võisime sealt alates vabalt kõik oma raha kirikule anda. Püüdsime aidata peresid, kes raskustes olid. Korraldasime piknikke seminaris ning pakkusime seal söögipoolist professoritele ja tudengitele. Pühapäeviti kostitasime kooriliikmeid. Aitasime vaikselt ja salaja ka neid tudengeid, kes hädas olid. Elasime ise tol ajal rendimajas, suurte ürituste ajal püüdsime kogu linnarahvast aidata. Suurte pühade ajal püüdsime aidata ka neid, kel endil midagi pidulauale panna ei olnud ning varustasime neid riisikookide ja muu toiduga. Aitasime ka neid, kes polnud usklikud. Me ei teinud seda seetõttu, et olime ise rahaliselt paremal järjel. Tegime kõike usus. Peale seda, kui meie nii külluslikult lõiganud olime, andis Jumal meile rohkem sissetulekut kui iial varem.

Jumal äratas mind 200 päeva kestval öisel palvekoosoleku üles

Peale Jumala tunnistama hakkamist ei teinud ma maailma osas ena mingeid kompromisse. Püüdsin järgida Jumala tahet täpselt, nii palju kui ma Jumala Sõna tol ajal adusin. Neli aastat õppisin ma semiaris ning palvetasin sel ajal öösiti alati, paastusin sageli samuti. Vaheajal pakkisin asjad ning läksin mägedesse palvetama. Veetsin enamuse aja mägedes, palvemajades. Osalesin sel ajal palju ka terve öö vältavates palvetamistes. Palvetasin keskööst hommikul kella neljani ning ei hilinenud minutitki.

Kui öine palve läbi sai, läksin omaette oma ruumi ning kell 5 hommikul jäin magama. Kell 7 hommikul aga tuli juba tõusta. Mu tütar Miyoung, kes käis tol ajal põhikoolis, tuli mulle igal hommikul kell 7.20 hommikusööki tooma. Söönud hommikusöögi, võtsin oma lõunapakikese kaasa ning läksin kooli. Peale kooli tulin koju tagasi ning asusin koduseid ülesandeid tegema. Vahel kandsin mina pärast kooli poe eest ka hoolt. Teha oli alati palju. Elades sellise kava järgi päevast päev, kasvas väsimus peagi. Magama läsin ikka kell 5 ja ärakasin kell 7 ning siis äratas Jumal kell 7 mu üles.

„Isa!", kuulsin ma oma tütart väljast koos hommikusöögiga ootavat ja hüüdvat.

„Oled see sina, Miyoung?" Olin kindlasti kuulnud oma tütre häält, läksin ust avama, kuid väljas ei olnud kedagi. Otsisin teda, kuid ei leidnud. Pesin näo puhtaks, möödus 20 minutit ning siis tuli Miyoung. Ka järgmisel päeval kuulsin ma hommikul kell 7 tütart hüüdvat „Isa!" Avasin taas ukse, aga seal ei seisnud kedagi. Taipasin, et Jumala ingel oli mind äratanud.

Kui sama asi igal hommikul kordus, harjusin ma viimaks ära. Olin väsinud ja nüüd ei aidanud isegi hääle kuulmine end enam üles tulla. Seejärel kasutas Jumal minu juures teist teed. Kuulsin ukse taga samme ning kui avama tõttasin, ei olnud sea taas kedagi. Kell oli täpselt 7.

Ajal, mil ma 100 päeva kestavat öist palvetamist tegin, jõudis 90. päeval minu kõrvu uudis, et mu äi on surnud. Läksin koos abikaasaga tema vanemate majja Mokpo'sse. Palvetasime seal kõik koos keskööst kuni kella 4ni hommikul. Kui matus läbi sai, tulime tagasi koju ning veetsime ülejäänud päeva palves, kuid sügavat rahu hinges ei olnud. Tundsin, et ma ei suuda Jumalat kogu südamest paluda. Nii alustasin ma järgmist 100-päevalist palveaega ja viisin selle kenasti lõpule. Seejärel oli mul olnud 200 päeva väldanud palveaeg koos öise palvetamisega.

Raha tualettpotti

Kogu meie pere teadis väga hästi, et ma ei talu mitte midagi, mis Jumala Sõna vastu on. Ühel pühapäeval tulime kirikust ning mu abikaasa ja kolm tütart soovisid midagi söögiks osta. Abikaasa püüdis mu näolt arvamust lugeda.

„Lapsed tahaksid midagi näksida. Lähme ja ostame midagi

väikest."

„Tütred, kas te soovite tõesti midagi süü?", oli minu küsimus.

„Jah, isa!", vastasid nad agaralt.
Tütardel tekkis lootus, et ma luban seda neile, olgugi et nad teadsid et oli pühapäev. Ütlesin, et nad mulle sahtlist raha tooksid ning peagi oli raha minu käes.

Nüüd ütlesin mina: „Minge, teie kolm, ja visake see raha tualettpotti." Nii lasidki nad paartuhat woni (paar dollarit praeguses väärtuses) tualettpotist veega alla ning tulid seejärel minu juurde tagasi.

„Kas te ka teate, miks ma teil sedasi talitada käskisin?"

„Jah, teame küll", vastasid kõik kolm.

Mina jätkasin: „Pühapäev on puhkepäev ja Jumal keelab sel päeval müümist ja ostmist. Kas teie peaksite Jumala käskudele vastu astuma? Kui te ei suuda astuda vastu ühele kiusatusele midagi süüa, ei suuda te peagi ka teisele ja kolmandale kiusatusele ära öelda. Jumal ei kannata seda. Minult raha küsides olete te pühapäeva juba rikkunud, see on sama hea kui oleksitegi juba ostnud ning söönud neid asju. Seepärast tuli teil raha ära visata." Kunagi hiljem meenutasid mu tütred, et see kogemus juurdus neile väga südamesse ning juhatas neid usus palju edasi.

Inimesed tunglevad sisse

Meie pood asus väga heas asukohas ja sinna tulid tihti mitte lihtsalt kliendid tänavalt, aga ka pastorid ja meie kiriku liikmed. Ajal, mil ma seminaris õppisin, soovisid paar diakonissi minuga vestelda ja me leppisime selleks aja kokku. Nad tulid mulle rääkima, et üks usklike grupp soovib kirikusse väike laenuühingu asutada. Minu nõuanne neile oli mitte liituda selle grupiga, ütlesin neile järgnevat:

„Jeesus ütles, et tema Jumala tempel on palvekoda ning kihutas, sealt kõik kaupmehed välja. Kõik, mis seob kirikut rahaliste küsimustega, on vale. Jumal ütleb, et meil ei tohiks olla muud võlga, kui võlg armastada üksteist ning nii ei tohiks meil kirikus mingit rahaga toimetamist olla. Kui suhetesse tuleb mängu raha, saab Saatan meie üle võimust ning kirikusse hakkavad probleemid siginema."

Peagi hakkaski see laenuühing palju pahandust tekitama ning kirik sattus raskesse olukorda. Kui ma ise kiriku avasin, keelasin igasuguse sellise tegevuse, mistahes ettekäänded selleks ka olid. Olen alati öelnud, et kiriku liikmed ei tohiks omavahel rahalisi tehinguid teha. Paljud kuulsid, et ma olin sellist nõu andnud ning palju teisigi konsultatsiooni soovijaid hakkas tekkima. Üks usklik naisterahvas oli kaotanud kõik oma juuksed ning ta tuli minu juurde, taskurätik peakatteks pandud. Palvetasime koos ning mõni kuu hiljem kasvasid ta juuksed tagasi ning taskurätik osutus tarbetuks.

Kord tuli minu juurde usklik, kes käis aega-ajalt ennustajate juures ning ei pidanud pühapäeva nii nagu kohane. Ta oli sattunud liiklusõnnetusse ning tuli seejärel minu juurde. Ta palus, et ma tema eest palvetaksin, kuna ta vaev peale õnnetust oli suur. Peale ühise palve tegemist tunnistas ta, et valu on kadunud ning ta oli terveks saanud.

Pühapäeva pühitsedes teadvustame me Jumala vaimulikku jõudu. Selle tõttu hoiab Jumal sind terve nädala õnnetuste eest. Kui me pühapäeva ei pea, ei hoia ka Jumal meid sedasi. Kuna see inimene käis lisaks ka ennustajate juures, tegi ta Jumala ees vaimuliku kuriteo. Seda Jumal ei salli.

Püüdsin inimestesse, kes mind külastasid, Jumala sõna istutada. Kord tuli minu juurde üks pastor, kes oli parajasti mägedesse palvemajja minemas, soovides leida seeläbi vastust ühele oma probleemile. Peale külaskäiku minu juurde läks ta otsemaid tagasi koju, ta oli leidnud oma vastuse ja lahenduse probleemile. Andsin nõu väga paljudele ning kohati ei jäänud mul seminari jaoks vajalikku aegagi. Kui olin parasjagu kodus, tuli sinna palju inimesi, kõik lootuses minuga palvetada. Seetõttu pakkisin vahel oma asjad ning läksin vaheajaks mägedesse. Pidin ju õppimiseks ja Jumala Sõnasse süvenemiseks aega võtma.

Suur paastumine vaimu inspiratsioonile

Saame isegi patud oma mõtetest ära lõigata

1979.a. augustis, teoloogia seminari esimesel suvevaheajal, võtsin ma koos oma kiriku pastoriga osa Kanaani põllumajanduskooli pastorite suvekoolist. Kuulsin, kuidas mõnde pastorid omavahel rääkisid ning olin üllatunud, et nad nii hoolega maailma asjadest räägivad. Arvasin tol ajal, et pastorid peavad olema pühad nagu Jumal. Olin üllatunud ja lausa pettunud, kui neid sedasi rääkimas kuulsin:

„Oleme küll pastorid, kuid oma patust loomust me ikkagi täiesti välistada ei suuda. Ning selline käitumine ei ole patt."

„Täiesti õigus," vastas teine pastor, „Patt on see, kui me midagi konkreetset teeme. Lihtsalt mõtte mõtlemine ei saa kindlasti patt olla."

Olin päris sõnatu seda kuuldes, olin selleks ajaks rohkete paastumiste ja palvetamistega keeldudest üle astumise meele endast pühkinud. Kuna olin patu juure endast välja rookinud, ei saanud vaenlane minusse mingeid halbu mõtteid enam istutada. Kas Jumal oleks meile sellise käsu andnud, kui ta teadis, et me ei suudaks sellest kinni pidada? Miks nad sellistest asjust räägivad, kui nad teavad, et patumõtteid saab palvete ja paastumisega välja juurida? Jeesus ütles, et igaüks kes naise poole vaatab ja tema ihkab, on juba oma südames käsust üle astunud. Samuti ütles ta, et sellele kes usub, ei ole mitte miski võimatu ja me saame patule vastu astuda, võideldes kasvõi verehinnaga.

Sama mõtet arutasime ka teoloogilises koolis ning kui tudengid professorilt selles asjas arvamust küsisid, ütles tema samuti, et mõtete vastu võitlemine ei ole inimese teha ning ainuüksi mõte ei ole patt. Mina aga teadsin veendunult, et see on patt ning otsustasin inimesi õpetada, et sellest on võimalik Jumala armuga üle saada.

„Tänan Sind, Jumal. Kui ma oleksin selliseid seisukohti palju aega tagasi kuulnud, oleksin lihtsalt alla andnud. Sina juhtisid mind sellisele teele ning näitasid, et patuste mõtete eemale tõrjumine on palve ja paastumise läbi võimalik. Aitäh Sulle, Jumal!"

Sain selgeks, et paastumine on Jumala tahe

Juba enne, kui ma teoloogia kooli läksin, paastumist ma, ning paastumise ajaline kestvus oli erinevad - kolm päev, seitse päeva, viisteist päeva ja kakskümmend üks päeva. Noore usklikuna ei teadnud ma veel, miks paastumine vajalik on, kuid tegin seda

Püha Vaimu juhtimisel. Diakoniks saades õppisin ma, miks on vaja paastuda ning milleks see hea on. Kui ma leidsin endas halba, paastusin endast selle kaotamiseks kolm, viis ja seitse päeva. Näiteks avastades, et luiskan pisut, tegin paastu kolm päeva. Paastumine kui teataval määral karistus aitas patust kiiresti lahti saada.

Peale paastumist on oluline kosumiseks ette nähtud toitu süüa. See võiks olla kas puder või vedel riisi- või kaerakört. Sellist toitu tuleks tarbida niisama kaua, kui kaua on kestnud paast. Pideva paastumise tõttu ei olnudki enam kuigi palju päevi, mil ma tavalist toitu söönud oleksin. Paastumisele järgnes pideva kosumise toidu söömine ja siis taas paastumine. Olin õppinud paastumise kohta esimest korda tervendamiskoosolekul, kuid kosumise toidust ei teadnud ma siis veel midagi. Miks ma paastuma pean, ei aimanud ma tol ajal. Otsustasin aga siiski Püha Vaimu juhtimisel seitsme päevase paastumise ette võtta ning teki ja Piibliga Chung-gye mäele minna.

Palvekeskuse lähedal asusid palvekambrikesed üksi palvetamiseks. Koht oli niiske, põrandaid katsid suurte aukudega puulauad ning kõikjal kubises sitikatest. Kisendasin välja palveid ning tegin selles kohas seitsme päevalise paastu. Mäelt alla tulles värisesid mu jalad all, kuid olid õnnelik, et viisin ettevõtmise tublisti lõpule. Bussipeatusesse jõudes kohtasin mõnda tänavakauplejad snäkkide ja pähklitega, kosutasin keha pähklitega ning pöördusin tagasi koju.

„Kallis, anna mulle palun süüa"

Mu abikaasa valmistas mulle toitu ja palusin endamisi: „Ma

usun, et seedin seda toitu hästi" ning sõin ära kaks kaussi riisi. Mõne aja pärast kuulsin ma, et Paju's, Kyeong-gi Do on asutatud Osanri palvemaja. Nii läksin sinna, et palvetada ja paastuda. Olles kolmepäevasel paastul kuulsin ma, kui oluline kosumise toitu süüa on. Pastor õpetas, et peame sööma kerget toitu nagu näiteks puder, kört või köögiviljad. Minul oli kõigest aga oma arvamus.

Peale paastumast tagasi tulekut sõin ma peale palvet – ma usun, et seedin kenasti - tavapärase riisiportsu. Kuid läks teisiti: mu nägu paistetas üles ning ma kannatasin muude füüsiliste piinade käes. Langesin põlvili, palvetasin ning kuulsin korraga Püha Vaimu häält.

„Siis, kui kosumise toidust veel midagi ei teadnud, hoidsin ma sind sinu usus. Nüüd sa aga tead ja sa pead oma ülbuse vilju tunda saama." Kahetsesin väga, et ma õpetatule kohaselt käitunud ei olnud ning alustasin taaskord uut paastumist.

Paastupalve tulu

Palvevastuste saamiseks ning igas muus mõttes on paastuv palve väga oluline. Esiteks on paastumine ja seejärel kosumise toidu tarbimine kindla perioodi jooksul iseend sundimata väga raske. Me lõikame sellega ära kõik lihalikud naudingud ning saame tugevamaks iseenda üle kontrolli omades. Meeled muutuvad väga aktiivseks ning see aitab meil rohkem vaimulikuks inimeseks saada. Meie seedimine saab puhata ning see on omakorda kehale väga hea. Kui nüüd vaimulikult aktiivsemaks muutume, saame Püha Vaimuga täidetud ning saame Jumalalt enam jõudu. Innukas palvetamine annab meie probleemidele lahendusi. Jumal teeb head tööd.

Nii palju kui ma sõin, ma ka paastusin ja kui ma kord juba paastuda olin otsustanud, siis ei muutnud ma meelt. Meie ja Jumala vahel valitseb usaldus siis, kui me peame kinni sellest, mis Jumalale lubanud oleme. Paastudes ja palvetades vastuseid ning lahendusi saades kasvame me usus, saame julgustust ja jõudu juurde. Niisiis on see otsetee kristlase elu kogemuse ja võiduka usuelu juurde.

Paastuv palve on niisiis Jumala tahe ning üks parimatest Jumalariigi tõelisuse tunnistamise viisidest.

Kuidas paastuvat palvet teha

Paastuv palve tähendab palvetamist nii, et me ei tarvita mitte midagi peale joogivee. See on palvetamine, öeldes: „Kui ma hukkun, siis ma hukkun." Nii ei tuleks meil pikka paastu, mis ületab kümme päeva, alustada kunagi läbi mõtlemata ning meil tuleb kõiges Püha Vaimu juhtimisele alluda.

Jesaja 58:6 ütleb: „*Eks ole ju mulle meelbiv paast niisugune: päästa valla ülekohtuse ahelad, teha lahti ikke rihmad, lasta vabaks rõhutud ja purustada kõik tõkked?*" Ülekohtuse ahelad siin viitavad probleemidele, mida põhjustab Jumala sõnast eemal olek. Täpsemalt, kui me teeme Jumalale meelepärast paastu, saavad meie probleemid lahendatud. Leidub inimesi, kes paastuvad nelikümmend päeva, kuid nende mõtteis on vaid oma mõtted ning neil tuleb ikka probleemidega vastamisi seista, sest nad teevad kõike Jumala abita. Seega, milline paast Jumalale tõeliselt meelehead teeb?

Esmalt peame paastuma muutumatu südamega

Olles kord otsustanud, kui palju päevi me paastume, ei tohi me seda poolel teel muuta. Sellest loobumine seetõttu, et tegemist on suure raskusega, on lubamatu. Kui paastumine siiski lõpetada on vaja, kuna ilmnesid mõned sinust olenemata takistavad asjaolud, tuleb sul paastu uuesti alustades taas algusest alata. Kui sa annad Jumalale lubaduse ja murrad seda nii kergesti, kuidas saab siis Jumal sind armastada ja usaldada? Mida iganes me Jumalale lubame, sellest tuleb meil ka kinni pidada. Seda tehes õpime me olema kannatlikud ning omandame usaldust Jumala ees. Selliselt käitudes teeme nii nagu Jumal meid soovib tegevat.

Teiseks tuleb meil paastudes valjusti palvetada

Paljud inimesed ei palveta nii nagu peaks ning ka on neil kombeks paastumise ajal vahepeal tukastada. Sellisel tegevusel pole mingit mõtet. Vaid siis, kui me paastume ning Jumala poole hüüame, annab ta meile armu ning jõudu paastuda. Ka saame nii vastused oma küsimustele ning rohkelt õnnistust.

Nõnda kui me sööme päevas kolm korda, tuleb meil ka palvestada paastumise ajal vähemalt kolm korda päevas. Nii saame me vaimulikku mannat ja Püha Vaimuga täidetud eluvett ülalt maitsta ning vaenlane peab taganema. Pikema paastu puhul peaksime palvetama vähemalt viis korda päevas, et Jumalalt vaimulikku leiba saada. Veelgi enam ei tohiks meie paast olla vaid välipidine tegevus. Palvetades sügaval oma südames saab Jumal meile oma armu ja tugevust anda (Joeli 2:12-13).

Kolmandaks ei tohiks me mingi meelelahutusega tegeleda

Jesaja 58:3 ütleb: *„Miks me paastume, kui sa seda ei näe, alandame oma hinge, kui sa seda ei märka? Vaata, oma paastupäeval te teete, mis teile meeldib ja pigistate kõiki oma võlgnikke.* " Paastu ajal televiisorit vaadates sa ärritud või laimad ning teed seda, mis Jumalale ei meeldi - nii ei saa sa ka vastuseid Temalt. Seetõttu tuleb meil meelelahutusest, sisututest jutuajamistest ja muu sobimatu tegemisest loobuda. Sellise inimese süda on Jumalale meelepärane.

Neljandaks, kui me palvetame, peame ennekõige palvetama Jumalariigi ja selle õigluse eest.

Kui me palvetame ja ise samal ajal oma himusid järgime, siis ei kuule Jumal meie palveid. Selline paastumine koormab keha ning nii toimides peaksime väga ettevaatlikud olema. Me ei tohiks ka palvetada oma teadmiste ja kuulsuse pärast maailmas, vaid ikka selleks et saaksime puhtamaks ning võiksime Jumala jaoks vajalikud tööriistad olla. Palvetada tuleb enamate hingede päästmise eest, Jumalalt jõu saamise nimel ning Püha Vaimu andide omandamiseks. Kui me südamest Jumalariigi ja selle õigluse ning oma pastorite ja kirikute eest palvetame, võtab Jumal rõõmuga meie palveid vastu.

Viiendaks peame vaimuliku armastusega paluma

Jesaja 58:7 ütleb: *„Eks see ole murda oma leiba näljasele ja* *viia oma kotta viletsad kodutud, kui sa näed alastiolijat ja riietad teda ega hoidu oma ligimesest"* Jumal hoolib armastusest oma lastest ning see liigutab Teda väga, kui laps jätab söömise ning Tema poole palvetab. Kui lapsed käituvad headuses ning näitavad üksteise vastu üles armastust, siis kui armas võib see Jumala silmis olla? Nii võtab Ta paastu vastu suure rõõmuga ning annab vastuseid palvetele kiiremini.

Kuuendaks tuleb meil ka korraliku kosumise toitu süüa

Selleks, et paastumine õige ja kohane oleks, tuleb meil peale paastumist sama palju päevi ka kosumise toitu süüa. Õige kosumistoidu söömisega saame enesekontrolli kasvatada. Sel juhul ei riku toit meie keha, vaid tervendab seda ning vaim saab selgemaks.

Mõned ütlevad: „Mul on tugev kõht, mulle pole kosumise toitu vaja." See on kindlasti vale mõte. Kui me korralikku kosumise toitu sööme, teeb Jumal nõrgaks jäänud kõhu tugevaks ning tervendab samas ka väiksemaid tõbesid ja haigusi.

Isegi kui oleme paastu tublisti lõpule viinud, kuid ei võta seejärel korralikku kosumise toitu, kaotame energiat, meie keha saab kahjustatud ning meil tekib muid probleeme. Kosumistoidu võtmise ajal ei tohiks me ka tööd teha. Paastule võib ka test järgneda, nii et parem on kui me sel ajal palumisega tegeleme.

Kohane kosumise toit

Peame olema kosumistoidu võtmise ajal ettevaatlikud – rohke toidu tarbimine paistetab üles meie näo ning see pole kõhule hea.

Tavaliselt söövad inimesed ju kolm korda päevas, kuid ajal mil me kerget riisiputru kosumistoiduks sööme, võime neli korda päevas ühe tassitäis seda tarvitada.

Peaksime vältima liha, mune, leiba, karastusjooke ning raskeid toite, mis sisaldavad õli, maitseaineid, soola ja on hapukad. Peaksime vältima toite, milles on monosoodium glutamaati ja vürtse. Väga head on köögiviljad.

Peale kolmepäevast paastu võime süüa riisiputru, sest kui paast on kestnud kauem kui kolm päeva, muutub kõht väikse beebi kõhu sarnaseks. Seega tuleb meil vähemalt kaks päeva süüa väga lahjat riisisuppi, mis on peaaegu nagu vesi. Söö seda neli korda päevas. Võimaluse korral jooge ilma viljalihata õunamahla neli korda päevas.

Kolme kuni nelja päeva pärast võime pisut tugevamat riisisuppi sööma hakata. Hiljem võime pudrule ka riisijahu või kõrvitsat lisada, ning ka kogus võib suureneda. Peaksime vältima liha ning monosoodium glutamaadi lisamisest. Kui soovime siiski väga liha süüa, võib pisut kala proovida, kuidas see peab kergelt soolatud olema.

Ka köögiviljasupid on head. Võime näiteks seesami seemnetelt kestad eemaldada ning need riisisupi sisse panna. Sedasi toimides saame energia kiiremini tagasi ning tunneme ka, et tervis taastub kiiremini.

Paludes Püha Vaimu juhtimist

Olin väga kinnine inimene. Kui keegi minu kõrval seisis, oli valjusti palvetamine mulle väga keerukas. Seetõttu palvetasin ma tihti öö läbi üksinda. Peale palvetamist umbes pool tundi sain ma Püha Vaimu täiuse ja inspiratsiooni osaliseks ning seeläbi sügava ühenduse Jumalaga. Vahel sain ma sedavõrd puudutatud, et hakkasin teistes keeltes laulma ning tantsisin Püha Vaimu puudutusest, lauldes samal ajal Halleluuja.

Peamisest palvetasin ma oma kiriku pastori, teiste pastorite, vanemate inimeste ja kiriku tervenemise ning teiste hingede, kirikute, rahvaste ja kõigi inimeste eest. Palve lõpu poole palusin väikse palve ka oma perekonna ja äri eest. Kui mul rohkem aega oli, läksin palvekeskustesse ning osalesin päikesetõusu aegsetel palvekoosolekutel. Edasi läksin ma mäejalamile. Pidasin lõunat aja raiskamiseks, võtsin varahommikul teki, läksin loodusesse palvetama ning jätsin lõuna vahele.

Õhtul osalesin palvekeskuse õhtusöögil ning osalesin koosolekul. Kui aga südames oli suur soov paastuda, paastusin edasi ka terve õhtu.

„Samuti tuleb ka Vaim appi meie nõtrusele: me ju ei tea, kuidas palvetada, nõnda nagu peab, kuid Vaim ise palub meie eest sõnatute ägamistega. Aga südameteuurija teab, mida Vaim taotleb, sest Jumala tahtmise järgi palub ta pühade eest.“ (Pauluse kiri roomlastele 8:26-27)

Sel ajal ei teadnud ma Püha Vaimust veel midagi, järgisin lihtsalt tema juhtimist ja palusin. Jumal otsib südameid. Kuna Püha Vaim oli minu sees palvetamas, järgisin tema õpetust.

Jumala käed kiriku avamist ette valmistamas

Usuproovid

Tugevama usu saamiseks viis Jumal mu pere läbi usuproovidest. Mu noorim tütar, Soojin, oli kuus aastat vana. Oli aasta 1980. Mu tütar oli koos mu teise tütrega tänaval kõndimas ning mõned keskkoolipoisid olid sealsamalas palli mängimas. Üks poiss tegi korraga järsu liigutuse, püüdes palli kätte saada ning põrkas ootamatult Soojin'iga kokku. Ta kukkus maha, lõi pea kõvasti ära ning sai peaajupõrutuse. Poisi vanemad tulid kiirelt kohale ning viisid Soojin'i haiglasse.

Mu abikaasa kuulis uudist ning ruttas samuti haiglasse. Arsti sõnul oli olnud vaja meie tütar haigla üldosakonda viia. Tema sõnul oli aju tugevasti vigastada saanud ning kahtlustati, et tal võib selle õnnetuse tõttu edaspidi ajukahjustus tekkida. Tehti suur operatsioon, kuid oht et ta edaspidi ajupuudega võis jääda, oli suur.

Olin parajasti meie poes ja kuulsin, kuidas Soojin unes sonis. Olin veendunud, et teda saab palve abil tervendada ning viisin ta haiglasse jätmise asemel koju.

Õnnetuse põhjustanud poisi ema ei teadnud, mida teha. Ta pidas toatüdruku ametit ning oli nagu meiegi väga raskes rahalises olukorras.

Lohutasin teda ning palvetasin Soojin'i kohal. Ta rääkis unes ja kaebles valu käes. Päevad läksid, saabus uus päev, muutust ei tulnud ning me palvetasime abikaasaga kogu edasi öö. Viimaks oli käes kolmapäev, pidin just seminari hakkama minema ning kuulsin korraga Soojin'i küsivat: „Isa, kas täna mitte kirikusse minemise päev ei ole?" Ta oli mõistusele tagasi tulnud.

„Tänu sulle, Jumal! Sa vastasid palvetele ning Soojin tuli tagasi teadvusele." Kui ma samal päeval koolist tagasi jõudsin, oli Soojin kolmapäevasele teenistusele läinud.

Mu teine tütar sai veoautolt löögi

1981.a. sattus mu teine tütar Mikyung autoõnnetusse. Mikyung oli bussist väljunud ning hakkas teed ületama. Veoautojuht ei märganud teda ning ta sai sõidukilt löögi. Ta lendas teele pikali. Inimeseid kogunesid tema ümber ja veoautojuht toimetas ta haigasse.

Ajaks, mil mu abikaasa haiglasse jõudis, oli Mikyung'i nägu nii palju üles paistetatud, et ta oleks olnud justkui kaks lõuga. Suu oli seest väga katki, olukord oli väga kole. Arsti sõnul pidi ta haigasse jääma, kuid abikaasa otsustas ta koju tuua. Mikyung oli täiesti verega kaetud ja ei suutnud isegi oma silmi avada. Ta nägu nägi välja täiesti kohutav, kaetud rohkete haavade ja kahjustustega.

Ta ei söönud midagi. Ainuüksi piima joomine või supi söömine kõrre abil on väga raskendatud. Proovisin ta suu avada ning vaatasin, mis olukorras see on - vaatepilt oli kohutav. Palvetasin kogu hingest Mikyung'i juures. Olles isegi haige ja haavatud, läks ta ikkagi kooli. Õpetaja, kes teda nägi, ehmatas kohutavalt ning käskis tal haiglasse minna ja järgneval ööl palvetasime meie abikaasaga taas terve öö. Mikyung läks iga päev uuesti kooli, nüüdseks oli ta nägu sinine. Viie päeva pärast tulid koorikud näonahalt ära ning ta sai täiesti terveks. Suu sai terveks, nii seest kui väljast ning paistetus kadus.

Kui saabus suvevaheaeg, saime me Mikyung'i õpetajalt kirja. Kirjas seisis, et ta on aru saanud, et Jumal elab tõesti, Tema võim on suur ning seda kõike seetõttu, et ta oli näinud, kuidas Mikyung ilma ravimiteta tervenenud oli. Kirja lõpus seisis, et nüüdsest peale tahab ta kirikus käima hakata.

Meie esimene tütar tervenes peale seda, kui abikaasa kahetsenud oli

1981.a. käis mu esimene tütar Miyoung põhikoolis. Mina olin oma suvevaheajal Osanri palvemajas palvetamas ning tulin sealt peagi tagasi. Leidsin Miyoung'i kodust eest ning tema seisund oli raske - ta oli saanud kuuma veega kõrvetada. Ta nahal oli nii tugev ärritus, et nahapind oli kui männikoor ning kogu nahk oli saanud tugevalt kannatada. Nahk mõranes ning vedelikku immitses. See oli kohutav. Igasugune keha liigutamine oleks põhjustanud verejooksu ning nii istus ta ühes toanurgas.

Olime abikaasaga mõlemad veendunud, et teda saab ilma ravimiteta terveks teha. Palvetasin Miyoung'i eest, kuid tervemaks ta ei saanud. Palvetasin ka järgmisel päeval kogu südamest tema eest, kuid asi ei paranenud.

„Vaata, Issanda käsi ei ole päästmiseks lühike ega ole ta kõrv kuulmiseks kurt, vaid teie süüteod on teinud vahe teie ja teie Jumala vahele, teie patud varjavad Tema palge teie eest, sellepärast ta ei kuule." (Isaiah 59:1-2).

Vaagisin tõsiselt, kas olen teinud kuskil vea, kuid ei leidnud midagi sellist. Selles, et Miyoung midagi valesti teinud ei olnud, olin päris kindel. Ta oli alati hea tüdruk olnud. Mu abikaasa tunnistas, et tema oli päikesetõusu aegsetel palvekoosolekul käimises viimasel ajal laisk olnud, ning kahetses seda Jumala ees. Nüüd, kui abikaasa oma palve teinud oli, palvetasin ma taas Miyoung'i eest ning Jumal vastas. Tema nahk oli varem kollane olnud, nüüd muutus see ühel ööl valgeks ning koorikud hakkasin nahalt ära tulema. Enne, kui koolivaheaeg läbi sai, oli ta täiesti terve.

Kui me toetusime kõiges vaid Jumalale, ei lasknud ta meil ühegi olukorra võimatust tunda. Mõistsime, et kõik need õnnetused olid olnud usu proovikivid, need kasvatasid meie usku ja me tänasime Jumalat selle eest. Enne kiriku avamist sai meie pere kõigi meie kolme tütre kannatuste läbi usus läbi proovitud ja meie usk kasvas.

Mida nüüd teha?

Avastasin Jumalat kõiges ning tundsin rõõmu Tema tahte järele küsides ja selle järele talitades. Lugesin Piiblit ning Taaveti kuuletumine Jumalale kõiges liigutas mind väga.

Ja pärast sündis, et Taavet küsis Issandalt, öeldes: „Kas pean minema mõnesse Juuda linna?" Ja Issand vastas temale: „Mine!" Ja Taavet küsis: „Kuhu ma lähen?" Ja ta vastas: „Hebronisse." (Teine Saamueli Raamat 2:1).

Taavet küsis Jumalalt nõu kõiges, isegi kõige pisemates asjades. Nii nagu väike laps oma vanematelt küsib, mida teha, küsis Taavet juhatust Jumalalt ja Jumal juhtis teda. Igal korral, kui Taavet oma küsimusega Jumala juurde tuli, ütles Jumal hoidva isana talle, kuidas talitada. Mina tegin nii samuti ning Jumal lasi mul Püha Vaimu häält selgesti kuulda.

Neljakümnepäevane paastumine

1981.a. õppisin ma seminaris teist aastat ning kooli talvevaheajal puudutas Jumal mu südant nõnda, et ma soovisin nelikümmend päeva paastuda. Pakkisin palvekeskusesse minekuks oma Piibli ja laulusaamatu ning mõned muud jutluseraamatud. Olin just teele asumas, kui kuulsin väga selget Püha Vaimu häält.

Ära võta endaga ega ära loe neljakümnepäevase paastumise ajal mitte midagi muud peale Piibli ja lauluraamatu.

Pakkisin kiiresti asjad lahti, jätsin maha kõik muud raamatud peale Piibli ja lauluraamtu ning tõttasin Osanri palvemajja. Oli vaheaeg ning kohal oli tuhandeid inimesei. Väljas oli kuuekümne viimase aasta kõige madalamad kraadid. Läksin palvekeskuse ametlikule ülistusteenistusele ning otsustasin palvetada päevas kolm korda (päikesetõusu ajal, pärastlõunal ning kell 23 öösel). Läksin palvekambrisse, põlvitasin maha ning tundsin, kuidas ma kangeks külmun, kuid hüüdsin palves ning ei jätnud ühtki palvekorda vahele.

Palvekamber oli härmatisega kaetud ning meenutas suur jääkuubikut. Olles umbes kolmkümmend-nelikümmend minutit vaevaliselt palvetanud, andis Jumal mulle armu ning ma jaksasin mitmeid tunde palveid jätkata. Olin küllaltki algaja usklik, tegin mitmesuguse pikkusega paastumisi: viis päeva, seitse päeva, viisteist päev ja kakskümmend päeva. Paastusin sageli ning õppisin samal ajal seminari koolis. Mõtlesin endamisi, et isegi neljakümnepäevane paast poleks kuigi raske, kui vaid Jumal selleks jõudu annaks. Palusin palju Jumalariigi ja selle õigluse pärast ning seda, et Jumal mulle tema sõna seletaks. Olin kutsutud tema sulaseks, kuid vaid iseenese jõust ei suutnud ma midagi teha ja nii palusin ma sügavalt, et Jumal mulle tema töö tegemiseks jõudu annaks. Palusin ka avatava uue kiriku eest ja Jumal andis mulle unistuse kirikust, mis maailma misjonit täide viijaks:

„Paljud inimesed kannatavad vaesuse ja haiguste käes. Las sinu kirik saada abivajajate aitajaks, inimeste vaimu ja keha ravijaks, hea sõnumi kuulutajaks ja maailma misjoni täide viijaks."

Mõistsin hästi neid, kes haigustesse aheldatud olid, kuna olin isegi selliste piinade käes kaua kannatanud. Selleks, et uskmatutesse ususeemet külvata, paljusid inimesi nende haigustes ja jõuetuses aidata ning inimesi ebaõigluse ahelatest vabastada, oli mul vaja suurt ja otsatud jõudu Jumalalt, ning seetõttu palusin ma:

„Jumal, anna mulle jõudu selleks, et kui mu vari inimeste peale langeb või kui nad mu riideid puudutavad, siis nad saaksid terveks ainuüksi sellest, kui ma sellise käsu annan ja vaenlane nad rahule jätaks."

Palusin sügavalt ja innukalt ning sain Jumalalt lubaduse omada võimu kurjuse jõudude eemale ajamiseks. Mu unistuseks oli saada Jumalalt veelgi enam jõudu, seeläbi head sõnumit jagada ja istutada usu alge ka neisse, kes veel Jumalat ei tundnud ning kannatasid haiguste, vaesuse, maailma murede pärast. Unistasin sellest, et võiksin luua kiriku, mis kasvaks suuremaks ning levitaks Jumalasõna igasse maailmanurka. Selleks, et maailmamisjonit arendada, vajasin ma lõputut jõudu Jumalalt, ning seetõttu palusin ma, et saaksin sellise jõu nagu oli Jumalameestel Moosesel, Joosual, Eelijal, Jesajal, Peetrusel ja Paulusel imede korda saatmiseks ning märkide näitamiseks oli.

Ma ei palunud Jumala sulasena üksnes jõudu ja võimu maailmast jagu saamiseks, aga ka kahtteist Püha Vaimu andi. Palvetasin, kuid alates 6. päevast ei aidanud Jumal mind enam. Nüüd asus Saatan mind kiusama. 7. ja 8. päeval hakkasid unisus ja krambid kätel-jalgadel piina valmistama. Tundsin justkui hakkaksin ma hulluks minema ning ei saanud öösel und. Katsin tõepoolest, et kaotan aru ning seetõttu ei julgenud ka uinuda. Nägin und, et keegi söötis mind riisiga ning ärgates kahetsesin, et sellist und näinud olin.

Mõtlesin paastu lõpetamisele, arvates, et teen sedasi Jumalale häbi, kuid olnuks ma tol hetkel katkestanud, pidanuks ma taas algusest peale algama. Niisiis kannatasin edasi.

Peale üheksandat päeva vaevused lõppesid. Peale

kahekümnendat päeva ei olnud mul jaksu isegi Piiblit lugeda ning ma tõin mõned pastori jutluse raamatud endale. Lugesin mõned peatükid, kuid jõud puudus. Läksin palvekambrisse, kuid jõud palves hüüda puudus. Palvetamine oli tõeliselt vaevaline, kuid hüüdsin: „Jumal, anna mulle jõudu sinu poole palves hüüda."

Kui palju aega möödus, seda ma ei tea, kuid vaevaliselt palveid öeldes kuulsin korraga üht häält südamele koputavat: „ *Ütlesin ju sulle, et sa ei võtaks ega loeks muid raamatuid peale Piibli ja lauluraamatu. Miks oled sa siis inimese poolt kirjutatud raamatut lugenud?* "

Häält kuuldes sain korraga oma teadvuse tagasi ning vastasin: „Jumal, arvasin et nii on kõik hästi, ja ei kuuletunud. Palun andesta mulle." Piibli lugemine oli raske olnud ning ma arvasin, et mõne muu raamatu lugemine võiks olla kergem. Mõistsin, et olin Jumala tahte vastaselt käitunud ning kahetsesin sügavalt. Sain seejärel uut jõudu ning võisin edasi palvetada.

28. päevaks oli minust vaid luu ja nahk järele jäänud. 30. päevaks oli mu soolestik kokku kuivanud ja kleepunud nii, et isegi vesi ei läinud kehast enam läbi, keha tundus täis olevat ning seedimine mitte töötavat. Proovisin veidi sooja vett juua, aga vesi alla ei läinud. Oksendades tuli suust surnust musta verd. Arvasin selle seetõttu nii olevat, et mõned veenid olid kehas katki läinud ning nõnda tuli oksendamisegi kuiva verd.

32. päeval tuli mu esimene tütar, kes tol ajal põhikoolis käis, mind vaatama. Olin jagamas ruumi paljude inimestega ja kuna ei tahtnud neile oma oksendamisega muret teha, otsustasin tütrega koju tagasi minna. Jätkasin oma toas meie maja läheduses paastumist, mis kujutas nüüdseks tohutut pingutust enda tahte

vastu. Ja siis, 39. päeva õhtuks, kella 23ks, kadusid korraga kõik vaevused ning Jumal andis ülalt mulle jõudu. Sain korraga tugevaks nagu täiesti taastunud inimene. Käisin vannis, vahetasin riided ning ülistasin Jumalat südaööl, lõpetatase paastu.

Nii nagu kotkas oma poegi õpetab

Mõtlesin hiljem, miks Jumal mind kogu neljakümne päeva vältel ei aidanud. Olin pika paastu tegemiseni alati suurte raskusteta paastunud, Jumal aitas mind alati. Nii küsisin ma Jumalalt palves, miks oli mul sel korral vaid iseenda jõuga ja nii piinarikkalt paastuda vaja. Jumal andis seepeale mulle järgmise sõna:

„Ma ei pöördunud sinust ära, küll aga õpetasin sind nii nagu plaaneerinud olin. Kui sa võrdled paastu, mida sa pead kergelt ja minu abiga, sellise paastuga, mida sul enda jõu ja kannatusega teha tuleb, siis jõud mis sa ühe või teise puhul saad, on tohutult erinev."

Niisiis olin ma saanud iseenda tahtest ja jõust juhitud paastuga rohkem jõudu ja võimet taluda ning nii tundsin ma, et võin üle saada kõigist raskustest. Olles neid sõnu kuulnud, meenus mule Moosese 5. Raamatu 32:11-12.

Nõnda nagu kotkas oma pesakonda lendu ergutades hõljub kaitstes oma poegade kohal, nõnda laotas ta oma tiivad, võttis tema ja kandis tema oma tiivasulgedel. Issand üksi juhtis teda, ükski võõras jumal ei olnud koos temaga.

Kotkad teevad pesa kõrgele kalju otsa. Kui noored kotkad mõnevõrra suuremaks kasvavad, lükkab ema pojad pesast välja. Kui pojad nüüd pesast alla hakkavad kukkuma, liigutavad nad oma tiibu iseenesest. Sellise koolituse läbi saavad noored kotkad tugevaks ning suudavad kõrgel taeva all lennates eluvõitluses ellu jääda. Seda meenutades ei suutnud ma muud, kui valada pisaraid Jumala armastust tundes. Ta treenib meid kõvasti just nii nagu kotkas oma poegi karmilt koolitab.

Peatükk 5

Kiriku algus

Kolm aastat kestnud Jumala Sõna ette valmistamine

Ma tegin su puhtaks

Mõtlesin kolme aasta tähtsusele oma elus. 9. juulil 1974. a., mu isa sünnipäeval, leidis mu elus aset intsident, mis viis mu abielulahutuseni. 10. juulil 1977.a., olles majandusliku stabiilsuse saavutanud, avasime me Keumho Dong turul oma äri. Need kaks sündmust toimusid kolmeaastase vahega. Seminaris õppimine kestab kolm aastat ning esmalt, kui Jumal ütles, et ta näitab mulle „märke ja imesid" peale seda, kui olen kolm aastat tema sõna õppinud. Peagi sain ma ka nendest sõnadest aru. 1982.a. veebruaris toimus Masan'i Ilman'i kirikus tervenduskoosolek ning selle kiriku pastor palus mind sellele koosolekule jutlustama. Olin lõpetanud oma seminari algaasta 1982.a. aastal, seega täpselt kolm aastat peale seda kui kooli astunud olin. Kiriku vanemad palusid:

„Pastor, tulge palun meie kirikusse ning kõnelege tervenduskoosolekul."

„Ma pole isegi mitte ordineeritud veel. Olen üksnes seminari tudeng, kuidas saaksin mina tervenduskoosolekul üles astuda? Paluge palun kedagi teist."

„Ei, nii ei lähe mitte. Olen selle tervenduskoosoleku pärast palvatanud ning Jumal juhatas mind Teie juurde. Et te seal kõneleksite, on Jumala tahe."

„Sel juhul palvetan ma selle pärast ning vastan Teile hiljem."

Kuna tegemist oli esimese tervenduskoosolekuga, kus ma sõna pidin võtma ning ma olin alles seminari tudeng, tundsin end üsna ebakindlalt. Paastusin Osanri palvemajas kolm päeva ning sain vajaliku kindluse. Koju tagasi jõudes põlvitasin maha ning palusin, et saaksin sõnumi, millest koosolekul kõneleda. Jumal vastas mulle armuliselt ning andis 11 sõnumit lugemise juhendite ja pealkirjade detailidega, sealhulgas sõnumid päiksetõusu ajal toimuvateks koosolekuteks. Jumal tuletas mulle ka üht raamatut meelde, mida ma varem lugenud olin: „Sa lugesid seda kord, too see oma jutus näiteks." Olin sõnatu. Mõistsin taas kord, et Jumalaga ei ole mitte miski võimatu. Valmistasin ette kõik jutlused sissejuhatusest kuni kokkuvõtteni. Jutlustasin tervenduskoosolekul ning juhtisin kogu üritust Jumala armuga. Koosolekul osalejad tänasid mind hiljem ning ütlesid, et olid rohket Jumala armu kogeda saanud. Paljud tunnistasid, et ma olin neile Jumala Sõna, mida nad viimastel aegadel kogenud ei olnud. See muutis nende vaimsust ning probleemid leidsid lahenduse.

Alates sellest tervenduskoosolekust hakkasin ma saama paljudest kirikutest kutseid ja nad kõik soovisid mind oma tervenduskoosolekutele kõnelema. Igal korral tegutses Püha Vaim peale jutluse pidamist võimsalt kui tuuleiil, näidates palju imesid ja märke. Kui Jumal mind oma sulaseks kutsus, ütles ta: „Kolmeks aastaks, nii et varusta end nüüd minu Sõnaga kolmeks aastaks."

Edukaks teenimiseks

Viimasel aastal seminaris valmistusid ka teised mu kursusekaaslased kiriku avamiseks. Nad olid väga hõivatud, püüdes koguda aina rohkem infot ja teadmini kiriku avamiseks. Käisid koolitustel ning tervenduskoosolekutel ja andsid ka mulle nõu: „Pastor, kuidas saab see võimalik olla, et te vaid mägedes palvetades käes ja paastudes hästi teenida saate? Tulge pigem meiega ning õppige koolitustel kasulikke teadmisi." Loomulikult on täiendavate teadmiste saamine väga kasulik, kui kiriku avamine plaanis, kuid mul oli kõigest oma arusaam.

Mind ei huvitanud inimeste tarkuste õppimine, vaid Jumala teed selleks, kuidas Piiblile vastavalt kogudust kasvatada. Piiblist loeme, et usuisad Peetrus ja Paulus püüdlesid igal ajal palvetamise poole. Mõistsin Jumala sõna mediteerimise ning pühakirja innuka kuulutamise vahendusel.

Apostlite tegude 8:26 räägib, kuidas Filippus Püha Vaimu juhtimisel alla tühermaale läks ning Etioopia eunuhhi ja etiooplaste kuningannat kohtas. Ta oli rikkusi valitsema seatud. Eunuhh oli lugemas Pühakirjast Jesaja kohta ning soovis Jumal Sõna mõista. Filippus rääkis talle Jeesusest ning ristas ta. Ning kui aposter Paulus Aasias Jumala Sõna kuulutada tahtis, ei lasknud Püha Vaim sellel sündida ning juhtas ta Makedooniaase (Apostlite Teod 16:6-10).

Mediteerides avanes mulle, et Jumal ise juhib ja suunab oma sulaseid. Mõistsin, et eduka teenimise eelduseks oli tihe side Jumala ja tema tahtega. Seetõttu püüdsin ma igal võimalusel taas palvetada, püüdes Jumala sõnast vaimulikult aru saada.

Minu abikaasa hingede eest armastusega hoolimas

1982.a. märtsis, peale neljakümnepäevalist paastumist ja kosumistoidu võtmist algas uus akadeemiline aasta. Uuel aastal organiseeriti meie kirikus palvegruppe. Mu abikaasast sai palveteenistuste korraldaja ja diakoniss Aeja Ahn hakkas palvekoja ülemaks. Meil oli kokku viis liiget. Aprilliks suurenes inimeste hulk kahekümne viie liikmeni.

Mu abikaasa kuulutus inimestele hoolega pühakirja ning hoolitses kirikuliikmete eest. Igal päeval pidas ta kindlal ajal koos diakoniss Aeja Ahn'iga kodus palvet. Neil palvekordadel said paljude perekondade probleemid kõrvaldatud, kuulutati palju pühakirja ning toimus üleüldine suur tervenemine. Kuna mu abikaasa oli hea kokk, pakkus ta inimestele koosolekutel ka maitsvaid roogi ning teenis sellega oma ligimesi.

Pühapäeva hommikuti saatsime me oma kolm tütart kõigi kodude uste taha ning andsime neile kaasa sõnumi „Pühapäev on päev kirikusse minemiseks, palun tulge kella 10ks meie majja." Kui inimesed selle peale kohale ei tulnud, läksid me tütred uuesti nende uste taha ning palusid neil tungivalt kirikusse minna. Juhtus, et selle peale ei suudetud enam keelduda. Seega oli pühapäeviti minu palvekojas peetud teenistustel umbes kolmkümmend inimest. Mu abikaasa hoolitses kõigi eest suure armastusega ning nii õppis ta tulevikuks pastori kaasa kohustusi.

Seitsme dollariga

Juhtus midagi hämmastavat

1. märtsil, mil ma seminari viimast aastat alustasin, jäi mu pood, mis seni alati rahvast täis olnud oli, korraga tühjaks. Poes ei käinud enam kedagi. Esmalt mõtlesin ma järele, kas ei ole me Jumala vastu mõnd pattu teinud ning uskusin, et järgmiseks päevaks saavad asjad taas korda. Kuid järgmisel päeval kordus sama lugu. Palusime abikaasaga Jumalat, kuid vastust ei saanud. Nüüd puudus meil korraga sissetulek ning kuurent tuli käsirahaks makstud summa arvelt tasuda. Hiljem saime aru, et taas oli tegemist Jumala ettenägeliku plaaniga. 25. juulil panime me oma poe kinni ning kavatsesime hakata kirikuga tegutsema, selleks ajaks oli ka käsiraha summa täielikult otsa saanud. Peale kõigi tasude arveldamist jäi meile kätte vaid seitse dollarit. Kõik, mis me maailmas teeninud olime, oli korraga mitte millekski saanud ning nii avasime me oma kiriku kõigest seitsme dollariga.

Haigustega inimesed tulevad

Miks on Miyoung'i ema alati õnnelik?

Olin kord olnud olukorras, kus mu ainsaks lootuseks oli kiirelt siit ilmast lahkuda ja kuna mu abikaasa oli selle kõige tunnistajaks olnud, sai minu abikaasast kristlane. Ta oli alati rõõmus ja õnnelik. Kuigi tihti ei olnud meil järgmiseks päevaks midagi süüa, tänas ta alati Jumalat. Kõike mis ta ette võttis, tegi ta rõõmuga - oli see siis nõude pesemine või muu töö, alati saatis laul tema tööd. Inimestega kohtudes püüdis ta neile alati Pühakirjast rääkida. Püha Vaim oli temaga kõiges igal ta päeval.

Enne kiriku avamist levis jutt minu perekonnast kiiresti ning aina enam inimesi tuli kohale, et minuga koos palvetada. 1982.a. aprillikuus külastas mind üks usklik. Ta oli nii peenike, et peale luude ja naha midagi ei olnudki. Ta rääkis, et ta ei saa ka kuigi kiiresit kõndida, kuna tal oli sünnipärane südamerike.

„Pastor, kolm päeva peale lapse sünnitamist paistetas mu keha üles ja olukord muutus päris tõsiseks. Ma ei saa isegi oma last süles hoida." „Võta usus palve vastu. Jumal teeb su terveks."

Ta palvetas ning paranes südamerikkest. Selleks naiseks oli vanem diakoniss Seong Ja Kim, kiriku palvekummardajate grupi liige. Teisel päeval külastas mu poodi üks keskealine naisterahvas. Ta rääkis, et oli kuulnud meie perekonnast ning leidnud sedasi minu. Sel naisel oli üle kahekümne aasta vanune tütar, kelle puusaluu paigast ära oli. Ta jalad olid ebaühtlase pikkusega ning seetõttu ei saanud ta korralikult käia. Valu, mis ta seetõttu taluma pidi, oli nii väljakannatamatuks muutunud, et tal seda sai vaid morfiiniga leevendada. Nüüd oli ta morfiinist sõltuvaks muutunud ning ravim ei mõjunud enam. Ka kõige tugevamad valuvaigistid ei aidanud. Tema ema tuli ja palus mul tütre eest palvetada. Olin sel ajal kodus ülistusteenistust pidamas ning Püha Vaimu juhtimisel palvetasin ma selle perekonna eest kakskümmend üks päeva.

Ajal, mil ma seminaris õppisin, olin ma ka öiste palvustega väga hõivatud, kuid sellegi poolest jagasin ma Jumala Sõna ning palvetasin selle perekonna eest kakskümmend üks päeva. Tütar hakkas aegamisi uskuma ning lõpetas kõigi ravimite võtmise. Hiljem tugines ta kõiges veel vaid Jumalale. 20. päeval kadusid kõik valud. Järgmisel päeval tunnistas ta:

„Pastor, see maja siin on väga vana ning pööningul ning lagede all on palju rotte. Need on alati lärmi teinud. Öösiti juhtub isegi seda, et rotid tulevad tuppa ning ajavad toa sassi. See on elu üsnagi raskeks teinud. Möödunud öösel aga nägin ma und ja kui ma hommikul ärkasin, oli midagi hämmastavat juhtunud!"

Toas oli olnud nii palju rotte, et üles seatud rotilõksud ja rohke rotimürk ei saanud neist enam jagu. Tüdruk ei saanud valu pärast magada, ka rottide lärm ei lasknud uinuda. Sel ööl oli aga tüdruk unes näinud, et ta palvetas ning niipea, kui ta seda tegema hakkas, läksid kõik rotid, suuremad ja väiksemad, gruppidena toast välja ning kõige lõpuks läks välja ka kõige suurem rott, kes oli ilmselt nende kuningas. Seejärel kadus ka kogu ta valu ning samal ajal kadusid pööningult kõik rotid. Õde oli Jumala tegevusest nii hämmastunud ning üllatunud, et ei suutnud oma tundeid vaos hoida. Mõni päev hiljem juhtus korraga, et tüdruku ema tuli kiiruga minu juurde ning ütles: „Pastor, mu tütar on suremas! Palun tulge kiiresti minuga ning paluge tema juures!"

Kui ma nende majja jõudsin, oli juba kesköö käes. Tütar oli põrandal maas ning väänles valude käes. Ta oli võtnud ette 3-päevase paastu ning peale paastumist ei alustanud ta söömist mitte kosumistoiduga, vaid sõi praetud kana. Tal oli äge seedimishäire. Asetasin oma käed tema kohale ning palvetasin ja nägin Püha Vaimu abiga selgesti, kuidas üks luu ta kõhus oli ja kuidas see seejärel sulamas hakkas. Palve jõudis lõpule ning ta oksendas välja kõik, mis ta söönud oli. Ta hingas sügavalt ja ta nägu oli korraga jälle tavalise ilmega.

Puhtaks anumaks saamine

Paastusin palju ning püüdes endast parimat anda, nägin palju vaeva, et kogu kurjus endast kõrvaldada ning Jumala käskude järele elada. Sain endale üheksa Püha Vaimu andi ning see paistis kõrvalolijatele hästi välja. Umbes sel ajal, kui olin Jumalat seitse aastat palunud ja oodanud, et ta laseks mul oma sõna hästi mõistma hakata, saatis ta minu juurde ühe naisprohveti. 1982.a. aprillis tuli mind külastama üks naisterahvas, kellele ma pühakirja olin kuulutanud ning kostis:

„Pastor, ma kuulsin öösel, kuidas keegi hüüdis mu nime kolm korda ning avasin seepeale silmad. Valgus oli nii ere, et silmi oli raske teha ning ma kuulsin Jumalat ütlevat: „Ma olen valinud sinu, et su rahvaste seas tuntuks teha ning sinust saab minu tunnistaja maailmas." Mul ei ole kõige vähematki aimu, mis see tähendada võiks."

Ta ei teadnud sel ajal Mooses 1. Raamatust ega Matteuse evangeeliumist midagi, kuid oli kõhutõvest palvete läbi paranenud. Kui meie kiriku avapalve oli, olin ääretult üllatunud kuuldes teda ütlevat samu sõnu, mis Jumal kord mulle andis kui ta mind oma sulaseks kutsus:

„Kas sa ei küsinud minult 12 Püha Vaimu annet? Andsin nad kõik sulle, tee nüüd tänupalve. "

Veelgi enam – läbi ettekuulutuse rääkis Jumal mulle veel asju, mida üksnes mina teadsin. Mõningaist asjust polnud isegi mu abikaasa teadlik. See kõik viis mu arusaamani, et Jumal on mulle ette kuulutamise anni andnud. Ta andis mulle teada, et oli mulle tõemeeli enda sõna teada andnud. Olin senini palunud endale 12 erinevat annet, sealhulgas üheksat Püha Vaimu annet, millest räägib Pauluse esimene kiri korintlastele, peatükk 12, ning lisaks nägemis- ja armastusandi kui Jumaliku nägemise andi.

Mis on ettekuulutamine?

Piibel räägib meile erinevatest viisidest, kuidas Jumala häält kuulda. On olemas hääl, mis tuleb Jumalalt endalt ning on olemas Püha Vaimu hääl. Vahel räägib Jumal meiega ka ingli läbi, kes inimesena esineb. Samuti räägib Jumal meiega ettekuulutuste läbi.

Issanda käsi tuli mu peale; ja Issand viis mu vaimus välja ja pani mu maha keset orgu – ja see oli luid täis. Siis ta viis mu neist ümbertringi mööda, ja vaata, neid oli oru põhjas väga palju, ja vaata, need olid kuivanud. Ja ta küsis minult: „Inimesepoeg, kas need luud peaksid saama elavaks? " Aga mina vastasin: „Issand Jumal, seda tead sina! " Siis ta ütles mulle: „Kuuluta prohvetlikult nendele luudele ja ütle neile: Kuivanud luud, kuulge Issanda sõna! Nõnda ütleb Issand Jumal nendele luudele: Vaata, ma toon teie sisse vaimu ja te saate elavaks. Ja ma panen teie külge kõõlused, kasvatan teie peale liha, katan teid nahaga ja annan teie sisse vaimu, ja te saate elavaks. Ja te saate tunda, et mina olen Issand." Ja ma kuulutasin prohvetlikult, nagu mind kästi. Ja kui ma kuulutasin, siis kostis hääl, ja vaata, midagi krabises. Luud lähenesid üksteisele, iga luu oma luule. (Hesekeli 37:1-7).

„Kummarda Jumalat, sest Jeesuse tunnistajaks on prohvetluse vaim!" (Ilmutusraamat 19:10).

Ettekuulutamine on rääkimine kellegi teise eest. Prohvetite hulgas on neid, kes räägivad inimeste eest ja neid, kes räägivad Jumala eest.

Hesekeli peatükk 37 räägib sellest, kuidas Jumala Vaim koos Hesekeliga oli ning tema huulte läbi rääkida. Laused on antud käskivas kõneviisis seetõttu, et Jumal rääkis inimese suu läbi. Ettekuulutustööd ei tee aga mitte inimene, vaid Jumala Vaim, täpsemalt Püha Vaim ise. Seega on see sõna tõene. Mis on siis ettekuulutamise tähendus?

Kui sa räägid tõde läbi Püha Vaimu, tunnistad sa Jeesusest, kes on ise tõde. Kuna Jeesuse vaim saab tunnistatud inimese läbi, kes Pühas Vaimus tõde kõneleb, teeb see inimene ettekuulutust. See on ettekuulutuse tähendus. Nõnda kui prohvet Hesekel kuuletus Jumala sõnale ning tegi ettekuulutustööd, saame me alati inimeste läbi kellele on antud and ette kuulutuda, ilmutusi teada.

Näeme, et Jeesus tahab meile ilmutusi anda, Matteuse 11:27 on ta öelnud: *„Kõik on mu Isa andnud mulle, ja keegi muu ei tunne Poega kui vaid Isa, ega ükski tunne Isa kui vaid Poeg ja see, kellele Poeg seda iganes tahab ilmutada."*

Ka apostel Paulus ütles teises kirjas korintlastele 12:1 *„Tuleb kiidelda, ehkki sellest pole kasu. Nüüd tahan ma tulla nägemuste ja Issanda ilmutuste juurde."*

Kui saame selliste ilmutuste osalikes nagu Paulus, mõistame Jumalat selgesti ning saame teadma isegi asjust, mis veel sündimata on. Vaid siis, kui teame mis tulemas on, saame Issanda taastulekuks valmistuda, mis saabub vargsi.

Vastuse saamine kiriku avamiseks

Nad tahavad su välja heita

Ajal, mil ma kiriku avamiseks valmistusin, oli meil mitmeid palvekoosolekuid. Meil oli koosolek diakoniss Aeja Ahn majas ja maja oli rahvast täis. Teine koosolek leidis aset minu majas. Seal paranes üks inimene, kellel oli käemurd ning koosoleku käigus sai ta kipsi käe pealt ära. Palvest võttis osa ka üks naine, kes ei olnud suuteline lapsi saama. Peagi pärast koosolekut jäi ta rasedaks. Kolmas koosolek peeti mägedes, kohal oli enam kui nelikümmend inimest, mõned neist seminari tudengid ja pastorid. Seal osales ka üks naine, kel oli selgroo operatsioon olnud, kuid nüüd oli probleem tõsisemaks muutunud.

Räägiti, et tema seisukord oli väga tõsine, kuid tema soovis sellegi poolest koosolekule tulla. Üks koguduse liige suutis ta vaevu üles mäele toimetada, mina palvetasin tema eest koosoleku ajal. Ja juhtus ime, et ta sai ülel mäel täiesti terveks ning tuli omal jalal alla!

Neljas palvekoosolek toimus samuti mäel ning kohal olid ka paljud seminari tudengid. Meie peale tuli Jumala sõna:

„Peale koosolekut toimub teie proovile panek. Ärge muretsege, vaid uskuge ja palvetage minu poole. Tasun teile õnnistustega.“

Peagi sain ma ühe katsumise osaliseks. 1982.a. juunis olid mul semestrilõpueksmid ja ma tulin viimaks koju. Üks professoritest aga käis pika tee maha ja tuli mulle koju. Teadsin, et see on midagi päris erakorralist. Ta alustas oma jutuga: „Olen käinud paljudel palvemägedel ning palunud palju, nii et ma tean vaimulikust maailmast nii mõndagi. Sinul on vaimulikku sügavust ning ma tean, et sind on paljude vaimuandidega õnnistatud. Kuna sa oled just kirikut avamas, siis tõusid vaenlane ja Saatan sinu vastu. Pastor, mul on tunne et teil on parem kiriku avamisest loobuda. Meil oli täna professorite koosolek, sind soovitakse välja heita. Ma küll tean, et sa pole selline inimene, kuid... “

Kurja vaenlase tegevus takistab kiriku avamist

Kuulasin tema väga detailset juttu ning oli tekkinud olukord, kus mitte vaid mind juhendav professor vaid ka mu enda kiriku pastor olid minu suhtes teataval arvamisel. Minult küsiti: „Pastor, kas on tõde, et te olevat end mäel toimunud koosolekul Kristuse olevat öelnud? Kas te võtsite endaga kaasa ühe naise ning lasite tal käed pastorite peale panna?“

„Ma pole iial öelnud, et mina Kristus olen, ning ma ei ole kunagi lasknud ühelgi naisel käsi pastorite peale panna."

Kuna minu palved kandsid alati jõudu ning inimesed tervenesid koosolekutel alati, muutus üks mu kursuse kaaslane kadedaks ning kaebas mind juhendavale professorile minu peale, öeldes: „Pastor Jaerock Lee teeb asju, mis põhjustavad inimeste seas lõhenemist. Ta ütleb, et tema on Kristus."

Sellised absoluutselt ebatõesed jutud hakkasid kiirelt levima. Professorid, kes mind neli aastat koolitanud olid, otsustasid mu ilma minu arvamust ära kuulamata mu välja heita. Mina ei teinud midagi, ei läinud ma rääkijate juurde ega seletanud midagi. See oli raske olukord, kuid Jumala poole palvetades andis tema mulle nõu vaid tänada, rõõmustada ning palvetada armastusest rääkijate eest.

Septembris algas uus semester. Läksin kooli ja leidsin kursusekaaslased minu olukorra üle arutavat. Kuulsin neilt, et kursusekaaslane, kes mind alatult laimanud oli, polevat kahetsemiseks end sellele kursusele registreerinudki. Läksin seepeale talle külla ning püüdsin teda veenda, et ta kooli tuleks. Ma ei kandnud tema peale mingit pahameelt. Jumal tegi nii imelist tööd, et kõik probleemid said ladusalt lahendatud. Isegi see kaaslane, kes laimanud oli, sai oma asjad viimaks kõik joonde. Hiljem, kui kiriku avateenistus toimus, tulid paljud professorid kohale, sealhulgas need, kes minu osas negatiivset arvamust olid omanud ning me tähistasime kõik koos. Kooli lõpetamisel pidasime minu kirikus tänuüritust koos professoritega.

Tuli vastu „Manmin – kõige loodu kirik"

Olin liitunud seminariga suhteliselt hilises eas ning mu sooviks oli kirik võimalikult ruttu avada. Alates oma esimesest õpiaastast peale palusin ma kiriku nime pärast, kuid vastust ei tulnud. Vahetult enne kiriku avamist oli vastus korraga olemas.

„Nimeta see Manmin'i kirikuks. Tuleb aeg, mil sa lähed palverännakule ning siis mõistad sa, miks ma andsin nime Manmin."

Hiljem, 1989.a. läksin ma palverännakule Pühale Maale. Ketsemanis palus Jeesus nii, et ta higipiisad langesid verepiiskadena maha, täitus ettekuulutus ristist ning kõigi inimeste päästmisest. Nägin selles paigas kõikide rahvaste kirikut suures hiilguses. Jumal saatis Jeesuse Kristuse lepitusena kõigi inimeste ja kõigi rahvaste eest. Jumal tahab viimseil päevil maailmas oma ettekuulutused täide viia, seetõttu andis ta nime „Manmin" mis tähendab tõlkes „kogu loodu".

Alguses nimestasime kiriku Manmini kirikuks, kuid muutsime selle nimel hiljem Manmin'i Joong-ang (keskseks) kirikuks.

Miks sa seda raskel viisil teha tahad?

„Pastor, miks te soovite kirikut avada? Teate, kui raske seda teha on!" „Mitmeid aastaid tuleb teil vaid pudruga läbi ajada. Te tahate ju ometi oma lapsi harida? Kas te ka teate, kui raske on uskujaid neil päevil kokku saada? Teeme pigem siin, selle kirikus koos tööd." „Pastor, küll te näete, kuidas te kiriku avamisel veel ränka vaeva näete."

Mida lähemale kiriku avamine tuli, seda enam inimesi mind takistada püüdis. Fakt oli, et paljud kirikud vaevlesid raskustes. Mõned pastorid olid kasutanud kiriku ehitamiseks ja avamiseks ka laenu abi ning kui kirik ei kasvanud, olid nad hiljem võlgades. Paljud neist olid meeleheite ja abituse tunde kätte sattunud. Kuid ma uskusin kõikvõimsasse Jumalasse ning ju süda ei värisenud sugugi. Ma ei saanud oma arvamust kõigi nende soovituste kohta inimestele kohe näkku öelda, oleksin nad seetõttu piinlikku olukorda seadnud. Andsin vastust vaid endale: „Avan kiriku, see saab olema edukas kirik ning mul ei teki probleeme. Päästan palju hingi ning kirik kasvab kiiresti. Saame sedasi Jumalale palju au anda."

Toetusin Jumala sõnale, mis on öeldud Pauluse kirjas filiplaste 4:13: Ma suudan kõik tema läbi, kes teeb mind vägevaks ja Matteuse 9:29, mille kohaselt meile saab osaks see, mida me usume ning Matteuse 13:8, mis veenis mind sellest, et kui ma külvan, siis laseb Jumal meil 30, 60, või 100 korda enam lõigata kui me külvanud oleme. Vaadates Jumala poolt armastatud sulaseid, näeme et kuna Jumal oli nendega, tundusid Mooses ja Paulus inimestele Jumalana (Moosese teine raamat 7:1; Apostlite teod 14:11).

Kui Jumal on meiega, ei ole mitte miski võimatu. Uskusin seda. Uskusin Tema sulasena, et kui ma süvenen Tema Sõnasse, palvetan ning järgin Tema tahet, siis vastab Jumal mulle, aitab mind rahalistes asjade ning kõiges mis kirikut, selle asukohta ning töötajaid puudutab. Mul oli nägemus, kuna ma suudan Temas, kes mulle jõudu annab, kõike teha. Palvetasin täpselt just selle nägemuse ja unistuse pärast, mis mul oli ning tunnistasin kõike oma huultega.

Püha Vaimu juhtimisele allumine

1982.a. maikuus juhatas Jumal mind, et kirik tuleks kõrvetava päikese käes avada ning ta juhtis mind ühte paika Shindaebang'is, Dongjak'i Sõulis, kohta kus ma ei olnud kunagi varem käinud. Ma ei tundnud ümbruskonda ning küsisin inimestelt teed. Kogu ala oli siis veel välja arendamata, liiklust vähe ja ehitisi hõredalt. Saadaval oli üks krunt suurusega umbes 900 ruutjalga. Kuu-üüri suuruseks oli 150000 woni (150 dollarit) ning käsirahaks küsiti 3 miljonit woni (3000 dollarit). Kohtusin maaomanikuga ning ta oli nõus hinda 120000 wonini alandama.

Jumal valmistas kiriku avamiseks vajaliku raha

Kiriku avamiseks vajaliku rahasumma andis Jumal meile diakoniss Aeja Ahn'i abiga. Tal oli tavaks palvetada igapäeval kokku viis tundi. Tema poeg oli raskes õnnetuses vigastada saanud ning nad said selle eest kompensatsiooniks 3 miljonit woni. Diakoniss tõotas, et annab selle raha Jumal kiriku ehituseks. Tema uskmatu abikaasa aga kulutas summa muuks otstarbeks ning diakonissi süda oli väga raske, et ta raha omal eesmärgil anda ei saanud. Tal oli alati mõte, et tal on need 3 miljonit vaja mingil moel kindlasti ehituse heaks leida. Ta kohtus ka minu perekonnaga ning liitus meiega, kui ma kiriku avasin.

Kuna tema abikaasa mööblitööstusel ei läinud kuigi hästi, oli nende kodu laenu tagatiseks seatud. Kui asjad oleks väga kehvast läinud, võlga poleks suudetud tasuda, oleks olnud vaja maja odava raha eest ära müüa. Nad otsustasid maja 20 miljoni woni (20000 dollari) eest müüki panna, kuid ostjat ei leidunud. Hinda alandati 15 miljoni wonini, kuid olukord jäi samaks. Vahepeal aga sai diakoniss Samgak'i mäekoosolekul Jumalalt juhise:

„Paastu kolm päeva ning pane maja kuulutus üles. Suurenda hinda nii palju, kui suur on su enda usk ning ma aitan kaasa. Suurenenud hinnast anna 3 miljonit kiriku avamiseks."

Nad olid maja müüki pannud ja palju aastaid ei soovinud keegi seda osta. Olnuks nad hinda veelgi suurendanud, olnuks kinnisvaramaaklerid nende üle vaid nalja visanud. Diakoniss Aeja Ahn mõtles aga asjad hoolega läbi ning lisan hinnale 3 miljonit woni. Nüüd oli hind juba 18 miljonit. Maaklerid olid sõnatud.

Kui ta parajasti kinnisvarabüroost ära läks, käis keegi tal kannul ning jäi ta maja vaatama. See isik oli tema sõnul leidnud just sellise maja, nagu ta otsinud oli ning nad sõlmisid lepingu 18 miljoni woni peale. Nüüd oli diakonissil muidugi väga kahju, et ta rohkemat usku üles ei olnud näidanud ning jäi seetõttu 20 miljonilisest tehingust ilma. Nii aitas Jumal teda, maja mis pikka aega müümata oli seisnud, sai nüüd müüdud. Diakoniss maksis tagasi kogu oma pere võla ning kinkis kiriku avamiseks 3 miljonit woni, summa, mis meil just puudu oli.

Suur kahetsuse südames seetõttu, et olin inimestele lootnud

Valmistusin kiriku avamiseks ja minu lootus oli näha avamisel enda ümber vähemalt neljakümmend inimest. Arvasin, et nad tulevad kohale lihtsalt seetõttu, et hoolivad minust ning teavad, kui oluline see mulle on. Tegelikkus osutus aga hoopis teistsuguseks. 25. juulil 1982.a., kui toimus avateenistus, ei tulnud keegi neist, kelle tulekus ma päris kindel olin olnud. Kui ma avastasin, et ka minu õed, kes olid lubanud tulla, jätsid tulemata, mõistsin ma et Jumal oli asjad nii seadnud. Ta ei tahtnud, et ma kellelegi oma õdedest-vendadest toetuks. Ma palusin: „Jumal, tänan et sa aitad mul aru saada, et ma püüan oma vendadele-õdedele toetuda. Palun andesta, et olen inimestest püüdnud abi saada. Mõistan nüüd su soovi. Ma ei toetu enam inimestele ja otsin tuge vaid Sinult ning teen kõike palve läbi."

Peale avateenistust mõistsin, et mul on ikka veel sama soov – inimestelt tuge saada ning kahetsesin uuesti. Palusin, et Jumal kirikusse rahvast saadaks ning nüüdsest sai meie väike paradiis igal nädalal Jumala poolt saadetutega täidetud.

Nullist alustamine

Üheksa täiskasvanut ja neli last

Avateenistuse ajal ei olnud meie kirik veel päris valmis. Puudusid aknaraamid, kõnepult ja põrandakate. Kirik nägi välja kui tühermaa. Me jagasime ruumi kardina abil kaheks - üht poolt kasutasime minu pere eluasemena ja teisel poolel olid pühamu ning palveruum. Avateenistusel oli koos minu perega üheksa täisealist ja neli last, niisiis mõned külalised peale minu oma pere. Pidasin jultuse sõnumiga „Usk on kõige väärtulikum aare." Nii algas Manmin Joong-ang kiriku ajalugu lausa ei millestki. Kuna kirik oli just avatud, ei olnud meil mingit raha, kuid kulutusi tuli aina juurde. Laenama ma kellegi käest ei läinud, ei oma sugulastelt ega kelleltki teiselt. Olin paastumiseks valmis, kui Jumal teisiti abi tulla poleks lubanud. Kui väga häda käes oli, saime Jumala abiga söödud ikka kuidagi. Arbuusi, mida ma väga armastan, ei saanud me kogu suve lubada.

Palvetamine koos viis kuni kuus tundi päevas

Peale avateenistust sai annetustest tekkiv kiriku sissetulek olema umbes kolmkümmend-nelikümmend tuhat woni nädalas, kuid see oli väike summa ja ei katnud isegi pühamu ühe kuu renti. Seepeale kogunesid neli-viis kiriku liiget kokku ning palvetasid viis-kuus tundi päevas, higi tilkudes. Kuna kirikuliikmeid veel ei olnud, ei kulunud mul aega nende külastamisele. Palvetasime, ning hili tilkus. Jeremija 33:3 ütleb: *„Hüüa mind, siis ma vastan sulle ja ilmutan sulle suuri ja salajasi asju, mida sa ei tea!"* Kui me palves Jumala poole hüüdsime, saatis Jumal usklikke meie juurde ning nende kaudu sai kirik asju, mida me vajasime.

„Jumal, anna meile mikrofon"

Peale palvetamist ühe nädala jooksul saime me mikrofoni. Järgmisel nädalal oli telefoni vaja, palusime selle eest ning peagi oli see meil olemas. Sel ajal ei olnud kirikul veel palju liikmeid ning Jumal tegutses läbi reedeõiste palvekoosolekute. Teised kirikuliikmed, kes neil õistel koosolekutel osalesid, said rohke armu osaliseks ning üksteise järel tõid nad ohvreid asjadena, mida kogudus vajas. Nii saime endale kardinad, kõnepuldi, klaveri, elektriventilaatorid ning isegi ristiga kellatorni. Kaks kuud peale kiriku avamist oli meil olemas kogu varustus.

Apostlite teguderaamat ütleb, et Jumala sulane peab sõnale ja palvele keskenduma. Nii jätsin ma kõik haldamise ja muud tööd kiriku liikmete kanda ning keskendusin Jumala sõnale ja palvetamisele. Ma ei teanud tol ajal Jumala sõnast veel väga palju, kuid mõistsin tema tahet ning jutlustasin reedestel kogu öö vältavatel palvekoosolekutel ja pühapäevastel teenistustel Püha Vaimu juhtimisel.

Olgugi, et minu kõne pidamise oskus polnud just kiita, said paljud inimesed uut elu- ja usujõudu, kuna need koosolekud olid vaimulikult laitmatud. Nähes reedestel öistel koosolekutel aset leidnud imesid, said paljud inimesed rohke armu osaliseks ning nende usk kasvas.

Piiblist vastuse leidmine

Esimesed kogudused loodi apostlite poolt, keda Jeesus ise oli õpetanud. Nad järgisid Jumala tahet, nad tegid sellega Jumalale head meelt ning need inimesed, kes päästetud said, hakkasid ka kogudusse kuuluma. Sellised esimesed kogudused said minu ideaaliks ning eeskujuks, tahtsin luua sarnast seni kuni Issand tagasi tuleb. Parim lahendus Jumalat rõõmustavaks koguduseks oli minu meelest kogudus, mis ei ole lihtsalt suur ehitis või kogudus paljude liikmetega, vaid kogudus, mis sarnaneks esimeste kogudustega. Kui me loome oma koguduse sellisena, nagu esimesed kogudused olid, õnnistab Jumal meid ning kirikus toimub pidevalt tervenemisi.

Ent igale inimesele tuli kartus, sest palju imetegusid ja tunnustähti sündis apostlite läbi. Kõik usklikud olid üheskoos ning kõik oli neil ühine. Omandi ja vara nad müüsid ära ning jagasid raha igaühele sedamoodi, kuidas keegi vajas. Nad viibisid päevast päeva ühel meelel pühakojas, murdsid leiba kogudes ja võtsid rooga juubeldades ning siira südamega, kiites Jumalat ja leides armu kogu rahva silmis. Issand aga lisas päästetuid päevast päeva nende hulka. (Apostlite teod 2:43-47).

Püüdes korraldada tegevuvust nii nagu seda esimesed kogudused teinud olid, kogunedes pühamusse igal päeval, olid ka meil palvekoosolekud igal päeval ning me jagasime sõna, sõime eluleiba ehk Jumala sõna (Johannese 6:48) ja praktiseerisime seda. Jumal oli meiega, ta näitas meile oma tunnustähti ja imesid ning kuna igal nädalal liitus uusi liikmeid, kasvas kogudus väga kiiresti.

Toetumine üksnes Jumala Sõnale

Olles kiriku avanud, oli meil vaja iga sent tallele panna. Teadsin, et õnnistuste saamise saladus peitus salmis Luuka 6:38 *„Andke, ja teile antakse — hea, tihedaks vajutatud, raputatud, kuhjaga mõõt antakse teie rüppe, sest selle mõõduga, millega teie mõõdate, mõõdetakse teile tagasi. "* Püüdsin Jumala Sõnale toetudes abivajajaid aidata.

Sel ajal oli meie koguduses kümme seminaritudengit ning nad vajasid meie abi. Meil aga polnud isegi pühamu renti, mis oli tol ajal 120000 woni (120 dollarit), lihtne maksta. Mõni nädal peale kiriku avamist saime mõned annetused ning teadmisega, et Jumal on meid õnnistanud, võtsime annetustest ühe osa ning saatsime teistesse kogudustesse. Avateenistusest alates oli iga koguduse liige lubanud omalt poolt 1 miljon woni (1000 dollarit) seminari hoone ehituseks anda. Püüdes parimat, sai meist kogudus, mis Jumala Sõnale toetudes ka teisi aitas.

Oma kirikut avades otsisin ma näitet heast kogudusest ning leidsin selleks esimese koguduse Piiblist, Apostlite tegudetraamatust.

„Kuni te märke ja imesid ei näe, te lihtsalt ei usu"

Asutamisteenistus

Palvetasin asutamisteenistuse pärast ning Jumal andis mulle oma sõna, öeldes: „Tee asutamise koosolek siis, kui kõik viljad on koristatud, kuid enne külmade saabumist." Nii toimus meil asutamise koosolek 10. oktoobril 1982.a. ning selleks ajaks oli meil juba üle 100 liikme. Jumal oli meile kiriku avamisest saadik nii palju inimesi andnud, et pühamu hakkas juba väikseks jääma. Reede öösiti toimuval palvekoosolekul oli kohal enam kui 100 inimest ja ruumi oli meil vaid 540 ruutjalga, nii et osad inimesed pildi palvekambrites või treppidel olema. Alates asutamise koosolekust hakkasime ka keldrit rentima.

Kui tulid jõulud, palusin ma piibli teemalise näidendi tegemise eest ning Jumal saatis meile selle heaks palju andekaid inimesi. Tuli üks inimene, kes oskas lilli väga kaunisti seada ning naisnäitleja, kes muuseas ka tantsis väga hästi. Tema õpetas

Asutamise teenistus

pühapäevakoolilastele tantse ning mõningaid käega tehtavaid kujundeid. Peagi said liikmed ise ettevalmistusi tegema hakata. Minul tuli anda sel ajal enam kui kümme jutlust nädalas, sealhulgas päikesetõusuaegsetel koosolekutel. Käisin samal ajal veel ka koolis, sest seminar oli mul siis veel lõpetamata. Meil olid ka öised palved ning varahommikuti kell 4 juhtisin ma ka päikesetõusu koosolekuid. Kuuldus, et meil toimub palju tervenemisi, levis kiirelt ning üle kogu maa tuli minu juurde palju abivajajaid. Palvetasin neist igaühe eest palju kordi päevas.

Muudatus perekonnas

Enne Jeesusega kohtumist jõi hr Youngsuk Kim palju alkoholi. Ta jäi haigeks, köhis palju ning ta viidi haiglasse.

Diagnoosiks oli lümfisõlmede tuberkuloos. Teda oli vaja kirurgiliselt opereerida ja ta pidi üheks aastaks ravile jääma, kuid ta ei saanud seda endale võimaldada.

Tema abikaasa kannatas põiepõletiku käes, mis oli alanud peale lapse sünnitust. See naine oli nii õnnetu, et püüdis end tappa, kuid jäi õnne kombel ellu. 1982.a. oktoobris kuulis Youngsuk Kim meie kirikust ning registreeris end meie koguduses. Ta andis lubaduse teha läbi kümnepäevane paast ja päikesetõusu palve ning endal oli tal tol ajal tugev köha ja kõrge palavik. Ta nägi paljusid teisi inimesi tervenemas ning uskus, et ka tema võib sedasi terveneda. Ka mina palusin tema eest palju. Kümnendal päeval, ollest paastunud ja koosolekutel osalenud, tema palavik alanes ning köhimine lõppes. Ta oli olnud kindel, et saab terveneda. Seejärel läks ta end arstidele näitama ning tuli välja, et tuberkuloosist polnud enam jälgegi. Tõbi oli Püha Vaimu abiga täielikult taandunud. Nüüd võttis ka tema abikaasa end meie koguduses arvele ning ka tema vabanes põiepõletikust peagi. Ka nende tütar sai terveks. Youngsuk Kim hakkas Jumala tänuks teoloogiat õppina ning tänaseks on temas saanud pastor.

Reedene kogu öö vältav teenistus Piibli imetegudega

Reedesel kogu öö vältaval teenistusel osales palju inimesi üle kogu maa. Peagi sai sellest teenistusest justkui omaette kogudusesisene ettevõtmine ning meie väike pühamu oli inimestest tulvil. Püha Vaimu kohal olek muutis olemise sedavõrd kuumaks, et ruumi lagi oli higipiiskadega kaetud. Jumalat kiites ja tema poole palvetades kestis meie koosolek kella 23st hilisõhtul kuni kella 6ni varahommikul. Aina enam ja enam inimesi võttis sellest osa, igal korral tervenesid paljud, mitmed tõusid üles ning läksin rõõmsalt hüpeldes kodu poole.

Kohale tulid inimesed, kellele haigast mingit tervenemise lootust ei antud ning niipea, kui nad kirikusse tulid, ei vajanud nad kõndimiseks enam karke, vaid seisid oma jalgadel. Pimedad hakkasid nägema, tummad rääkima ja naised, kes seni lapsi ei saanud, jäid nüüd rasedaks. Üks murtud käeluuga inimene sai seda peale palvekoosolekut vabalt liigutada.

Leukeemiahaige tervenes

Kord tuli üks väga kahvatu näoga naisterahvas palvekoosolekule. Ma rääkisin temaga ning kuulsin, et doktorid olid talle veel vaid viisteist elupäeva lubanud. Tema lugu oli järgmine: ta oli saanud kristlaseks juba pühapäevakoolis käes. Suuremaks saades abiellus ta mehega, kes ei olnud usklik. Kuna mees oli järjekindel ja naise tingimuseks oli, et ta abiellub vaid usklikuga, siis võttis mees end kogudes arvele ning osales mõnda aega koguduse tegevuses.

Naine oli arvanud ja lootnud, et mehest saab tubli kristlane, kuid läks hoopis teisiti. Mõni kuu hiljem ütles sellele naisele tema ämm: „Meie perekond on mitmeid põlvkondi budistid olnud ja ka sinust peab budist saama." Budistiks naine ei hakanud ning nii hakkas ta abikaasa teda koos oma emaga selleks sundima, keelates kirikus käimise. Kui nüüd perekonnas mingeid muresid tekkis, oli kõiges tema süüdi.

Nad viskasid ta mitmeid kordi majast välja, tema aga talus kõike vaikselt. Viimaks, kui ta abikaasa teise naisterahvaga suhte lõi, ei suutnud naine enam lahendust leida ning lõpetas ka kirikus käimise. Ta küll teadis, et kirikusse tuleb ikka minna, kuid elas suures meeleheites ning viimaks avastati tal leukeemia.

Ka nüüd, kui ta enam kirikus ei käinud, jätkas tema abikaasa teise suhtega ning peksis teda.

Tema abikaasa ja ämm käitusid temaga väga külmalt ning ei viinud teda isegi mitte haiglasse.

Viimaks, kui ta haiglasse jõudis ja talle seal enam mingit elulootust ei antud, kuulis ta meie kirikust ning tuli kohale, lootes Jumalalt abi saada. Jumal tegigi ta terveks. Peagi tuli ta tagasi minu juurde, tänas, nägu rõõmus ning läks koju tagasi.

Kahte liiki tunnustähti

Jeesus tervendas haigeid ja äratas surnuid ellu; ta tegi oma maapealse elu jooksul erinevaid imesid ja ütles: *„Te usute mind ainult siis, kui näete tunnustähti ja imetegusid"* (Johannese 4:48). Imetegu on see, kui Jumal ilmastiku seisundis kiire muudatuse teeb. Joosua ajal oli Gibeonis lahing ning päike püsis paigal (Joosua 10:13). Jesaja ajal lasi Jumal varju kümme pügalat tagasi minna (Teine Kuningate raamat 20:11) ja kolm tähetarka läksid tähe juhtimisel Petlemma (Matteuse 2).

Tunnustähed on Jumala teod, mis nähtava jälje või tõestuse endast maha jätavad. Vahel on Jumal Isa siin olulisel kohal. Sellised on tunnustähed Vanas Testamendis ja üks, mis on kirja pandud Ilmutusteraamatu 15:1. Markuse 13:22 ütleb: *„Sest tõuseb valekristusi ja valeprohveteid ja need pakuvad tunnustähti ja imetähti, et kui võimalik, eksitada ka valituid."* See salm ütleb „kui võimalik", viidates sellele, et tegelikult on see võimatu. Seda seetõttu, et valeprohvetitel ei ole võimu tunnustähti teha, kuid nad püüavad inimesi, „kui võimalik", inimesi petta. Jumala Isa tunnustähtede näiteks on kümme nuhtlust Egiptuses (5.

Moosese raamat 6:22), ning leek minemas üles taeva poole (Kohtumõistjate raamat 13:19-20).

Teist liiki tunnustähed on need, kui Jumal ja Püha Vaim koos tegutsevad ning sellest märk maha jääb. Selliseid leiame peamiselt Uuest Testamendist. Näidetena see, kui Jeesus vee veiniks muutis, haigete tervendamine ja surnute ellu äratamine ning pimedate nägijaks tegemine, kurtide kuuljateks tegemine ning tummade tegemine rääkijateks. Need on tunnustähed, mida ükski inimene teha ei suuda (Johannese 6:2). Peale seda, kui Jeesus Jumala Sõna õpetas ning selle kinnituseks tunnustähti tegi, ei saanud ükski pealtnägija Jumala Sõna tõelisuses enam kahelda. Loomulikult on uskumine ilma nägemata väga õnnistatud tegevus, kuid väga raske on tõelist usku omada, ilma nägemata. Patt võtab nende üle enam võimust, inimeste südamed muutuvad kalgimateks ning nii on neil aina raskem tõelist usku omada. Ka tänapäeval on Jumala Sõna jagamine ja hingede päästmine koos selle järgnevate tunnustähtede ja imetegudega kõige vilja kandvam ja effektiivsem.

Tunnustähti kogevad need, kes usuvad

Mõned usklikud ei usu ning peavad isegi kummaliseks, et sellised tunnustähed mis Piibli aegadel sündisid, võivad ka täna juhtuda. Mõned teised võivad kaheldes mõtelda: „Olen usus palvetanud, kuid miks Jumala teod küll aset ei leia?"

Kuid Jeesus ütles kindlalt: *„Kes usub ja on ristitud, see päästetakse, aga kes ei usu, mõistetakse hukka. Kuid uskujaid saadavad sellised tunnustähed: minu nimel ajavad nad välja kurje vaime, räägivad uusi keeli, tõstavad paljaste kätega üles mürkmadusid, ning kui nad jooksid midagi surmavat, ei* *kahjustaks see neid; haiged, kellele nad panevad käed peale, saavad terveks.* " (Markuse 16:17-18). „Kes usuvad" viitab siin neile, kellel laitmatu vaimne usk on. Kuidas usku mõõta, seisab Pauluse kirjas roomlastele 12:3. Nõnda nagu iga asja suhtes kehtib oma reegel: seemne võrsumise, kasvamise, õitsemise ja vilja kandmise osas. Olles kord endasse ususeemne külvanud, sõltub selle kasvamine sellest, kuidas me selle eest hoolitseme. Seetõttu on igaühe mõõdupuu erinev. Nii nagu me sõna praktiseerimine ning oma südant muudame, annab Jumal ülalt meile vaimulikku usku (Kiri heebrealastele 10:22). Seega, kui me kasvame selliselt, et püüame endas laitmatut usku kasvatada ja sarnaneda Jeesusega, siis saadavad meid ka tunnustähed.

Täpsemalt – me ajame Jeesuse Kristuse nimel välja kurje vaime ning räägime teistes keeltes. Mürkmadude üles tõstmine tähendab vaimulikus mõttes Saatana tööde purustamist Jumal Sõna abiga. Samuti tähedab see, et neid kes usus laitmatud, ei puuduta pisikud ja tõved ning isegi kui nad mürki joovad, ei tee see neile kurja, sest Jumal põletab mürgi Püha Vaimu jõuga. Nii juhtus Paulusega, kui talle Malta saarel mürkmadu käe külge kinni hakkas (Apostlite teod 28:5). Kui keegi püüab Jumalat testida, ei kaitse Jumal teda. Ning viimaks saame me laitmatu usuga ravimatutest haigustest jagu, tehes seda Jumalalt saadud jõuga.

Mis on „uued keeled"?

Mida „uute keelte" all siin mõeldakse? Uutes keeltes kõnelemine on Püha Vaimu and, mida Jumal kõigile oma lastele anda tahab (Pauluse esimene kiri korintlastele 14:5). Tavaliselt palume Jumalat omas keeles. Kuid vahel palume keeltega, mis tähendab vaimus palumist (Pauluse esimene kiri korintlastele 14:15).

Kui me patustame, seda kahetseme ning Jeesust oma südames tunnistame, annab Jumal meile Püha Vaimu anni ning tihti annab Ta meile ande ka keeltes rääkida, mis on üks Püha Vaimu andidest. Püha Vaimu saades elustub meis vaim, mis Aadama patu läbi surnud olid. Kui me keeltes rääkimise anni saame, siis hakkab vaim ise meie sees Jumalat paluma. Niisiis meie, kristlased, kui saame keeltes rääkimise anni ning kui me nüüd palvetame, siis on meie palve tugevam ning palve edeneb paremini.

Ajal, mil ma alles noor usklik olin, palusin ma kogu südamest oma öiste palvuste ajal ning kui ma vaimus, ehk siis keeltes, paluma hakkasin, hakkasin ma ühtlasi ka keeltes Püha Vaimu juhtimisel laulma. Tehes seda vahel väga innukalt, tõusid mu käed justkui iseenesest üles ning ma tantsisin. Sellest ajast peale, sügavamalt palvesse minnes, hakkasin ma keeltes rääkima. Palve uutes keeltes on väga võimas palve.

Kui ma Jeesuse Kristuse nimel käsu andsin

Isegi taimi pole vaja proovile panna

Kui tänuväärne see on, et Jumala imepärased teod, mis Jeesus maa peal meile juba 2000 aastat tagasi näitas, leiavad aset igaühe jaoks igal ajal, kui usus palvetada! Sellest peale, kui ma usklikuks sain ja Jumala sõnast veel kuigi palju ei teadnud, olin palvetanud lugematuid palveid selle nimel, et võiksin kord selliseid imetegusid korda saata nagu seda prohvetid ning apostlid teinud olid. Ajaks, mil ma kiriku avasin, olid imed juba juhtumas.

1982.a., kohe peale kiriku avamist, saime me iganädalase ohvrina kokku umbes kolmkümmend-nelikümmend tuhat woni (30 – 40 dollarit). Mõtlesime, kui tore oleks altarit lilledega kaunistada, kuid meil ei olnud kedagi, kes osanuks seda ise teha ega ei olnud meil ka raha lillede ostmiseks. Sama aasta augustikuus tõi keegi kirikusse ühe taime, millel palju ilusaid rohelisi lehti oli. Nii ei olnud meil küll lilli, kuid oli ilus potitaim ja see oli väga armas. Kaks nädalat hiljem läksid taime lehed korraga kollaseks ning taim hakkas kiduraks jääma. Kurvastasin, et meie taimeke suremas oli. Kui Jumal inimese ellu saab äratada, kas ta vastaks mulle ka, kui ma taime eest paluks? Seda mõtet mõeldes asetasin käe taime kohale ja palusin: „Jeesuse Kristuse nimel, ärka ellu!"

Järgmisel päeval, kui ma pühamusse päikesetõusu aegset palvust läbi viima läksin, olid taime kollased lehekesed taas roheliseks läinud. Veel üks päev hiljm oli taim täielikult taastunud ning juba hakkas noori rohelisi lehti lisanduma. Rõõmustasime koos koguduse liikmetega, kes selle tunnistajaks olid ning kiitsime Jumalat. Olin ääretult rõõmus, olles surnud taime ellu tagasi pöördumist kogenud. Pisut hiljem, septembris, annetati kirikule üks krüsanteemi pott. Vaatasin seda taime ning mõtlesin proovida, kas see taim võiks ära kuivada, kui ma seda palun. Kui Jeesus viigipuud needis, oli see kuivanud. Mis oleks, kui ma palvetaks ja paluks sellel taimel kuivada, kas see juhtuks?

Lihtsalt katsetamise mõttes palvetasin ma ning käskisin krüsanteemil kuivada, kuid mu südames oli seejuures ebamugav tunne. Kui ma sel õhtul oma palvet tegin, kuulsin kuidas Jumal ming karmilt noosis, olgugi et keegi seda tegu pealt polnud näinud.

„Mu sulane, isegi sel taimel on oma elu ning mina olen ta kasvatanud, kuidas võisid sa teda needa? Sa testid mind? Mu sulane, sa oled kuri. Kahetse. Sa ei saa õnnistada ja needa just nii nagu sa heaks arvad. Võid seda teha vaid siis, kui Püha Vaim su südant liigutab."

Higistasin ja olin üllatunud. Hakkasin seepeale kohe

paastuma, tegin seda kolm päeva ning kahetsesin väga. Sellest peale, kui keegi mind ka taga kiusas, laimas või needis, ei tundnud ma enam viha. Nii nagu ütleb Jumala Sõna: ma olen palunud nende eest, kes mind taga on kiusanud ning õnnistanud neid armastusega.

Maailma misjoni ülesanne

„Hüüa mind, siis ma vastan sulle ja ilmutan sulle suuri salajasi asju, mida sa ei tea!" (Jeremia 33:3). Hoidsin mõtteis seda salmi ning palvetasin, võideldes Jumalaga nagu Jakob Jabboki jõel. Hüüdsin palves Jumala poole, paastusin kuuletumises Tema Sõnale ning Jumal täitis, mis oli lubanud. Hakkasin Jumala häält kuulma ning aeg-ajalt suuri asju kogema. Vahel lasi Jumal mul ette teada, mis maal juhtuma hakkab või maailmas tulevikus. Meie kiriku avamisest alates andis Jumal mulle teada, et meie kogudusest saab maailma misjoni üks osa ning et me ehitame Talle suurejoonelise pühamu.

Ajast, mis minust Tema sulane sai, palusin ma selle eest, et ma Pühakirja jagada võiks ning seega palju hingesid päästaks. Jumal andis mulle ülesande saada üheks osaks maailma misjonist ning ma sain Temalt sõna: *„Sa hakkad ületama mägesid, jõgesid ning meresid ja ilmutama tunnustähti ja imetegusid."* Ka andis Ta mulle ülesande viimseil päevil jagada Pühakirja valitud rahvale Iisraelile. Ta andis teada, et Pühakiri läheb sedasi tagasi Tema kodumaale ning isegi juudid, kes Jeesust oma päästjana ei tunnista, saavad kahetsema.

Nägemus suurejoonelise pühamu ehitusest

Peale kiriku avamist hakkasid meil toimuma iganädalased reedeöised palvekoosolekud ning Jumal hakkas andma igal korral ühele koguduse liikmele nägemust. Kui liikmed sellest rääkisid, tahtsin täpselt veenduda, kas see oli ikka Jumalalt saadud nägemus. Jumal annab meile Püha Vaimu kaudu kasulikke ande, kuid vahel võib juhtuda, et nägemuse andjaks on hoopis eksitaja Saatan ning sellised nägemused on hoopis kummalised. Seetõttu on vaja täpselt selgeks saada, millega on tegu.

Ühel päeval 1982.a. septembris näitas Jumal seitsmeteistkümnele liikmele korraga nägemust suurejoonelisest pühamust, mis oli vaja ehitada. Üks nägi katust, teised interjööri, kolmad hoone tagumist osa ning neljas marmorist sambaid. Hoone lagi pidi käima lahti risti kujutisena nõnda, et päike sisse saaks paista. Kõnepult pidi asuma pühamu keskosas ja keerlema aeglaselt. Üks liikmeist nägi mind puldis kõned pidamas ja kogu pühamu oli rahvast täis.

Kogusime kokku kõik need nägemused, mida liikmed näinud olid, konsulteerisime asjatundjaga ning tehti plaanid linnusilma meenutavast pühamust. Isegi praegu on meil see õhust nähtav vaade pühamule meie iganädalase väljaande esimesel lehel. Et kogu see unistus, mis Jumal meile kiriku algusajast peale andnud on, täituks, oleme pidevalt usus palvetanud.

Jumal selgitas meile, miks sellist suurejoonelist pühamut aegade lõpus vaja on ning kuidas seda ehitada. Sellist pühamut, mis Jumalale palju au annab, ei ole vaja ehitada üksnes seetõttu, et meil on selleks raha. Jumal tahab, et selline hoone püstitataks tema laste poolt, kes teda kogu südamest armastavad, kelle südamed muudetud on ning kes on pühad.

Esimene tervenemiskoosolek kodulinnas

1983.a. veebruaris viisin ma oma kodulinnas läbi esimese tervenemiskoosoleku. See leidis aset Haeje Myeon'i vallas, Muan Gun'is, Jeonnam maakonnas. Selle koguduse enda liikmed aga kohale ei tulnud ja kiriku täitsid viimaks hoopis muud külainimesed.

Neil oli kurb lugu rääkida. Teine kirik, mis samasse usugruppi kuulus, kiusas seda väikest kogudust rahaga ning enamus liikmeid oli juba sellesse teise kogudusse üle minemas. Nii oli pastor lootnud tervenduskoosoleku korraldamisega lahkujaid kinni hoida, kuid liikmed ei näidanud mingit huvi üles ning ei tulnud isegi mitte kohale. Põhjus, miks nad seda teid, oli lihtne - pastor oli jätnud kutsumata ühe kuulsa tervendaja ning kutsus selle asemel isegi mitte ametisse nimetatud ning tundmatu pastori Jaerock Lee.

Kohe esimesest koosolekust alates lasi jumal suurtel imedel sündida. Üks naine, kes ei olnud juba kümme aastat kõndida saanud ning ei saanud ka magada, kuna tundis teravaid torkeid kontides, kuulas sõnumit ja hakkas uskuma. Palvetades tõusis ta püsi, kõndis ja hüppas. Kuuldus juhtunust levis kiiresti maakohtadesse ja küladesse ning järgmisest päevast tulid kohale pastorid ja liikmed kaheksateiskümne miili kauguselt. Tervenduskoosolek läks edasi ning kohal oli palju inimesi erinevatest kohtadest.

Seal oli ka üks naine, kelle selg oli kaldus 90 kraadi. Kõndides sai ta vaid maapinda vaadata. Ta teenis mind kui ma jutluseid pidasin ning tõi mulle iga koosoleku ajal, nii varahommikul, päeval kui õhtul kuuma jooki, seda ka jaheda ilma korral. Mulle ei maitsenud see jook kuigi hästi, kuid jõin seda siiski, mõeldes tema vaeva nägemisele. Ning viimasel koosolekul juhtus, et ta selg oli täiesti sirgu läinud. Lisaks temaga toimunule kogesid ka paljud teised Jumala tervendustööd ning andis talle au. Nii hakkasid koguduse liikmed viimaks Jumala suuri tegusid nägema ning mõistsid, et nad olid valesti talitanud, kahetsesid oma pastori ees ning osalesid kõigil ülejäänud tervenduskoosolekutel.

Jeesus Kristuse nimel vingugaasile käsu andmine

Sel ajal kasutasid paljud majapidamised kütmiseks suuri puusöe brikette. Talviti juhtus seetõttu ka palju õnnetusi. Igal päeval oli kuulda mõnest õnnetusest, kus inimesed mürgituse kätte surid või parema juhul haiglasse toimetati. 12. veebruaril 1983.a. olime me enne uue aasta saabumist reedeöist koosolekut pidamas. Hoone keldrikorrust kasutasime me sel ajal oma eluasemena, seal olid magamistoad, elutuba, uksehoidja ruum ning kontor.

Enne koosoleku algust oli üks noor mees, Suk-ki Park mõelnud, et kuna järgmisel päeval on uusaastapüha, ei osale ta koosolekul ning saab oma sõpradega kokku. Ta oli väsinud ning otsustas hetkeks alla korrusele minna, pikali heita ja seejärel teenistusele tagasi tulla. Nii läks ta alla korrusele, kus minu eluruumid olid.

Noormees mõtles, et tukastab vaid korraks, kuid jäi sügavalt magama. Magamistoas olid samal ajal mu kolm tütart magamas. Pühamu, kus oli ruumi kokku vaid 540 ruutjalga, oli inimesi täis. Kohal oli üle 150 inimese ning laste jaoks ruumi ei jätkunud. Inimesi oli nii palju, et paljud pidid väikestel palvekambrites ning treppide seisma.

Ilm oli sel päeval väga sombun ja pilvine ning puusöe põlemisest tekkiv vingugaas ei läinud ruumist kuigi hästi välja. Reedene öökoosolek oli alanud kell 23 ja lõppenud kell 6 järgmisel varahommikul, ning noormees koos minu kolme tütrega olid mürgise õhu käes enam kui seitse tundi. Noormees ütles hiljem, et ta tuli selle aja jooksul korraks teadvusele, kuid ta keha oli selleks ajaks juba jäigaks muutunud ning ta ei suutnud end liigutada. Kui koosolek läbi sai, läks uksehoidja esimesena trepist alla ning nägi kohutavat pilti. Ta karjus: „Nad on surnud!" Kõik pühamus olijad ruttasid alumisele korrusele ning tõid mu tütred ning noormehe, selleks ajaks kõik juba teadvuse kaotanud, pühamusse. Silmadest paistsid vaid silmavalged ning nad kõik ajasid suust mullitavat vahtu.

Kõik mu kolm tütart hingasid veel vaevu, kuid noormees Sukki Park ei hinganud enam üldse. Ta keha oli jäigaks tõmbunud ja ta oli surnud. Ma teadsin hästi, kui ohtlik vingugaas on, kuid kuna mul puudus senine kogemus, siis arvasin, et neid on võimalik veel ellu äratada. Tegelikult oli see päris võimatuna näiv neid uuesti elustada. Isegi kui me oleks nad haiglasse toimetanud ning nad oleks ellu jäänud, oleks nende aju kahjustatud olnud või oleks nad füüsilise puude saanud või jäänud halvatuks kogu eluks.

Olin just teenimist alustanud ning mis oleks minu edasisest teenimisest saanud, kui keegi sedasi kirikus õnnetuse käigus sureb? Oli raske taluda mõtet, et Jumal midagi sellist võiks lasta sündida. Läksin altari juurde ning palusin: „Jumal, Sina annad elu ja võtad elu. Ma tänan Sind, et mu tütred saavad olla koos

Sinuga taevas, kus puuduvad mure ja pisarad. Kuid see noormees on koguduse liige ning kui tema sureks, siis teotaks see Sind. Palun luba, et see noormees ellu tagasi tuleks."

Tänasin Jumalat ning samal ajal palvetasid paljud liikmed põlvedel. Esmalt läksin surnud mehe juurde, asetasin oma käe tema kohale ning palvetasin: „Jeesuse Kristuse nimel ma käsin: vingugaas, mine ära!" Seejärel palvetasin ma iga oma tütre kohal üksteise järel. Peale seda, kui ma noormehe kohal palvetanud olin, läksin oma noorima tütrue Soojin'i juurde. Ajal, mil ma tütre kohal palvetasin, tõusis noormees üles ning istus koori pingi juurde. Näis nagu ei saaks ta aru, mis toimumas on, tema mäletas alla korrusele tukastama minekut. Kui ma oma teise tütre juures palvetasin, sai Soojin teadvuse tagasi ning istus üles. Ei möödunud rohkem kui minut, kui ma olin palvetanud ning iga mu tütar teadusele tuli. Koguduse liikmed, kes seda kõike pealt nägid, andsid Jumalale au ning olid vaimulikuga täidetud. Noormees rääkis hiljem, et tema vaim, mis vahepeal kehast lahkunud oli, vaatas ülalt kõrgelt alla ja jälgis, mis seal toimumas oli. Ta nägi ka seda, kuidas uksehoidja ta pühamusse kandis ning kuidas ma tema juures palvetasin.

Vingugaas tungib aju osakestesse ning on ilmselge, et peale seitset tundi sellise gaasi sisse hingamist inimene sureb. Isegi kui me oleks nad haiglasse viinud ning kui nad oleks ellu jäänud, oleks neil igasuguseid komplikatsioone edaspidi hakanud olema. Jumal aga tervendas nad ning puhastas vingugaasist täiesti ja noormees ja mu tütred on peale seda täiesti tervetena edasi elanud. Kui Jumal mind selliselt proovile pani, toestusin ma vaid Temale ning isegi korraks ei tulnud pähe maailmast abi otsida. Tegin selle proovi läbi, tänasin Jumalat ning mõistin, et Jumal on andnud mulle võimu isegi selliste elutute asjade üle nagu vingugaas.

Hiljem õpetas Jumal mind, kuidas vingugaasi välja ajada. Kuna gaas halvab esmalt aju osakesed ja seejärel närvid kogu kehas, siis kaotab inimene esimesena teadvuse ning seejärel muutub keha jäigaks. Nii tuleb nende eest, kellel selline mürgitus on, öelda järgmist palvet: „Jeesuse Kristuse nimel käsin: mine kiiresti välja läbi ninasõõrmete, suu, mõlemi kõrva ja välja kõigist osadest." Nii öeldes laseb gaas, mis kogu keha halvanud on, keha vabaks ning lahkub kiiresti.

Eks kümme ole saanud puhtaks? Kus on need üheksa?

Ma palusin ja Jumal ilmutaks mulle

Esimesel kahel aastal peale kiriku avamist külastasin ma meie liikmeid ise. Kui pühapäeval oli keegi kirikust puudunud või oli neil mõni raskus, paastusin, palvetasin ja kahetsesin ma nende eest pisarais kogu öö. Paljud liikmed elasid kirikust päris kaugel. Enamus neist ei olnud ka rahaliselt kuigi heal järjel, mõned pankrotti läinud ja meeleheites. Selle ajani, kui liikmeid oli sadades, suutsin ma pühapäeval veel arvet pidada, kes puudu on. Paastusin nende eest ning kui nende külastamine mulle endale vahel keeruliseks muutus, saatsin teisi töö tegijaid enda eest. Püüdsin mitte ühte hinge kaotada, kelle Jumal minu kätte oli andnud.

Nõuanne armastuse kohta

Vahel näitasin ma liikmetele, mida nad muutma peaksid, selleks et nende usk kasvaks. Kui olin kellegi pärast mures ning palvetasin tema eest umbes 10 minutit, andis Jumal mulle vastuse probleemile, mis seda inimest perekonnas või töökohal vaevas.

Ühel pühapäeval ei tulnud üks koguduseliige, kes alati kohal oli, teenistusele. Tundsin tema pärast suurt muret ning palusin: „Jumal, see koguduseliige ei tulnud teenistusele. Mis temaga juhtunud on?" Jumal andis mulle teada, et ta oli pühapäeval pubis. Mõni aeg hiljem kohtasin ma teda ning rääkisin talle, mida ma näinud olin. Tegin seda, olles veendunud, et ta ei solvuks selle peale. Ta punastas ning sai asjast aru.

Üks teine koguduse liige käis teenistusel alati hommikuti ja õhtuti ei näinud ma teda kunagi. Ta pidas alati ka sabatit väga korralikult. Kui ma tema eest palusin, näitas Jumal mulle, et ta oli pulmas joomas. Mõni päev hiljem kohtasin ma teda ning ütlesin: „Teatud isik, kes üht kindlat värvi riietust kannab, õhutas sind joomisele. Sa keeldusin algul, kuid nõustusid viimaks ning jõid." Ta punastas selle peale ning tundis suurt häbi.

Selliseid juhtumeid tuli ette ning ma tundsin, kuidas mõned koguduseliikmed, kes pattu tegid, mind kartma ja vältima hakkasid. Nägin neid patte tegemas, petmas, nägin nende liiderlikkust ja abielu rikkuvat meelt, mu süda oli raske ning ma palusin pisarsilmil Jumalat.

Ühel päeval kuulsin ma, kuidas Jumal palves minuga kõneles:

„Ära vaata oma koguduse liikmete praeguste tegude

peale. Vaata neid ususilmadega ja lootuses, et nad
muutuvad tulevikus. Kui nad sind petavad, siis lihtsalt
kuula neid ja ära püüagi enamat teada saada... Kui sa oma
koguduseliikmete praeguse olukorra peale vaatad, murdub
su süda, su hing mädaneb ning sa kaotad oma tervise ning
pole sedasi võimeline oma kohust täitma."

Jätsin sellest peale kõik Jumale otsustada ning lõpetasin
palvetamise selle eest, et teada, millega mu koguduseliikmed
tegelevad.

Kirikusse ei tulnud üksnes need inimesed, kes terveneda
lootsid, vaid ka need, kes Elu Sõna ja vaimulikkuse järele
janunesid. Oi neid, kes olid Jumalat pühendumusega teeninud
ning ootasid taevalike tõotuste täitumist peale seda, kui nende
probleemid on möödas. Oli ka neid, kes peale paranemist
maailma tagasi pöördusid, otsides vaid omakasu.

Kujukeste kaotamine ja valguse kätte tulemine

Kyeongsoon Park, kes viimaks kirikusse jõudis, oli
perekonnast, kus kujukesi kummardati. Tema ämmal oli
nõdrameelne tütar ning ema tegeles vähemalt korra kuus vaimuse
välja ajamisega, et oma tütart tervendada.

Kogu nende kodu oli täis õnne toovaid kujukesi ja amulette,
need olid kõikjal: riiulitel, patjadel, isegi seinale kinnitatud. Need
olid igas nurgas kogu majas.

Külastasin seda kodu selleks, et kodune teenistus läbi viia ja
see toimus üsna pisut peale minu kiriku avamist. Nägin selles
kodus palju kurje vaime ning ütlesin naisele: „Olgugi, et sa oled
kõik kujud ära koristanud, näen ma, et mõni neist on sinu majas

ikka veel alles." Tema vastas: „Ei, pastor, otsisin juba kõik kohad läbi ning viskasin nad kõik minema." „Ometi tean ma, et midagi on kuskil ikka veel alles. Otsi kõik viimseni üles ja põleta need ära."

Kui Kyeongsoon Park maja veelkord läbi otsis, leidis ta tõepoolest veel kujukesi. Nad viskasid kogu perega kõik kujud ära, võtsid end koguduses arvele ja Kristusest sai nende juht. Kyeongsoon Park sai terveks südame haigusest, milles ta kaua vaevelnud oli. Ka tema ämm sai kõhuprobleemidest lahti.

Noormees tuberkuloosi lõpliku diagnoosiga

Sel ajal kannatasid paljud inimesed kopsutuberkuloosi käes. Daehee Cho Kwangju'st oli seda kunagi juba põdenud, kui ta veel kõrgkoolis käis. Ta tarvitas ravimeid, sai terveks, kuid kui ta hiljem alkoholi ja suitsu tarvitama hakkas, tuli haigus tagasi. Kord juba olnud ja ravitud haigust ei olnud nüüd, kui see tagasi tuli, enam võimalik ravida. Ta ema püüdis hankida kõiki vahendeid, mis ravimiseks head pidid olema ning poeg proovis neid kõiki. Nende seas katsetas ta madusid, kasse, värsket maksa, väljaheiteid ja isegi leeprea ravimit. Proovitud oli ka vaimude välja ajamist ja proovitud inimese lootekoti söömist ning surnukehast liha söömist, kuna keegi oli seda „hea ravimina" soovitanud.

1982.a jaanuaris pandi talle Yonsei ülikooli Severance haiglas diagnoos. Üks ta kopsudest oli juba täielikult kahjustunud ning paranemise lootus puudus. Sel ajal tuli noormeest külastama vanaema, kes elas Manmini kiriku lähedal. Ta ise polnud kordagi kirikus käinud, kuid nägi pealt, kuidas paljud haiged tervetena kirikust tagasi tulid. Seetõttu püüdis ta oma lapselast Manmini kirikusse minemises veenda. 13. märtsil 1983.a. tuli Daehee Cho reedesele ööpalvele, arvates, et see on tema viimane lootus. Ta oli selleks ajaks nii kiduraks jäänud, et silmad paistsid näost välja punduvat.

Olles sellises eluohtlikus olukorras tuli ta igal päeval oma emaga palvekoosolekule ning paastus kolm päeva. Paastu kolmandal päeval andis Jumal talle kahetuse vaimu ning ta kahetses südamest kolm korda. 13ndal päeval peale seda, kui Daehee Cho kirikusse oli tulnud, oli ta viimaks terveks saanud. Kui ta peale varahommikust palvekoosolekut vannituppa läks ning oksendas, ei tulnud enam verd. Veel eelmisel päeval oli ta verd välja oksendanud. Terav valu rinnust oli kadunud, polnud enam sülge ega verd. Hiljem sai sellest noormehest Jumala sulane ning praegu teenib ta meie kirikus abipastorina.

Palvetasin kõigi patsientide tervenemise eest

Esmalt, kui mõni haige kirikusse tuli, palvetasin tema kiire paranemise eest. Arvasin, et see on parim viis lasta neil Jumala armu tunda ning vabastada haiguse ikkest. Palusin lihtsalt: „Jumal, paranda haiged niipea kui nad saabuvad." Ja Jumal vastas sellele palvele. Iga haige, kes kirikusse tuli, sai kohe terveks. Hiljem aga taipasin, et päästmist sellega koos ei toimunud ja see oli ju kõige olulisem. Paljud neist unustasid Jumala peale tervenemist.

Kord oli meil üks abielupaar, kes reedeõhtusele palvele tuli. Nad rääkisid mulle, et mehe on üks kõõlus avariis kannatada saanud. Ta ei saanud hästi käia ning isegi istumine terve teenistuse vältel oli talle vaevaline. Püha Vaim puudutas mu südant ning ma asetasin oma käe selle mehe kohale. Peale koosolekut sai see mees kenasti püsti tõusta ja hüpata. Mõni kord tlid nad veel kirikusse, kuid siis enam mitte.

Hiljem läks sellele mehele külla üks pastor ning ta avaldas pastorile arvamust: „Kas sellest ei ole siis küllalt, kui ma mõne korra tänuliku meelega kirikus käin? Annab keegi mulle selle eest raha, kui ma kirikusse lähen?" Ning nii ei tulnud ta enam kunagi kirikusse. Ta lihtsalt tundis, et tal pole seda rohkem vaja teha. Kui Jumal teda tervendanud poleks, ei oleks ta iial saanud tagasi tööle minna. Jumal oli talle elu andnud ja rohkelt armu, kuid kuna temas ei olnud Elu Sõna, otsis ta vaid omakasu.

Ühele abielupaarile sündis laps siis, kui naine alles 7. kuud rase olid. Mõned kuud olid beebi haiglas inkubaatoris olnud, kuid ei kosunud sugugi. Arsti sõnul puudus ka lootus, et asi paraneks. Lapse isa kostis seepeale: „Kui laps nii kaua elab ja ühe aastaseks saab, korraldame me suure peo ning kutsume kõik koguduse liikmed peole." Vanemad mõistsid, et meditsiin ei suuda last aidata ning nad tõid ta kirikusse. Lapse eest palvetati, ta sai terveks ning oli viieteist päeva pärast juba täiesti terve.

„Pastor, suur tänu Teile. Kui meie laps ühe aastaseks saab, korraldame me suure peo ning kutsume Teid ja kõiki koguduse liikmeid."

„Hästi, tehke nii palun."

Sel hetkel oli lapse isa nii õnnelik ja tegi suuremeelsusest sellise ettepaneku. Siis aga hakkas ta pühapäevastest teenistustest vaikselt kõrvale jääma ning kui lapse esimene sünnipäev saabus, tegigi ta suure peo, kuid kutsus sinna vaid sugulasi ja muid inimesi.

Üks mees Gang-won Do'st oli keha poolest igati terve, kuid oli eriliselt kiitleva meelelaadiga. Kuuldes kiriku sõnumit kahetses ta aga väga ning tuli kirikusse. Kui me koos selle mehe eest palvetasime ja kurje vaime välja ajasime, hakkas tema suust mulle tulema ning ta langes põrandale. Kui nüüd kuri vaim välja aetud oli, sai temast väga tasase loomuga inimene. Ta läks tagasi oma kirikusse ning rohkem me teda kohanud ei ole.

Üks vanem proua kaotas korraga oma nägemisi, oli järsku peaaegu pime. Tema perekonnaliikmed kuulsid meie kirikust, tõid ta kohale ning ta sai oma nägemise tagasi. Kuid pisut peale seda, kui ta tervenes, ei nähtud neid kirikus enam.

Ära tee rohkem pattu

Johannese 5:14 räägib, kuidas Jeesus peale inimese tervendamist ta templist leidis ja ütles: „ *Vaata, sa oled saanud terveks. Ära tee enam pattu, et sinuga ei juhtuks midagi halvemat.* "

Kuna paljud said Jumala armastusest ja tugevusest terveks, peaksid nad nüüd Tema Sõna järele elama ning Jumalat armu eest tänama. Kui need inimesed nüüd uuesti patustavad, kuidas siis Jumal neid uuesti kaitsma peaks? Seepärast, et Jumal pööras selliste inimeste pealt oma näo ära, asus Saatan töö kallale ning inimesed said oma tõved tagasi. Ja kuna nad pöördusid ära Jumala armust, said nad veelgi tõsisemaid haigusi endale kaela, kui neil varem oli olnud.

Jumala Sõnas elades oleme me kaitstud

1982.a. novembris juhtus järgmine lugu: me pidasime sel ajal reedeseid ööpalvusi ning need kestsid hommikul kella 6ni. Pisut peale keskööd tuli kirikusse üks abielupaar, kes kandsid oma süles umbes viie aastast last. Laps nuttis, sest tema valu oli nii suur. Ta elas Busan'is ja tal oli diagnoositud kõhunäärme vähk.

Arstid püüdsid teda opereerida, kuid kasvaja oli sedavõrd suur, et seda ei olnud võimalik teha ning tema kõhtu oli pandud teatavad niidisarnased traadid. Vaatepilt oli kohutav.

Tüdruku nimi oli Wonmi. Talle manustati päevas mitu korda morfiini, see oli ainus võimalus ta valu vähendada. Kirikusse jõudes oli tal hapnikumask näol ja ta oli kohe suremas. Tüdruku tädi, tema isa õde, oli vanematele peale käinud: „Vend, Sõulis on üks kirik, kus Jumal rohkelt oma armu näitab. Lähme sinna ja palume tema eest palvetada. Jumal saab Wonmi terveks teha." Vanemad olid juba alla andmas ning kuulasid teda ilma mingi lootuseta. Ometi võtsid nad viimaks Wonmi kaasa ja tulid Sõuli, meie kirikusse.

Ma palusin selle tüdruku eest viisteist päeva. Kui me tema eest esimest korda palvetasime, kadusid tal valud. Mõne päeva pärast hakkas paranemine lausa silmnähtavalt toimuma. Valu oli kadunud ning paistes olnud kõht muutus taas normaalseks. Seejärel tulid tema vanemad usule. Ma soovitasin neil haiglasse tagasi minna ja traadid välja lasta võtta, kuid nad võtsid need ise usu abil välja. Täiesti hämmastaval kombel lasi Jumal lahtisel haaval paraneda ja kinni kasvada.

Wonmi oli piinarikka valu kätte suremas ja sai nüüd umbes kümne päevaga terveks. Ta õppis pühapäevakoolis ülistuslaule ja tantsimist ning laulis ja tantsis oma sõpradega. Inimesed, kes teda nägid, oli teda nähes rõõmsad - ta oli nii õnnelik. Ta oli ka väga nutikas ning koguduseliikmed armastasid teda väga.

Vanemad jäid tütrega kirikusse viieteistkümneks päevaks ning läksid seejärel oma kodulinna tagasi. Kui ma vanemate eest palvetasin, sain ma Jumalalt sõna.

„Kui nad koju tagasi pöörduvad, peavad nad kümmet käsku järgima hakkama. Kui nad seda teevad, on nende tütreke terve. Kui nad seda aga ei tee, pöördub Jumal neist ära."

Ütlesin neile: „Te peate sabatit pidama, korralikult kümnist maksma ja Jumalat hästi teenima. Et laps terve oleks, peate teie, vanemad, kümmet käsku pidama." Wonmi isa ütles seepeale: „Aitäh Teile, pastor! Loomulikult teeme me seda kõike. Olen aru pidanud ja kuna ma näen, et kirik vajab bussi, kuid teil ei ole seda, siis kingin ma teile suure bussi ja saadan selle kohale."

Mõni aeg hiljem kuulsin ma, et tüdruk oli surnud. Algul olid Wonmi vanemad kirikus käinud, kuid aja möödudes ei pühitsenud nad Issanda päeva enam nii nagu kohane. Küll aga on meil põhjust rõõmustada Wonmi üle, kelle hing päästetud sai ning kes nüüd rõõmsalt igaveses taevalikus kuningriigis on, kus ei ole ei kurbust ega pisaraid.

Jumal, tervenda neid vastavalt nende usule

Oli minu teenimise algusaeg ja ma tundsin suurt kurbust nähes, kuidas inimesed Jumala armu unustavad, kirikust lahkuvad ning maailma tagasi pöörduvad.

„Jumal Isa, nad said Sind tunda ja kogeda Sinu tegusid, nad said tervendatud. Kuidas saavad nad Sind seepeale sedasi maha jätta?" Valasin kibedaid pisaraid ja palvetasin murtud südamega, ning kuulsin ühel päeval Issanda häält:

„Mu sulane, kui ma kümme pidalitõbist terveks ravisin, pöördusid neist kümme minekule ning vaid üks tuli tagasi, andes Jumalale au. Nii samuti juhtub nendega, kelle eest sa palunud oled - kui neis endis usku ega tõde ei ole, siis unustavad nad armu ning lahkuvad kogudusest. Seega ei lahkuks nad, kui neil oleks usk ja kui nad Sõna kuulaksid. Kuna sa palusid mind, siis ma tervendasin nad, kuid nüüd tuleb sul oma palve sisu muuta. Sa peaksid nüüdsest paluma, et nad saaksid vastavalt nende endi usule terveks. "

Kristliku elu kõige kõrgem eesmärk on päästa oma hing ning minna taevasesse kuningriiki. Nii on kõige olulisem teada Jumala tahet ning omada usku, mis annab meile võimaluse taevalikku kuningriiki minna. Kui Jeesus kümme pidalitõbist terveks tegi, tuli vaid üks neist Jeesuse juurde tagasi ja andis Jumalale au (Luuka 17:11-19). Teised üheksa läksid Jumalast eemale ning pöördusid tagasi maailma. Päästetud sai vaid üks.

Inimesed tulevad kirikusse seetõttu, et neid vaevavad mõned probleemid või haigused ning teenistusel osaledes kuulavad nad sõnumit, saavad teada, mis on Jumala tahe, omandavad usu ja elu. See on Jumala tahe, et nad Püha Vaimu abiga tervenevad, usuvad taevast ja põrgut ning usuvad, et nad saavad päästetud. Kui nad ilma usuta terveks saavad, välja arvatud need, kes sellest väga hästi teadlikud on, lähevad enamus neist maailma tagasi. Viimaks võivad nad ka päästetud saada. Nii muutsin ma sealt alates oma palvet, öeldes: „Jumal, tervenda neid vastavalt nende usule." Ja

Jumal tegi tervendustööd, kui inimesed oma usku näitasid.

Usk, mis võidutseb ilma üle

1. augustil 1983.a. oli meil Daebu saarel Inchon'i lähedal esimene palvelaager. Ööl enne seda sadas väga kõvasti vihma ning oli palju äikest ja müristamist. Laev, mis Daebu saarele sõitis, käis vaid üks kord päevas ja ma küsisin Jumalalt: „Jumal, kuidas me sellise vihmaga sinna minna saame? Tee palun nii, et vihm lakkaks!"

Olime planeerinud asuda kirikust teele juba hommikul kell 5 ning tudengid, kes kirikust kaugemal elasid, tulid ööseks kirikusse, et varahommikul koos minema hakata. Püüdsin kodus pisut magada, kuid tormi möll oli nii kõva, et ma ei suutnud uinuda. Palvetasin ning umbes kella 3 ajal öösel kuulsin Püha Vaimu ütlevat, et mul ei tuleks muretseda. Kell 4 hommikul läksin pühamusse, viisin läbi hommikuse palve ja minuga koos olid mõned täisealised koguduse liikmed. Peale palvust oli kell 4.55 ja torm läks aina valjemaks. Isegi veelgi enam äikest ja müristamist ning tugev vihm vastu aknaruute, tugevam kui öösel.

Ütlesin kaaslastele: „Palvetame õige kõik koos ja palume, et vihm lõppeks." Liikmetel oli suur usk, nad olid näinud imesid mis reedeöistel koosolekutel aset leidsid. Palusime kogu südamest mõned minutid, kuid torm aina jätkus.

Kuulsin sõnu: *„Ära muretse. Võtke oma asjad kaasa ning minge trepist alla esimesele korrusele. Kui keegi majast välja hakkab minema, peatub vihm!"*

Kui ma seda julgelt teistele kuulutasin, vastati mulle „Aamen". Tõusime kõik püsti ja läksime alla esimesele korrusele. Kui rahva hulgast esimene inimene uksest välja astus, peatus korraga kogu vihm ja äike. Sellise kogemuse läbi andis Jumal meile suure usu kui suurepärase anni.

Seletuste saamine raskete lõikude ja risti sõnumi kohta

Peale kiriku avamist sain ma palju kutseid erinevatele tervenduskoosolekutele. Jagasin Sõna, et koosolekutele tulnutesse usku külvata ning anda neile võimalus Jumala armastust mõista. Kui ma palusin haigete eest, said paljud terveks. Need, kes varem hästi käia ei saanud, hakkasid kõndima ning pimedad nägema. Juhtus palju imetegusid. Jumal andis mulle ka nõu, mida neil koosolekutel rääkida. Kõnelesin Jeesusest Kristusest, Jumalast Isast, tõelisest usust ja igavesest elust, imetegudest, ülestõusmisest, Issanda teisest tulemisest ja taevalikust kuningriigist.

Tavaliselt kestis üks koosolek esmaspäevast neljapäevani. Koosolek algas igal päeval kell 18, umbes kell 19.30 alustasin ma sõnumi jagamisega. Tavaliselt jätkus koosolek kuni kella 23ni või keskööni, kuna koosolekul osalejad ja pastor palusid mul jätkata. Peale õhtust palvust magasin ma mõned tunnid ning viisin läbi varahommikul päikesetõusu koosoleku. 1983.a. käisin ma ringi kogu maal ning rääkisin tervenduskoosolekutest. Ühel päeval aga ütles Jumal, et ma selle lõpetaks ning mäejalamile palvetama läheks.

Jumal tahtis õpetada mulle lõike Piiblist, mida on raske seletada ja lahti mõtestada. Olin selleks ajaks palunud seitse aastat, et võiksin neist kohtadest pühakirjas aru saada ning viimaks sain Issandalt vastuse. Nii lõpetasin ma 1983.a. maikuust rääkimise tervenduskoosolekute kohta ning läksin Kwangju palvemäele Kwangju's, Gyeong-gi maakonnas. Läksin sinna peale pühapäevast teenistust ning palvetasin kuni reedeni, et siis kirikusse naasta ning reede õhtune koosolek läbi viia. Selline rutiin oli mul aastaid.

Vaeva nägemine soojal suvel ja külmal talvel

Suviti paistis päike väga kuumalt ning talviti langes temperatuur −10 kuni -15 kraadini. Asetasin ühe sõjaväelaste teki kaljule ning hüüdsin valjusti palveid. Läksin üles mäele isegi külmal talvel ning palvetasin sedasi kogu päeva. Palvetamine külmas oli vaevarikas. Kui temperatuur langes -10 kraadini, ei higistanud ma enam üldse, isegi kui ma valjusti palveid hüüdsin ja kogu oma jõu mängu panin.

Raha mul ei olnud ning hubast ja sooja majutust ma endale lubada ei saanud. Võisin põletada vaid ühe puusöe brikett päevas. Õhk ruumis oli külm. Paberist aknad olid eest rebitud ning külm tuul puhus sisse. Mul oli ruumis ka kirjatinti, millega ma Issanda poolt antud selgitused keerukatele Piibli lõikudele kirja panin. Ruum aga oli nii külm, et ka tint külmus ära. Enne kirjutamist oli vaja seda kuidagi soojendada. Mul puudus ka korralik tekk ning nii tuli ööd mööda saata sõjaväe teki all. Hommikul ärkasin ma vara, läksin pühamusse ning viisin läbi hommikupalve. Peale hommikusöögi söömist läksin taas tagasi mäele ning palvestasin kogu päeva.

Piibli keerukate lõikude selgitused, millel on mitu tähendust

Vahel murdsin ma jäässe augu ning pesin end külma veega, seejärel palvetasin ning lugesin Piiblit kogu järgneva päeva. Kell 19 õhtul kogunesid inimesed koosolekule ning seetõttu oli ümberringi vaikne. Seejärel läksin palvekambrisse ning tegin higistades rasket palvet. Nii toimides selgitas Jumal mulle Piibli salme, mille pärast ma terve päeva palvetanud olin. Ta õpetas mulle kõige raskesti mõistetavamaid salme ning see oli väga imeline kogemus. Neis salmides sisaldus Jumala lõputu ja otsatu tahe. Johannesse evangeeliumis, peatükis 2, läks Jeesus pulmapeole ning muutis vee veiniks. Pulmapeod on tavaliselt pidustused, kus inimesed palju alkoholi tarbivad ja nende meeled muutuvad tuhmiks. Võime vaid imestada, miks läks Jeesus, kes oli tulnud inimkonda päästma, pulmapeole ning tegi seal esimese ime.

Pulmapidu sümboliseerib lõpuaega, kus inimeste söövad ja joovad ning patud saavad võimust. Esimese ime tegemine kuulutab sümboolselt ette Jeesuse tegevuse algust ja lõppu. Jeesus kutsuti Kaana pulma ning see tähendab, et maailma inimesed teda kutsusid, siis oli nende plaan ta risti lüüa. Ta lasi neil end risti lüüa ja seda nad viimaks ka tegid. Vesi sümboliseerib siin igavest elu (Johannese 4:14) ning vesi tähendab siin Jumala Sõna, mis igavese elu annab. Vein tähedab Jeesuse verd. See sümboliseerib seda, et Jeesus, kes alla maa peale inimesena tuli, puuakse ristpuule ning ta valab oma verd. Jeesus, kes tuli alla maale, mis oli täis pattu, andis oma püha ihu ristile löömiseks ning valas verd ja pisaraid. See salm näitab meile Jumala armastust.

Vee veiniks muutmine tähendab seda, et veri, mille Jeesus ristil valas, saab vereks, mis annab igavese elu. Vein, mille Jeesus pulmapeol valmistas, oli üksnes puhas mahl, valmistatud viinamarjadest ja seal ei leidunud muid lisaaineid, kuid need tegid rahva purju. Inimese maitsesid seda veest tehtud veini ning ütlesid selle hea veini olevat. See sümboliseerib rõõmu, mis inimesi valdab, kui nad Jeesuse verd joovad ning pattudest vabaks saavad ning seeläbi lootuse taevalikku kuningriiki jõuda omandavad.

Viimaks ütleb see: „*See tegu Galilea Kaanas oli esimene tunnustäht, millega Jeesus avaldas oma kirkust, nõnda et jüngrid jäid temasse uskuma.*" „Avaldas kirkus" on siin seotud nelja evangeeliumiga, mis ütlevad, et Jeesus võttis oma risti, kuid kolm päeva tema surma sai ta surmast jagu ning tõusis üles, et Tema au ilmutada. Nii sisaldab üks väljend mitmeid tähendusi.

Kui Jeesus rist löödi, läksid jüngrid laiali ning nad ei uskunud juttu üles tõusnud Issandast isegi siis, kui seda pealt näinud inimesed neile sellest rääkisid. Alles siis, kui nad üles tõusnud Issandat ise nägid, uskusid nad viimaks. Jüngrid uskusid Jeesusesse ning seda mitte sisse, kui nad Jeesuse esimest imetegu nägid, vaid nad uskusid siis, kui Jeesus risti lööduna, surma jõu võitnuna ja üles tõusnuna oma au ilmutas. Läbi selle esimese imeteo, mille Jeesus tegi, võime meie nüüd mõista, et see ei pea vaid üksnes pulmade tähendust omama.

Risti sõnum, saladus, mis aegade algusest varjul on olnud

Lugedes nelja evangeeliumit, mis Jeesuse tegudest räägivad, ning hakates aru saama Jumala armust ning armastusest, ei suutnud ma edasi lugeda, kuna valasin aina pisaraid ning pidin vahet pidamata nina nuuskama. Pisarad hakkasid voolama, kui ma Jeesust Pilaatuse kohtu ees seismas ette kujutasin. Lugesin, kuidas Jeesust peksti, kuidas ta okaskrooni kandis, kuidas ta risti löödi ning nutsin südamest ja kaua. Pidin viimaks Piibli kinni panema.

Püüdsin end kontrollida, kuid nelja evangeeliumi lugemine võttis päevi aega. Palju aastaid kordus sama lugu, ei suutnud oma pisaraid hoida. Olin vaevu võimeline armulaual osalema, sest kurvastus oli väga suur. Seejärel aga suutsin end juba talitseda, mõistin, milline suur kingitus see meile on, et Jeesus risti võttis ning meie lunastuse teel käis. Edaspidi sain Piiblit kenasti lugeda, osaleda armulaual ning olla rõõmus ja tänulik. Mõistsin „risti sõnumit" ning sain aru, et nii olen ma Jumala armastust sügavamalt tundma saanud.

1983.a. olin ma Kwangju palvemäel palvetamas ning Issand seletas mulle „risti sõnumit". Sain selgeks, miks on Jeesus meie Päästja, miks me Temasse uskumise läbi päästetud saame, miks istutas Jumal hea ja kurja tundmise puu ning Jumal inimeste kallal maa peal tööd teeb. Ta seletas mulle „risti sõnumit", mis aegade algusest saladus oli olnud. Jumal seletas mulle ka vaimuliku kuningriigi tähendust, mis Moosese esimese raamatus kirjas on.

Jumal lasi mul täielikult mõista, mis tähendab jumaliku loomuse läbi Püha Vaimu üheksast viljast osa saamine, mis tähendavad õndsad ning vaimulik armastus.

Kuidas saan ma rahvahulka vaimuliku sõnaga toita?

Kui ma mõnda aega ühes kohas palvetasin, levis kuuldus sellest kiiresti ning paljud tulid, et minu palvetamistes osaleda. Aina enam ja enam inimesi said mind tundma ning mul tuli järgmisesse kohta edasi liikuda. Et mul palves Jumala ühendus oleks, nii nagu Ilmutuste raamatus Johannese kohta Patmose saarel kirjas on, vajasin ka mina eraldatud paika, kus maailma asjadest eemal olla.

Nii läksin ma ühte paika Gang-won'i maakonnas ja Jochiwon'i. Kuumadel suvepäevadel palvetasin ma ilma ventilaatorita, vettisin higist, kuid ei kaevanud ebamugavuste pärast.

Mul oli kaks küsimust: „Kuidas saan ma rahva hulkasid Jumala tahtest õieti aru saama panna ning neile vaimulikku sõnumit jagada, nii et nad vaimulikult kasvaksid ning laitmatu usu omandaksid?" ja „Kuidas enam palvetada ning Jumalalt sellist jõudu nagu apostlitel ja prohvetitel oli, ning seega maailma misjonit täiustada ning suurejooneline pühamu ehitada?" Olin väga fokusseeritud neile küsimustele ning millekski muuks ei jäänud mul õieti enam aega.

1984.a. mais, paar päeva enne mu sünnipäeva, tutvustas vanem diakoniss Geumsun Vin, kes täna Suurt Ühendatud Naiste Misjoni gruppi juhib, sugulasele Gang-won maakonnas ning ma palvetasin seal mõnda aega. Tal oli mulle pakkuda maja, kuhu vaid aerutades ja paadiga ligi pääses.

Reedel tuli mul Sõuli tagasi tulla ning samal õhtul reede õist palvet pidada ning pühapäeval teenistusel osaleda, kuid Jumal pani mulle südamesse sinna veel edasi jääda ning kolm päeva paastuda. Kui kolmepäevane paast läbi sai, õpetas Jumal mulle sügavast vaimuriigist ning taevalikust kuningriigist väga rohkete detailidega. Oleksin võinud olla tähistamas oma sünnipäeva teiste koguduse liikmetega, kuid selle asemel sain Jumalalt pealt paastumist ja palvetamist imelisi sõnumeid. Õpetus taevasest kuningriigist oli väga mitmekülgne, hõlmates paljusid salme Piiblist. Hiljem jagasin seda sõnumit palju aastaid oma pühapäevastel teenistustel ning selle kohta on ilmunud ka kaks raamatut.

Isegi naabrid turul ütlesid: „Minge Manmini kirikusse"

Kiriku juures oli turg ja sellise asukoha tõttu käis turult palju inimesi läbi, kes bussiga tulnud olid ja nüüd kirikusse läksid. Nii nägid kaupmehed turul tihti inimesi, kes lausa eluohtlikus seisundis ja õnnetuses viga saanud lapsi tassisid.

Praegusel ajal näeme invaliidikärusid tihti, kuid sel ajal ei olnud see Koreas väga igapäevane. Kui kaupmehed mõnd abivajajat nägid, ütlesid nad ikka: „Nad on teel Manmini kirikusse, et pastoriga kokku saada." Kui need samad inimesed nüüd paar päeva hiljem hea tervise juures turule tulid ning neilt kaupa ostsid, olid kaupmehed väga üllatunud.

„Kas te ei ole mitte see sama inimene, keda eile kanderaamil kanti?"

„Jah, see ma olen."

„Kuidas siis saab tõsi olla, et te nüüd omal jalal käite?"

„Ma sain eile palvekoosolekul terveks."

Kuna kaupmehed nägid selliseid juhtumeid lausa iga päev, teadsid nad, et Jumal elab. Jagasime Pühakirja ka neile ning nad ütlesid, et teavad Jumala elavat, kuid on liialt hõivatud, et ise kirikusse tulla. Kuigi nad ei tulnud kunagi kirikusse, juhatasid nad abivajajaid Manmini kiriku poole.

Issand töötas meiega

Kolimine teise pühamusse

Umbes üks aasta peale kiriku avamist oli olukord selline, et pühamus ei jätkunud enam piisavalt ruumi. Ülistusteenistuse ajal olid kõik nurgad pühamus inimesi täis: palvekambrid, koridor, isegi meie eluruumid. Ruumi polnud rohkem. Nii hakkasime palvetama, et saada endale suuremad ruumid.

Meil olnuks vaja vähemalt 7000 ruutjala suurust kohta, kuid koguduse liikmetel ei olnud selleks piisavalt usku. Palvetasin uue pühamu eest ning sain Jumalalt sellise sõna: „*Mine ja ehita vabale kohale ajutise peavari. See lammutatakse, sina ehita uuesti. Lammutatakse veelkord. Nii saab mu ettekuulutus ilmsiks.*"

1984.a. septembris leidsin ma turu lähedal ühekorruselise maja tühja katusepealse. Jumal juhatas, et me peaksime sellesse kohta ajutise ehitise püsti panema ja koguduse liikmetele ei tohtinud ma selle ettevõtmise läbikukkumisest rääkida. Seaduse järgi ei olnud selline ehitus lubatud. Selgitasin, et selline on Jumala tahe. Ehitise omanik jäi plaaniga nõusse ning oli nõus isegi kohalikus omavalitsuses ise ära käima, et ajutise ehitise püstitamiseks luba saada.

Kasutades vaid inimmõistust, oli raske mõista plaani ehitada katusele ajutine ehitis ja seda pühamuna kasutada. Kuid kuna juhendajaks oli Jumal, siis tegin just nii. Ehitus hakkas peale. Tsemendiplokid laoti paika, kuid peagi tuli kohaliku omavalitsuse esindaja ning kiskus kogu töö laiali. Mõned liikmed, kes tööd tegid, nurisesid selle peale, kuid enamus tõstis pilgu taeva poole ning palvetasid siirast südamest. Kohalikud inimesed, kes seda pealt nägid, mõtlesid: „Kas valitsus peab tõesti sedasi igas asjas kaasa rääkima?" ning nad tundsid koguduse liikmetele väga kaasa. Isegi turul kauplejad olid Jumala tegevusega kursis, mis Manmini kirikus aselt leidis. Nüüd, kui liikmed selliseid raskusi pidid taluma, läks vaimulik õhkkond pühamus tulisemaks ja kõigi südamed olid üheks ühendatud. Nii oli Jumal juba uut ehitist valmistamas.

Selle ajani ei leidunud ehitist, mida meie kogudus kasutada oleks võinud. Nüüd aga tuli välja, et läheduses on 7000 ruutjalane ehitis ning seda oli võimalik enda kasutusse saada. Jumal juhtis meid selle hoone juurde. Sel ajal oli meil umbes 300 koguduse liiget ja annetuste summa polnud isegi misjoni tegemiseks piisav. Liikmed polnud ka ülemäära jõukad, seetõttu oli isegi paari miljoni woni kokku saamine suur tegu. Nii oli, et kui ma algul liikmetele kolimise mõttest rääkisin, oli nurinat palju. Ainuüksi uue koha rent oli 40 miljonit woni (40000 dollarit) ning pühamuks ümber tegemiseks vajasime veel 20 miljonit woni. See oli suur väljakutse, mida isegi väga usklikel koguduse liikmetel oli raske omaks võtta. Kuid kuna kogudus oli sellisest proovile panekust just läbi käinud, oli meie soov oma pühamu saada eriti suur ning kõik me palvetasime ühendatud südamete ja tugeva innu ning jõuga. Praegu järele mõeldes näib, nagu oleks me vajaliku summa hetkega kokku saanud. Viimaks, 31. detsembril 1984.a. rentisime me Dae-Bahng Dong'is, Dongjak Gu'is hoone ning pidasime seal esimese teenistuse. Selline katsumus kasvatas kõigi liikmete usku.

Kiriku organisatsiooni asutamine

Jumal saatis meile palju liikmeid ja kogudus kasvas jõudsasti. Ka koguduse liikmete usk kasvas palju, sest kõik nad nägid Jumala võimsaid tegusid ja imetegusid, mis aina jätkusid. Oli neid, kes tulid kirikusse tervenemise eesmärgil, aga ka palju neid, kes Elu Sõna järele janunesid.

1983.a. oktoobris asutati Manmini palvekeskus. Jumal juhtis mu abikaasat, Boknim Lee'd igapäevaste tervenduskoosolekute läbi viimisel ning haiged said seal nii vaimselt kui füüsiliselt terveks. Temast sai palvekeskuse president ning igal päeval viis ta läbi tervenemiskoosolekuid, tegeles nõustamisega, külastas koguduse liikmeid ning palvetajaid. 1984.a. jaanuaris asutati „Palvekummardaja misjon", mille ülesandeks oli palvetada Jumala kuningriigi ja tõelisuse eest. Palvekummardajad palvetasid, aga osalesid ka tervenduskoosolekutel ning aitasid abivajajaid palvetamisel. 1984.a. märtsis avati laste misjoni jaoks Manmini lasteaed. Nii oli kõigest paar aasta jooksul peale kiriku avamist organisatsiooni vorm ja struktuur kuju võtmas.

1985.a. oktoobris, kui mu abikaasa palvekeskuse president oli, alustas ta paari inimesega öiseid palvuseid. Neist palvustest sai algus tänasele Taanieli palvekoosolekule, kuhu igal ööl tuhandeid inimesi kogunes ja palvetas. President Boknim Lee keskendus paastumisele ja palvetele. Ta ei otsinud perekonnast iseenda õnne, vaid elas teiste hingede nimel. Jumal tegi Püha Vaimu abil selget tööd ning õnnistas teda paljude imeliste tegude korda saatmisega. Mu abikaasa juhib Taanieli palvekeskust ka praegu igal ööl. Paljud liikmed kogevad Jumala väge ja saavad vastuseid oma palvetele, lauldes pühamus kiituslaule. Tänu Taanieli palvekoosolekule hõiskavad koguduse liikmete hinged rõõmust. See on kiriku tervendustöö juhtiv jõud.

Inimesed, kes Elu Sõna järele igatsesid, tulid ja kuulasid vaimulikku sõnumit ning said seeläbi rahu osaliseks. Need, kes kirikus oma probleemidele lahendused ja vastused leidsid, jäid kogudusse ning kirik püsis tugevana.

Peakasvajaga meditsiinitudeng

Sooyeol Cho oli sündinud kristlikus perekonnas ning tal arenes haigus, mis kannab nime nasofarüngeaal fibroom. Veresooned tema ninas moodusutusid üheks ning see tekitas ninasse kasvaja. Hiljem arenes see peakasvajaks.

Sooyeol Cho'i sugulane oli sel ajal Sõuli rahvusliku ülikooli haigla aupresident ning nii sa korraldatud, et haigele tehtid kaheks tundi vältav operatsioon. Ka peale operatsiooni oli nina ikka kinni. Kui ta kolledźisse astus, hakkas ta maailma rõõmudest enam osa saama ning sümptomid muutusid halvemateks. Kolm kuud peale operatsiooni oli nina taas täiesti kinni ning tema ninast tuli palju hemorrhage't. Ta läks haiglasse ning arstide sõnul oli probleem taas suur.

Enne, kui esimene operatsioon tehti, oli arstide sõnul väga

suur tõenäosus, et kasvaja areneb edasi peaajju. Kasvaja juur oli juba ajus ning nüüd oligi tal juba peaaju kasvaja. 1984.a. detsembris mõistis noormees, et meditsiin teda aidata ei saa ning ta tuli koos oma perekonnaga meie kirikusse ning nad võtsid end siin arvele.

1985.a. jaanuaris andis Jumal talle armu ning tema seisund hakkas paranema. Arstid soovitasid samal ajal uus operatsioon teha ja ta hakkas taas mõtlema, et meditsiin saab teda ehk kuidagi aidata.

1986.a. hakkas ta verd köhima ning mõistis, et saab veel vaid Jumala armule lootes elada. Kahel korral veritses ta pärasool nii, et see võttis ta täitsa läbi.

Palvetasin ühel nädalapäeval Jochiwon'is ning tundsin korraga kirjeldamatult suurt kurbust südames. Mõistsin, et Sooyeol Cho peab äärmiselt raskes olukorra olema. Palusin Jumalat tema pärast pisarsilmil.

Samal ajal nägi diakoniss, kes kirikus palju palvetas, nägemust sellest, kuidas ma kirglikult Jeesuse kuue hõlmast kinni hoidsin ning selle noormehe elu pärast palusin. Hiljem, kui noormees eluohtlikus olukorras oli, andis Püha Vaim mulle sellest teada ning ta tuli neist kriitilistest olukordadest välja, kuna ma palvetasin tema eest. Sellest ajast peale omandas Sooyeol Cho vaimuliku usujõu ning ta olukord paranes.

Kui ta palvetamise unustas ning Püha Vaimust kaugenes, kasvas tomp tema ninas väga suureks ning plokeeris kogu kurgu ning vahel tuli lausa keel kurgust välja ning tomp tuli ninasõõrmetest välja. Kui ta siis kahetses ning palvetas, sai ta taas puhtaks. Nii avastas noormees, millised lihalikud mõtted ja kurjus temas peidus on ning paastus, mõeldes: „Kui suren, siis suren."

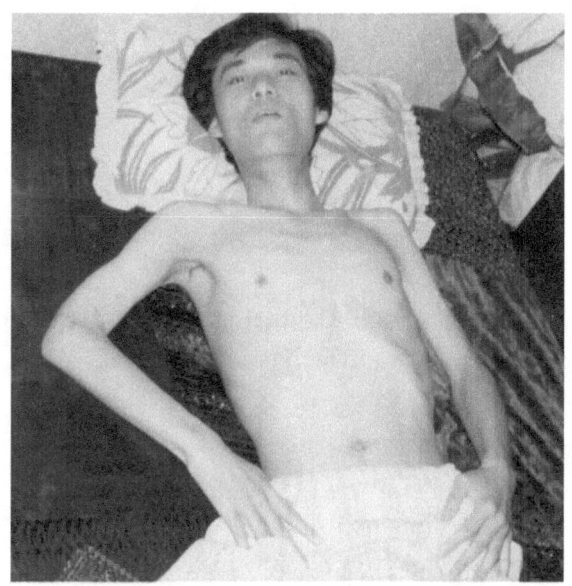

Sooyeol Cho kopsupõletiku käes kannatamas

Tänaseks on temast saanud terve pastor

Ta püüdis teha kõik, et end muuta. Viimaks sa ta päris terveks. Täna teenib ta meie kirikus abipastorina ning elab õnnelikku perekonnaelu koos abikaasa ja pojaga.

Vingugaasi mürgituse tulemusena jäigastunud keha

1985.a. veebruaris olin ma ühel laupäeva pärastlõunal oma toas palvetamas. Kuulsin väljaspoolt müra, inimesed olid ärevuses ja karjusid, et keegi on suremas. Lõpetasin palvetamise ning läksin asja uurima, seal oli üks õde kogudusest, kes vingugaasi mürgituse kätte oli jäänud.

Peale reedeöist palvekoosolekut oli ta koju tagasi läinud, puusöe briketti põlema pannud ning magama jäänud.

Ta leiti mürgitatuna laupäeval kella 14 pärastlõunal. Selleks ajaks oli ta jube palju tunde mürgist gaasi sisse nuusutanud, nii et ta keha oli muutunud halvatuks ning ta ajas suust vahtu välja. Üks meie naaber oli ta leidnud ning ta minu juurde kandnud, aga ta näis täiesti surnud. Tal oli teadvuseta ning keha oli väga jäik ja külm.

Asetasin oma käe ta peale ning palvetasin: „Jeesuse Kristuse nimel, vingugaas, mine ära! Mine välja silmadest, ninasõõrmetest ning kõigist kehaosadest!" Hetkel, mil ma palve lõpetasin ning oma käe tema kohalt ära võtsin, avas ta aeglaselt silmad. Seejärel hakkas ka jäigastunud keha pehmemaks muutuma. Inimesed, kes meid ümbritsesid, hakkasid ta keha masseerima ning mõne minuti pärast olid kõik ta liigutused taas normaalsed. Ta istus üles ning kogu ta tervis taastus ilma igasuguste hilisemate sümptomiteta.

Olnuks ta haiglasse viidud, olnuks väga vähe lootust olnud.

Isegi kui ta ellu oleks jäänud, pidanuks ta terve elu traumade ning sandistavate ajukahjustustega pidanud elama. Kuid Jumal, kes isegi surmast üles äratab, näitab oma väge ning ta sai paari minuti jooksul tagasi kogu oma tervise. See naisterahvas on Minsun Lee, kes hiljem pastor Jeon-hwan Cha'ga meie kogudusest abiellus.

„Mine palun Shindaebang Dong'i"

Olen ka nende inimeste eest palvetanud, kes enam ei hinganud. 1985.a. juunis juhtus midagi diakon Seok-hee Cho kahe-aastase tütre, Seung-ah'ga. Ta ema oli pliidil vorsti praadimas, tütar tatsas tema juurde ning sirutas oma käe välja. Ema andis talle seepeale killukese vorsti. Mõne aja pärast vaatas ema ringi ja ei näinud tüdrukust toas mingit märki. Ta läks teise tuppa ning seal lebas väike Seung-ah maas, surres suust välja tulevate mullide kätte ning püüdes õhku ahmida. Ta nahk oli täiesti sinine.

Kõik see oli toimunud paari minuti jooksul ja naine oli śokis. Ta tassis ta seljas kiiresti õue, võttis takso ning olles meie kirikust kuulnud, kus inimesed imekombel tervenesid, näitas ta oma usku Jumalasse ning palus taksojuhil Shindaebang Dong'i sõita. Taksojuht nägi mis toimus ning küsis, miks nad nii kaugele peaks sõitma, kui ka läheduses on haiglaid olemas.

„Ei, just Shindaebang'is on üks väga pädev doktor."

Hetkel, kui nad saabusid, olin ma kodus ning sain tütre eest kohe palvetama hakata. Kuulsin, et lapseke ei hinganud enam ning ta keha oli juba taksos külmaks muutunud. Palusin Jumalat kogu südamest, et ta surnud lapse sisse vaimu tagasi tooks. Kui palve läbi sai, ärkas tüdruk üles ning hakkas uuesti hingama. Tänaseks on ta juba suur tüdruk ning täiesti terve. Praegu õpib ta Kyung-hee ülikoolis ja tema vanemad teevad pastoritööd Jinjoomun'i Manmin kirikus Sacheon'is, Kyeong-nam'i maakonnas.

Jumala väega parandatud kolmanda astme põletusest

Pühapäeval, 6. aprillil 1986.a. oli vanem diakoness Eundeuk Kim'il, kes selleks ajaks 62 aastat vana oli, köögis õnnetus juhtunud. Köögis oli suur gaasipõleti ning diakoness oli vett keetmas, et selles nuudleid valmistada.

Korraga ta komistas ja rabas gaasipõleti sangast ning seetõttu loksus potist keevat vett välja. Vesi kattis ta rinna, alakeha, käevarred ja jalad, jättes tõsiseid põletusi. Oli suur õnn, et vett ta näole ja pähe ei lennanud.

Kuulsin juhtunust ning läksin kiiresti kööki. Ta lebas põrandal ning mina palvetasin tema eest. Põletused olid nii tõsised, et kogu nahk oli justkui ära küpsetatud ning see kleepus riiete külge. Ta oli veel vaevu teadvusel. Valu oli väljakannatamatu, kuid kui ma tema eest palvetasin, ütles ta tundvat, kuidas kuumus ta kehast välja läheb. Kogu kuumus liikus esmalt rinnakorvi vasakusse poolde, sealt paremale poole ning viimaks läbi parema jala välja.

Olgugi, et kuumus oli läinud, nägid põletatud kohad ta keha välja nagu röstitud liha ning neis kohtades, kus riiet vastu nahka puutus, oli liha naha alt väljas. Vaatepilt oli kohutav. Olnuks ta nüüd haiglasse läinud, poleks temaga suurt midagi teha saanud. Isegi kui ta ellu oleks jäänud, võtnuks naha asendamine aastaid aega. Ka operatsioonid oleks tema kehale ikkagi arme ja järelmõjusid jätnud. Ta toodi minu juurde koju ning ma palvetasin tema eest üks kord päevas. Ta ei tarvitanud ka mingeid rohtusid ega süste, kuid Jumala väe läbi tervenes ta kiiresti.

Põletatud ja surnud keharakud muutusid korpadeks justkui puukoor, peagi pudenesid need ära ning koed taastusid. Nii olid põletatud kehaosade asemel peagi uued koed ning neisse kasvasid uued veresooned. Surnud kehaosad ärkasid ellu. Koguduse liikmed, kes teda külastamas käisid, olid selle suurepärase tervenemise tunnistajateks.

Viimaks oli vanem diakonss Eun-deuk Kim kolme kuuga peale õnnetust täiesti terveks saanud. Absoluutselt kõik oli taastunud. Täna, 2007.a. on ta kaheksakümne kahe aastane ning elab väga eeskujuliku kristlase elu.

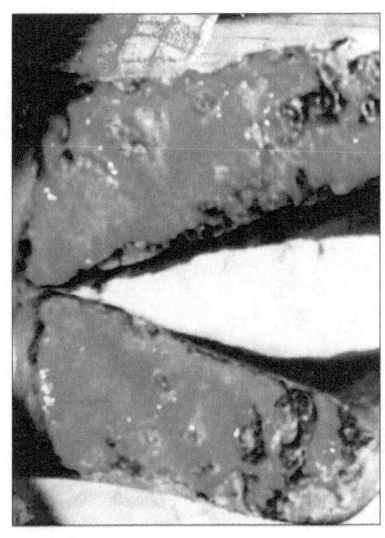

Kolmanda astme põletusest tervenenud

Tulised teod

„Kui Issand Jeesus oli nendega rääkinud, võeti ta üles taevasse ja ta istus Jumala paremale käele. Aga jüngrid läksid välja ja kuulutasid kõikjal, ning Issand toetas neid ja kinnitas sõna tunnustähega." (Markuse 16:19-20).

Kui jüngrid välja kuulutama läksid, toetas Issand neid. Samamoodi tundub, nagu asetaksin mina oma käed haigete kohale, kuid tegelikult saavad veremärkidega Issanda käed nende kohale asetatud. Need, kellel on nägemise anne või kes tunnistavad, et minu palvetamise ajal sünnivad vaimulikud asjad, teavad et Issand ise pani oma käed haige peale.

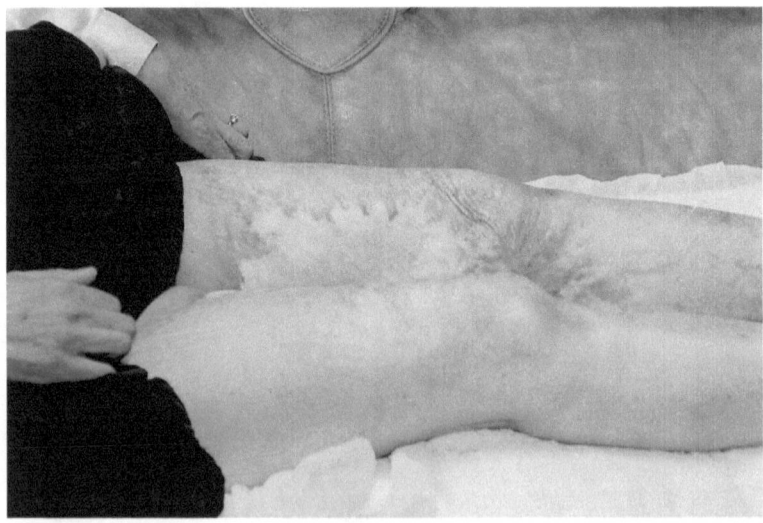

Täielikult tervenenud ja uue jõu kogemine peale palvet

Kõigil ülistusteenistustel palvetan ma haigete eest ning paljud ütlevad, et näevad teatavat suurt leeki mu kätest välja minemas. Leek, mis on Püha Vaimu leek, teeb iga haige juures tööd vastavalt tema usule. Olen nende eest kogu südamest palvetanud, käed nende peale pannud, uskunud, et nende probleemid saavad lahendatud – ja Jumal vastas neile palvetele läbi Püha Vaimu tulise tegevuse.

Püha Vaimu juhtimisel tuleviku asjade kõnelemine

Pastoriks ordineeritud

1986.a. mais, neli aastat peale kiriku avamist, toimus mu pastoriks ordineerimine. Sellekohane teenistus toimus juunis. Koguduse liikmed kinkisid mulle suure kuldse võtme, mis sümboliseeris nende armastust ja usaldust minu vastu. Sellega soovisid nad öelda, et annavad mulle kogu kogudust puudutava õiguse ning et soovivad mind teenida ja usaldada. Hoian seda alati alles kui suurt aaret.

Peale ordineerimist andis Jumal mulle teada, et ma peaksin kahekümneühe päevase Taanieli palve ette võtma. Püüdsin Jumalaga rääkida paastudes ja palvetades oma palvekohas Jochiwon'is. Jumal hakkas mulle Ilmutusraamatu seletama ja nii sain selgeks, mis meid viimseil päevil ootamas on.

Pühapäeval, 20. juuli 1986.a. alustasin ma loengute sarja

ilmutustest, mis kestis 20. detsembrini 1989.a. Kuulajad, kes kasvõi õige pisut taevalikust kuningriigist teadsid, kuulasid sõnumit suure rõõmuga.

Reedeöine koosolek osalejatega üle kogu maa

Pisut aega peale seda, kui olime uude kohta kolinud ja tervenduskoosoleku läbi viinud, oli kogu kirik taas rahvast täis. Kõik toimus väga kiiresti ning muude kirikuhoonete ehitamiseks ei olnud meil aega.

1987.a. rentisime me Shindaebang Dong'is, Dongjak Gu's ehitise ning kolisime sinna. Sellest sai meie kolmas pühamu. Kolm kuud peale seda, kui meie uude kohta kolimist tähistav tervenduskoosolek läbi oli, sai kogu kirik jälle rahvast täis. Meil oli üle 3000 koguduse liikme. Kasutasime pühamu esimest ja teist korrust, kuid ei saanud ikkagi kõiki soovijaid vastu võta – lihtsalt ei jagunud ruumi. Mõned, kes kohale tulid, pidid seetõttu tagasi minema.

1989.a. juuniks kasvasime juba väga suureks, meil oli kokku 6000 koguduse liiget. Olin nendesse ruumidesse kolimisest saadiks keskenunud vaid Jumala Sõnale ja palvele, et Jumalalt saadud ülesannet täiel määral täita. Nii jätsin ma koguduse liikmete eest hoole kandmise abipastorite ülesandeks. Ka esimestes kogudustes oli töö nii seatud, et apostlid valisid endale appi seitse diakoni. Apostlid ise keskendusid vaid palvele ja Jumala Sõnale (Apostlite teod 6:3-4). Nii ei tegelenud ka mina koguduse rahaasjadega ning kõigiks muudeks töödeks oli meil samuti eraldi osakond.

Kord või kaks aastas korraldasime me pastorite konverentsi,

püüdes pastoreid innustada tubli teenimistööd tegema. Lootsin väga, et saan sedasi tublisid pastoreid välja koolitada, keda Jumal ja koguduse liikmed enam kui mind armastama hakkaks, nii et püüdsin koolitada võimalikult palju potensiaalseid häid abipastorieid.

Reede öösiti toimus koosolek oli üle kogu maa hästi tuntud, seda teati kui koosolekut täis Püha Vaimu ning paljud inimsed tulid kohale, olenamate millisesse kogudusse nad kuulusid. Kui tore on see, kui inimesed Püha Vaimu tunda saavad ning lähevad seejärel tagasi oma kogudustesse, et pühapäeval oma kogudust teenida! Alates 12. detsembrist 1986.a. hakkasin ma reedeöistel koosolekutel loengusarja Iiobi raamatust pidama ja juhatuse selleks sain Jumalalt. See sari lõppes reedeöisel koosolekul 11. detsembril 1982.a.

See oli vaimulik sõnum, mis erines Iiobi raamatu tõlgendustest. See oli suurepärane sõnum, mis analüüsis Iiobi südant. Esitleti seda nii, et me võime enda südamest kurja ja ebatõest südant leida. 1989.a. hakkas Jumal detailselt ka vaimust, hingest ja ihust õpetama. Seejärel õpetas ta mind erinevatest dimensioonidest. Kui ma neid samu oma kogudusele õpetasin, avanesid nende vaimulikud silmad ning muudatused olid märgatavad. Nende usk kasvas kuna nad kuulsid uutest asjadest. Nii tuli mul veel sügavamalt vaimulikku kuningriiki süübida.

Muuda veel üks inimene nisuks

Palvetasin ühel päeval ning kuulsin Jumala kurtval häälel ütlevat:

„Mu sulane, trüki kiiresti raamat minu sõnumiga, mis ma sulle õpetanud olen. Täna on veel vähe neid, kes usuvad ja päästetud on. Nad löövad mind uuesti risti. Nad ei usu, kuid arvavad endit uskuvat."

Jeesus ütles: *„Ometi, kui Inimese Poeg tuleb, kas ta leiab usku maa pealt?"* (Luuka 18:8) Täna võtavad seadusetus ja patt nii suurel määral võimust, et on raske leida inimest, kellel oleks tõeline vaimulik usk, nii nagu Jumal seda soovib.

Kui põllumehed vilja koristavad, korjavad nad vaid nisu kokku ning aganad põletatakse tules. Samamoodi tahab Jumal igat nisuiva endale, kuid aganad jäävad tule päralt. Oma taevalikku kuningriiki soovib ta vaid nisuteri (Matteuse 3:12). Ta soovib, et me palvetaksime tuliselt vastavalt tema Sõnale ning lõikaksime ära kõik liha himud ning me oleksime tervikuna laitmatud (Pauluse esimene kiri tessaloonikalstele 5:23).

Kui koguduse liikmed vaimust, hingest ja ihust ning dimensioonidest lugesid, hakkasid nad iseend paremini mõistma ning püüdsin kõik patu oma elust kõrvaldada. Kui keegi meile patust räägime, siis on meie teadmised õige vähesed. Kui inimesed ei tea, milliseid kompromisse nad maailma pärast tihti teevad, on nad peagi kui aganad ning ei leia päästet. Seetõttu peavad pastorid liikmeid väga hoolikalt patu osas koolitama.

Toetumine sõnumite osas vaid Jumalale

Kui Jeesus on jüngreid välja saatis, ütles Ta: *„Aga kui teid reedetakse, ärge muretsege, kuidas või mida peate rääkima, sest teile antakse tollel tunnil see, mida rääkida, sest teie pole rääkijad, vaid teie Isa Vaim kõneleb teie kaudu."* (Matteuse

10:19-20). Aastal, mil me kiriku avasime, olin ma koolis oma viimast aastat käimas. Palju oli kodutööd teha. Valmistasin nädala jooksul ette enam kui kümme sõnumit varahommikusteks, reedeöisteks ja pühapäevahommikusteks ja —õhtusteks teenistusteks. Tegelesin ka liikmete külastamise ja nõustamisega, palusin isiklikult haigete eest ning olin alati liiga hõivatud.

Isegi jutlust polnud mul aega kirja panna, kuid palvetasin ning Jumal andis mulle teema, millest rääkida ja lõigu selleks. Kui ma seda palusin, andis Jumal mulle oma väge jutluse pidamiseks. Seistes üleval kõnepuldis tundsin, kuidas Jumala Sõna mu meeltest läbi käis.

Täna toimub ülistusteenistuste levitamine üle maa läbi satelliidi ja interneti ning mul on märkmed varem valmis kirjutatud. Kui selle ajani, kui avasime kiriku ning levitamist tänapäevasel moel veel ei toimunud, pidasin ma jutlusi märkmeteta.

Olen vaid üks tühine sulane

Ühel päeval 1987.a. aprillikuus tundsin ma korraga, et mul ei ole jutluse ajal piisavat väge – olin liialt kiiret elu elanud. Tundsin, et jutlus ei suju. Olin peale jutlust väga mures ning kahetsesin, et ei olnud jutlust palvetega rohkem ette valmistanud. Millal iganes ma nii tundsin, teadsin hästi, et mina üksi ei ole midagi ja vaid üksnes Jumala abiga saan ma asju korda saata. Kui Jumal peaks mu maha jätma, ei suudaks ma enam ühtki sõnumit edastada, ei toimuks enam tervenemisi isegi kui ma palvetaks ning jutlustamise ajal ei teeks Püha Vaim tööd, nii et peagi muutuks ka koguduse liikmed. Kuigi olen suutnud üht-teist korda ajada, olen ma vaid üks tühine sulane Jumala ees. Nii et saa ma mitte iial olla ülbe selle tõttu, et olen midagi korda saatnud - olen vaid tööriist.

1987.a. aprillis avaldati mu mälestuste raamat *Igavese elu maitsmine enne surma.* Seda raamatut trükiti ikka ja jälle uuesti ning alati müüdi see kiiresti läbi. Tänaseks on seda paljudesse keeltesse tõlgitud ning levitatud paljudesse maadesse üle maailma. Selle raamatu abiga on paljud inimesed hakanud uskuma elavasse Jumalasse, tervendajasse Jumalasse, Isasse kes palvetele vastab ning armastavasse Jumalasse.

Soojung Maeng, kes tol ajal Saksamaal elas, sai selle raamatu ühelt kuulsalt Saksamaa pastorilt ning luges seda. Ta oli raamatust väga lummatud. Kui ta Koreasse tagasi tuli, osales ta meie kirikus ülistusteenistusel ning sai koguduse regulaarseks liikmeks. Ta tunnistas, et ta elu muutus Elu Sõna tõttu. Teda täitis soov pühakirja jagada ning täna on ta misjonär Washington D.C.'s, pühendades end pühakirja kuulutamisele.

„Siin AM 837 Khz, Kristliku Levitamise Ühendus. Täna räägime me saates „Sina oled minuga" loo Rev. Jaerock Lee'st, Manmin'i Joong-ang'i kirikust." 1. – 30. juunini lasti CSB raadio saates „Sina oled minuga" sarja, mis kõneles minu tunnistusest. Ühe kuu jooksul said inimesed seda kaks korda päevas, hommikuti ja õhtuti kuulata. See saade juhatas minu juurde paljusid inimesi üle kogu maa, paljud tulid ja said Jumala armu osaliseks. Mõned neist tunnistasid, et tulid seeläbi usule.

18. augustil osalesin ma CBS'i saates „Uuenda mind" ja andsin seal oma tunnistuse. Saatejuht palus, et ma ei nimetaks seda, kuidas Jumal mind tervendanud oli. Tema väide oli, et kui me imedest räägime, võib see teatavaid vastuväiteid tekitada. Loomulikult ei saanud ma sellega nõus olla, naeratasin ta ettepaneku peale vaid. Viimaks, kui ma oma lugu linti

rääkisin, rääkisin kõigest nii nagu see oli olnud ja muidugi ka
tervendamisest. Töö sai valmis, kuid minu lugu ei hakatud
levitama ja ma pärisin selle kohta aru. Lint oli just hävitamisele
saadetud ning meil õnnestus ühe isiku abiga see napilt päästa,
tund aega hiljem oli kõik korras. Tundsin heameelt, et viimaks
läks lint levitamisele sellisel kujul nagu tõde oli.

Ettekuulutused Püha Vaimu juhtimisel

Meie kasu pärast annab Jumal meile Püha Vaimu ande
(Pauluse esimene kiri korintlastele 12:7). Pauluse esimene kiri
korintlastele 14:1-5 ütleb: „*Taotlege armastust ja olge innukad
nõudma vaimuande, eriti prohvetlikult kõnelemist! Sest kes räägib
keeli, ei räägi inimestele, vaid Jumalale, sest keegi ei mõista teda,
ta räägib vaimude ajel ju saladusi. Aga kes prohvetlikult kõneleb,
see kõneleb inimestele nende ehitamiseks ja julgustamiseks ja
lohutamiseks. Kes keegi räägib, ehitab iseennast, prohvetlikult
kõneleja ehitab aga kogudust. Ma tahaksin, et teie kõik räägiksite
keeli, aga veel enam, et te kõneleksite prohvetlikult, sest see, kes
kõneleb prohvetlikult, on suurem keelterääkija, olgu siis, et ta ise
neid ka tõlgendab, et see ehitaks kogudust.*"

Apostleb Paulus soovist, et kõik Jumala lapsed keeltega
rääkimise ande omandaksid ja ta innustas uskujaid ka prohveti
andi saama. Vahel kõnelesin ma koguduse liikmetele, mis Püha
Vaimu juhtimisel juhtuda võiks, õpetades neid ning istutades
usku neisse. Kui ma varahommikusel koosolekul palusin, ütlesin:
„Saada palun järgmisel nädalal teatud kindel arv uusi liikmeid
kirikusse." Liikmete arv kasvas sel ajal eriti jõudsasti.

Järgmisel nädalal on teenistusel viiskümmend osalejat.

Pühapäeval lasin ma ühel liikmel osalenud üle lugeda. Kohal oli täpselt viiskümmend inimest.

Järgmisel nädalal osaleb kuuskümmend viis inimest.

Iga nädalaga oli osalenute arv suurem kui enne ning ma ennustasin iga pühapäeva kohta ette. Koguduseliikmed lugesid inimesed alati üle ja olid hämmastunud.

Kui arv kaheksakümneni jõudis, jäi see mõneks nädalaks muutumatuks. Kui ma selle pärast palvetasin, et rohkem inimesi tuleks, mõistsin, et vaenlane on hävitustööd tegemas ning ei lase arvul üle 100 kasvada. Paastusin ja palvetasin koos koguduse liikmetega, ajasime kurja vaimu enda keskelt ära ning uuest nädalast hakkas arv taas kasvama ning 10. oktoobril oli see juba üle 100 inimese.

Mõningatel juhtudel lasi Jumal mul ohverduste summa varem teada saada. Peale kiriku avamist oli meie sissetulek igal nädalal umbes 6 miljonit woni (6000 US dollarit). Kuna hakkasime nüüd maailma misjoniga tegelema, oli meil enam raha vaja, kui vaid see sissetulek. Alati oli meil raha puudu ning kogudus ei olnud kunagi heal järjel. Hakkasin Jumalat selle pärast paluma. Kui ma kogu südamest palvetasin, aitas Jumal imeliselt kaasa. Püha Vaimu juhtimisel lasi Jumal mul annetuste täpsed summad teada saada.

„Järgmisel nädalal on annetusi kokku 33 miljonit woni (3,000 US dollarit)." Sain selle vastuse ning jagasin seda koguduse töötajatega, kes meie raha eest hoolt kandsid, et neisse enam usku istutada. Nad näisid kahtlevat, kuidas annetus korraga enam kui viis korda nädala jooksul suureneda saab.

Pühapäeva pärastlõunal lugesid rahaga tegelejad summa üle ning andsin mulle teada, et summa oli täpselt 33 miljonit woni. Nüüdsest peale palusin Jumalat alati, kui meil rahaliselt keeruline oli ning Jumal õnnistas väga, nii saime rasketest olukordades Jumala armuga alati üle. Ma teadin Jumala abiga alati ette, kui meile enam kui tavaliselt annetati ning ma teavitasin finantsosakonda sellest. Olles selliseid kogemusi palju kordi näinud, nägin nende usku kiiresti kasvavat.

Korea ja maailma tulevikuasjadest mulle rääkimine

Hüüdsin palves ning elasin Püha Vaimu täiuses. Jumal lasi mul aeg-ajalt sellistest asjadest teada saada, mis sündimas on, muuhulgas väga suuri ja salajasi asju. Jumal andis Peetrusele nägemuse tuleviku asjadest (Apostlite teod peatükk 10). Nii võib Jumala vägi kõik täiuslikuks teha. Ta tegi nii Vanas ja Uues Testamendis, ning see kõik toimib täna sama moodi.

Aamose peatüki 3 salm 7 ütleb: *„Tõesti, Issand Jumal ei tee midagi, ilmutamata oma nõu oma sulaseile prohveteile."* Niisiis, kui ma palvetasin, andis Jumal mulle ette teada asju meie koguduse liikmete, maa ja maailma kohta.

26. oktoobril 1979.a., mil ma seminaris õppisin, oli mul hommikul korraga väga ebameeldiv tunne. Palvetasin selle pärast. Issand andis mulle teada, et meie maal sureb üks väga oluline isik. Ta andis ka seda teada, et see isik on President Park Chung-hee. Rääkisin abikaasale, et suur õnnetus on aset leidmas ning läksin kooli. Süda oli mures ja valasin terve päeva pisaraid. Järgmisel hommikul kuulsin uudistest, et meie President Park Chung-hee oli eelmisel ööl mõrvatud.

Kuni ta oma salajast nõuandjat oma sulastele-prohvetitele ei avada

Jumal andis mulle maailma sündumustest teada ja vahel ilmutas ta mulle asju ka väga oluliste inimeste kohta. 1984. a. ilmutas Jumal mulle, et Indira Gandhi, India tolleaegne peaminister, sureb peagi. Sain seda mõni kuu enne tema surma teada ning edastasin selle sõnumi ka koguduse liikmetele. Sama aasta oktoobris lugesin ajalehte, kus seisis, et keegi Sikhs oli ta mõrvanud.

Samal aastal andis Jumal mulle teada, et President Reagan ja peaminister Margaret Thatcher valitakse tagasi. Ka seletas ta mulle, miks nad tagasi valitakse. Margaret Thatcher oli napisõnaline, nagu mehed, ja malbe ja vagur, püüdes olla Jumala ees veatu. Teda ei paelunud rikkus ega kuulsus, ta teenis rahvast armastusest. Jumal seletas mulle, et need kaks inimest olid oma rahva poolt väga armastatud, kuna nad hoolisid oma maast ning teenisid rahvast armastusega.

1985.a. suri Nõukogude Liidu Kommunistliku Partei peasekretär K. Tšernenko. Jumal oli mulle sellest nägemust juba pisut varem, 1984.a. näidanud. Selleks, et oma koguduse liikmetesse rohkem usku külvata, rääkisin neile oma nägemusest. Mõned kuud hiljem kirjutasid ajalehed tema haigusest ning peagi ta suri.

Deklaratsioon 6/29 ja demokraatia loomise protsess

29. juunil 1987.a. andis hr Taewoo Roh, Demokraatliku Õiguspartei president välja deklaratsiooni 6/29. Peale 12. veebruaril 1985.a. toimunud üldvalimisi kritiseerisid opositsiooniparteid President Doohwan Chun'i, kes oli valitud kaudsetel valimistel ja süüdistasid teda usaldusväärsuse puudumises ning nõudsid otsest presidendivalimist. Nende nõudmine oli, et kodanikud peaksid saama presidenti otse valida.

Seepeale andis President Doohwan Chun 13. aprillil 1987. a. välja dokumendi „Põhiseaduse kaitse", mis pidi lõpetama kõik vaidlused põhiseaduse muutmise osas ning andma selle vastavalt kehtivale seadusandlusele üle valitsuse pädevusse. 10. juunil juhtis ta Demokraatliku Õigluspartei koosolekut ning Taewoo Roh valiti partei presidendi kandidaadiks. Samal ajal suri üks tudeng nimega Jongcheol Park peale seda, kui politsei teda piinanud oli. Alates 10. juunist algasid kogu maal suured demonstratsioonid. 26. juunil osalesid enam kui miljon inimest kolmekümne seitsmes linnas suurtel demonstratsioonidel hilisööni. Kuna demonstrantide ohjamiseks ei olnud piisavalt politseinikke, kaalus valitsus sõjaväejõudude appi kutsumist. Viimaks mõõdukad võitsid. Nad otsustasid rahuldada kodanike nõudmise ning otseste valimiste kohta anti välja deklaratsioon

6/29.

15. juunil 1987.a. viisin ma Bupyeong'i Cheil kirikus läbi tervenduskoosolekut. 18. juunil tundsin ma korraga, et Jumal juhib mind ja näitab mulle midagi. Ta selgitas mulle, et välja antakse deklaratsioon 6/29 ning andis mulle selle sisust teada. Kuna ma sain teada, et Püha Vaimu abiga on üle kogu maa suur muudatus toimumas, mõistsin, et asjad on tõepoolest väga kiiresti muutumas.

Järgmisel päeval, 19. juunil rääkisin ma koguduse liikmetele sellest vaid akronüümides ning trükkisin need akronüümid meie iganädalases väljaandes, mis oli pühapäeval ilmumas. Valitsus arutas asja alles salajas ning tavakodanikul oli midagi sellist üsna ennekuulmatu teada.

21. juunil 1987.a. ette valmis trükkimine

Võttes arvesse, milline oli meie diktaatorliku valitsuse poliitiline situatsioon sel ajal, lasin ma trükkida akronüümid järgmise pühapäeva väljaande tagumisele küljele. Me anname seda väljaannet praegugi veel välja. Akronüümid olid korea ja hanguali tähtedes „Min, Gey, Yak, Sei, Dae, Gye, Chong, Mo, Roh, Hu, Dae." Selgitusi akronüümide kohta andsin ma pühapäevasel teenistusel 5. juulil.

Ma mõtlesin järgmist: „President(Dae) Chun andis välja Põhiseaduse kaitse dokumendi selleks, et toetada presidendi kandidaati(Hu) Taewoo Roh'i(Roh). Kuid kuna mees sai kuuli(Chong) pähe(Mo), kõik plaanid(Gye) Põhiseaduse kaitse tõttu võivad nurjuda. Mõju(Sei), mida president(Dae)

Chun omas, on nõrgenenud(Yak) vastaspoole tõttu ja selleks, et inimeste nõudmist aktsepteerida, annab ta välja deklaratsiooni 6/29. Võib tulla muudatus (Gey) põhiseadusele selleks, et otsesed valimised saaksid toimuda ning sellest saab demokraatia loomise algus(Min)."

Lisainfoks toon välja, mis on Deklaratsooni 6/29 kaheksa sätet:

1. Valitsuse rahumeelne üle minek 1988.a. veebruaris tänu Põhiseaduse muudatusele.
2. Õiglane ja üksnes valimisteks ette nähtud juhatus muutmaks presidendi valimise seadusi
3. Hr Daejung Kim'i amnestia ja seaduse rikkumine
4. Inimväärikuse austus ja inimõigusi käsitleva akti täiendus
5. Kõnevabaduse lubamine
6. Kohalik autonoomia, kolledzite vabadus ja haridusautonoomia
7. Erinevate osapoolte garantiid
8. Sotsiaalse puhastumise resolutsiooniaktid

Presidendivalimise tulemus

1987.a. detsembris enne 13ndaid presidendivalimisi palvetasin ma palju. „Jumal, milline on Sinu tahe? Kes on Sinu meelest kõige sobivam presidendi kandidaat? Kellest saab president?"

Jumal andis mulle teada, et uueks presidendiks saab Taewoo Roh. Seejärel andis Jumal mulle nägemuse ja ma nägin, kuidas kandidaat Youngsam Kim lillevankris istus ning see vanker liikus sinise hoone, presidendi residentsi poole hr Roh'i kannul.

Jumal selgitas, et Youngsam Kim ja Daejung Kim hakkavad koostööd tegema ning kandidaat Youngsam Kim'ist saab esmalt president ning tema järel Daejung Kim. Issand selgitas, et Jumala tahte kohaselt saavad need kaks kandidaati koos töötama ja kuna nad valimistel koos ei ole, siis saab Taewoo Roh'st president.

Jumal andis mulle teada ka seda, et kandidaat Roh saab kokku rohkem hääli, kui seda arvati ning teisena saab kõige enam hääli kandidaat Youngsam Kim. Kolmandaks pidi saama kandidaat Daejung Kim ning neljandaks ja kõige vähemate häältega jääb Jongpil Kim. Sain ka teada üksikasjad, kuidas kandidaadid Youngsam Kim ja Daejung Kim koostööd tegema hakkavad ning kui see aset leiab, siis et Youngsam Kim'ist saab president esimesena.

Kirjutasin kõik selle info üles ning palusin ühel koguduse liikmel see kandidaat Youngsam Kim'i residentsi Sangdo Dong'is toimetada. Koguduse liige läkski kohale, kuid Youngsam Kim oli sel ajal Busan'isse kampaaniakõnet pidama läinud. Nii andis käskjalg kirja tema abikaasa kätte. Üks koopia sellest kirjast on veel meil endal olemas. Kuna viimaks need kaks kandidaati koostööd tegema ei hakanud, valiti Taewoo Roh presidendiks.

Peatükk 6

Koguduse kasvamine ja proovile panekud

Ilma jäämine õigusest kõneleda ja purunenud haamer

Konfessioon, millesse minu kogudus kuulus, oli tegelikult Korea Püha Kiriku Liit. Oma kiriku avamisest peale andsin endast parima, et konfessiooniga koostööd teha ning minu kogudus kasvas kogu aeg.

Peale teise konfessiooniga ühinemist

13. detsembril 1988.a. said meie konfessioon ja Korea Püha Kirik Anyang'is ühendatud ning toimus meie liitumine. Sel ajal oli Korea Püha Kiriku Liidu presidendiks minu seminari professor pastor Taekgoo Sohn ning ühendamine toimus tema soovitusel. Minu koguduses oli sel ajal väga tähelepanuväärne kasvamine toimumas. Kui toimus meie koguduse viienda harukoguduse avamine Suwon'is, ei olnud konfessiooni üldkoosolek meie koguduse haru nimega nõus. Nende sõnul

ei sobinud nimeks „Manmin", meil tuli see muuta „Suwon Deokwoo Koguduseks."

1989.a. detsembris sain ma üldkoosolekult ametliku kirja, millega mind korraldatavast eksamist teavitati. Mul tuli olla kohal kella 11ks hommikul. Läksin 18. detsembril kohale ning jõudsin sinna juba kell 10.30, kuid keskpäevani valitses täielik vaikus. Möödus hulga aega ning pärastlõunal kutsuti mind viimaks koosolekute ruumi. Kohal oli kuus pastorit, kes olid ühtlasi kõik üldkoosoleku liikmed. Niipea kui ma sisse astusin, hakkas minu suunas küsimusi sadama. Olin arvanud, et alustame ühise palve või ülistusega, kuna tegemist oli pastorite kokkutulekuga hoopis muul eesmärgil. Pettusin väga. Minu suunas hakkas küsimusi ja süüdistusi lendama.

„Ma kuulsin, et sa olla öelnud Jeestust 3-4 aasta pärast tagasi tulevat, on see tõsi?"

„Ma pole iial midagi sellist öelnud."
„Sa ei räägi tõtt! Sa oled pastor, kes valetab."

Olin selliste küsimuste tõttu päris sõnatu. Mulle öeldi, et mul pole vaja midagi selgitada ning vastata tuli mul vaid kas jah või ei.

„Sa valetad väga osavalt ning seetõttu vead sa ninapidi tuhandeid. Arvad sa, et meil ei õnnestuks valetades selliseid rahvahulgasid kokku saada?" „Räägitakse, et sulle antakse ilmutusi teada. On sul siis ehk midagi muud veel lisaks teada, kui see mida me Piibli kuuekümne kuuest raamatust teame?"

„Midagi sellist pole kunagi juhtunud."

„Valetaja! Sa keelad koguduse liikmetel tööle minna ning tudengitel õppida!"

„Ma ei ole midagi sellist teinud."

„Sa tahtsid altaril nõiatantse?"

„Ma pole mitte kunagi midagi sellist teinud."

Absurdes küsimused läksid aina edasi ja kõigi nende põhjustajaks olid valearusaamad. Süüdistuste osas midagi selgitada mulle võimalust ei antud. Üks pastor, nimetagem teda pastoriks S, kes mind küsitles, esitas mulle üheksa nõudmist, mis varem ette olid valmistatud. Mul polnud isegi sellest aimu, et need absurdsed küsimused olid osa minu proovile panemisest. Samad üheksa klauslit saadeti meie kogudusse. Tingimuseks seati, et kui ma neid üheksat tingimust arvesse ei võta, järgneb eksamikomisjoni kohtuotsus. Klauslid sisaldasid järgmist: minu mälestusraamatu *Igavese elu maitsmine enne surma;* minu jutluse tekstide müügikeeld, nimetuse „Manmin" kasutamine harukoguduse nimes ning pühade tantsude (tantsud koos laumisega) keelamine. Kõik sellised nõudmised olid mulle absoluutselt vastuvõetamatud.

Koostasin ametlikule pöördumisele vastused, mis said väga detailsed. Lisasin, et kirjutan selle kirja seetõttu, et ei leia end midagi Jumala Sõna vastast tegevat ning kui tõesti midagi valesti oli tehtud, palusin end sellest teavitada. Mõni kuu hiljem sain üldkoosolekult kirja vastu ning mulle teatati, et nad olid oma süüdistustest loobunud. Miks, seda mulle ei selgitatud.

Ilma jäämine õigusest rääkida

Konfessiooni üldkoosolekut peeti kaks päeva, 30. aprillil ja 1. mail. Kuulusin koosoleku esindajate juhatusse ning läksin koosolekule. Juhatusse kuulus peale minu veel kaks liiget ning nemad olid vanemad liikmed minu kogudusest. Saabusin kohale, kuid enda nimelist tooli koosolekute ruumist ei leidnud. Tegemist oli plaaniga mind välja heita. Otsisin veelgi, kuid ei leidnud enda nimesilti kuskilt. Ka juhatuse liikmete nimekirjast olin ma välja jäetud. Reegel on, et kui sul ei ole istekohta, ei ole sul ka õigust sõna võtta. Olin arvamusel, et pean tõe välja ütlema ning vaatasin koosoleku tegevust tagant nurgast pealt.

Üldkoosolek algas 1. mail ning minu nimi mainiti ära. Pastor S, eksamikomisjoni juhataja, alustas kõnega ning minu hukka mõistmisega. Koosolekul mulle sõnaõigust ei antud ning seejärel mingi päevakorraga edasi. Kõik minu kohta väidetu oli vale, näiteks see:

„Pastor Jaerock Lee ütles end teadavat kuupäeva, mil Issand tagasi tuleb. See seisab tema mälestusraamatu sellisel ja sellisel leheküljel."

Ma pole iial öelnud, et ma teaksin päeva, mil Issand taas tuleb. Ma ei tea seda kuupäeva ning loomulikult ei sisalda minu mäletusteraamat sellist infot, kuid kunagi koosolekul osalejatel ei olnud tol hetkel mu raamatut käepärast, uskusid nad seda mis räägiti ning pidid loomulikult ka hääletamises osalema. „Kuna pastor Jaerock Lee räägib üksnes valet, heidame ta meie seast välja. Tõstke palun käsi, kes otsusega nõus on."

Ajaks, mil koosolek minu välja heitmise küsimust arutama

hakkas, lahkusid enamus 300st liikmest oma kohtadelt ning alles jäid vaid umbes 90 inimest. Nendest umbes 30 tõstis käed, nad olid oma nõusoleku juba varemgi andnud. Niisiis hääletas poolt üksnes 30 inimest, kuid esimees teatas: „Poolt hääletasid 48 liiget, seega enam kui pooled ning otsus on vastu võetud." Seejärel lõi ta haamriga ning ma olin välja heidetud üksnes 30 hääle alusel 300st.

Purunenud haamer

Kui esimees haamriga lõi, murdus haambri käepide ning see kukkus põrandale. Ilmselgelt ei juhtu selliseid asju iga päev. Ainuüksi murdunud käepideme nägemine andis põhjust arvata, et tegemist ei olnud otsusega, mis Jumala tahtele oleks vastanud. Minul, kui kannatajal, ei lastud isegi sõna võtta. Vanem liige Boaz Jungho Lee sai vaevu sõna ning ütles: „Kõik öeldu on vale. Kuidas te saate tema üle otsustada, laskmata tal kordagi sõna võtta? Ta on praegu siin kohal, kas ei peaks me teda kordki ära kuulama?"

„Hästi, anname talle sõna. Minge teie palun oma kohale tagasi."

Võimalust end kaitsta ma sellegi poolest ei saanud. Vanemliige Lee läks tagasi omale kohale, kuid sõna mulle ei antud ning nii hakkas ta valjul häälel oma kohalt rääkima:

„Esimees, ma istun taas omal kohal ja tulin kohe tagasi seetõttu, et te lubasite pastor Jaerock Lee'l kõneleda, miks te seda nüüd väldite?"

Esimees vältis vanemliige Lee vastulauset. Kõik toimus kiirelt ning asi lõpetati rutuga. Et korrakski sõna saada, olin istunud koosolekul 7 seitse tundi ja saanud osaks tohutult põlgust, kuid oma võimalust ma ei saanud. Isegi surmamõistetu saab õiguse enda kaitseks midagi öelda. Isegi diktaatorliku reźiimiga riigis või kommunistliku partei ülekuulamistel kuulataks kahtlustavat. Minule ei antud korrakski võimalust kõneleda, süüdistatuna valedes asjades.

Kohtupidamine, millest kõneleb Piibel

Piibel ütleb, et vanema süüdistamise korral peab olema vähemalt kaks tunnistajat (Pauluse 1. kiri Timoteosele 5:19). Nii võiks arvata, et Jumala sulase, pastori puhul, tuleks anda vähemalt õigus end kaitsta, kuid mul ei lastud sõnagi lausuda ning mind mõisteti täiesti hukka. Hullemaks tegi olukorra see, et kõik väidetu oli absoluutne vale ja fabritseering.

Kui kuningas Saul Taavetit, olles Taaveti peale kade, taga ajas, sai Taavet kord võimaluse Saul tappa, kuid ei teinud seda. Olgugi, et Saul oli Jumala poolt maha jäetud, oli Jumal teda kord salvinud. Üksnes Jumal ise võib tegeleda sulasega, kedas ta valinud on - nemad aga heitsid mind välja oma tahte järgi.

Oleksin saanud seda vältida, öeldes kasvõi korraks „Jah"

Mõned koosolekul osalenud pastorid tundsid mulle väga kaasa ning andsid nõu: „Pastor, sinu kogudus kasvab kiirelt ja sinu peale ollakse kadedad. Ütle lihtalt ‚Jah' kui nad midagi sinu kohta väidavad. Tee seda vaid kord ja asjad saavad lahendatud! Ütlevad, et kokakoola on siider, siis lausa sina lihtsalt ‚Aamen‘ või kui nad väivad, et siider on kokakoola, siis ütle selle peale ‚Aamen‘“. Otsustasin, et kompromissile ebaõigluse osas ma välja ei lähe ning järgisin vaid õiget teed. Mõtlesin sellele, kuidas Taaniel pidi visatama kümne lõvi kätte ning isegi siis ei teinud ta ebaõigluse osas kompromissi. Seejärel mõtlesin sellele, kuidas Taanieli kolm sõpra isegi siis kompromissile ei läinud, kui tuline ahi neid ähvardas. Nii mõeldes ei tuginenud ma maailmale vaid üksnes Jumalale.

Kuuldus toimunust levis meie koguduses ning sajad liikmed meie kogudusest läksid kohtuma nende kahe pastoriga, kes minu välja heitmise ette võtmist juhtisid. Ka paljud pastorid, kes teadsid kuidas asi tegelikult on, helistasid neile ning avaldasid oma protesti. Seejärel tegi konfessiooni president ettepaneku minuga kohtuda. „Ma võin korraldada nii, et kõik, mis juba aset leidnud on, vajuks unustuste hõlma. Ütle mulle vaid üht,“ lausus ta minuga kohtuda. „Taastan siis su nime ning selline suhe, nagu meie vahel varem oli, saab taastatud. Ütle, et sa nõustud üheksa klausliga ning teadvustad need enda jaoks.“ Mina aga ei saanud nõustuda sellega, mis ei olnud õige. Kuidas saanuks ma ebaõigluse nimel koostööd teha, kartes, et vastasel juhul heidetakse ming välja? Kurvastasin ja nukrutsesin terve nädala, kaotasin kaalus neli kilo. Mõtlesin nende kahe pastori peale, kes mind üksmeeles süüdistasid ning tundsin nende suhtes vaid suurt kaastunnet. Üks pastoritest, samuti üks konfessiooni presidentidest, nimetagem teda pastoriks K, ütles tihti: „Manmin Joong-ang kirikus ei ole midagi ketserlikku Piibli mõistes.“

Avaldasin raamatu *Taevas tunnistab õiglusest* ja saatsin selle kogudustesse üle kogu Korea, hoolimata millisesse konfessiooni kogudus kuulus. Seejärel kuulsin kord palvetades, kuidas Jumal sellised sõnad mulle ütles:

„Sul oli võimalus konfessioonist ise välja astuda ning vältida seega autut välja heitmist. Sina aga ei teinud seda, et sedasi oma konfessiooni mitte alt vedada. Selline sulane ja laps on mulle meele järele. Sa valisid õige tee ning peagi saab sinust kirikute liidu juht. "

Jumal juhtis meid uue konfessiooni loomisele, selleks, et võiksime edaspidi põhjendamatuid piiranguid vältida ning anda kogu oma panuse Jumalariigi heaks. 1. juulil 1991.a. asutati Korea Ühendatud Püha Kiriku üldkoosolek ning minust sai selle president. Peale suure proovile paneku läbi tegemist tundsin, kuidas Jumal mulle suurema võimu annab.

Juhtivad tervendasmise koosolekud üle maa

Aastal 1986.a. ordineeriti mind pastoriks ning sellest peale kutsuti mind üle maa paljudele tervenduskoosolekutele kõnelema. Alates 1987.a. jutlustasin ma konfessiooni-sisestel tervenduskoosolekutel igal kuul Pohang'is ja Daegu's. Kõnelesin peamiselt Jumala poole palves hüüdmisest ning Jeesusest kui meie Päästjast. Need mõlemad teemad leiavad kajastust ka raamatus „Rist sõnum".

Teisel ja kolmandal koosoleku päeval hakkasid pastorid jutluse vahendusel armu saama ning said mõistma Jumala sõnas sisalduvat sõnumit. Nende käitumine muutus malbeks ja nad tänasid mind väga, erinevalt sellest, kuidas nad koosoleku algul käitunud olid.

Vanem diakoniss Boonhan Cho tervenes vöötohatisest

1990.a. märtsis sain ma kutse Daegu koguduselt ning läksin kohale. Sain külastada vanem diakoniss Boonhan Cho'd tema kodus. Ta oli siis seitsmekümne seitsme aastane ning kannatas kõvasti vöötohatise käes. Tema lapselaps diakon Joonha Hwang töötas Jinhae linna sõjaväe meditsiinitöötajana ning samal ajal tegi ta Korea ülikoolis oma doktori kraadi. Ta Joonha Hwang oli väga südamlik ja siiras usklik ning võttis tööst ja koolist mitmel korral puhkust, et oma vanaema eest hoolt kanda. Ka osales ta mõnda aega meie kiriku teenistustel, igatsedes Jumala sõna järele. Vanem diakoniss Boonhan Cho kannatas ka mädapaisetes käes, mis pidevalt katki läksid ning lisaks oli tal kõrvalnähuna liigesepõletik. Erinevad hädad põhjustasid talle nii palju vaeva, et ta kisendas piina käes pidevalt ööl ja päeval. Liigutada ei saanud ta üldse ning lebas seetõttu pikali. Ta jäsemed olid jäigad ning magamine ja söömine olid väga vaevarikkad. Temast olid järel vaid luud ja nahk ning ta peamiseks lootuseks oli kiiresti surma minna. Ning loomulikult olid need kannatused suureks katsumuseks ka kogu tema perele, kes tema eest hoolitsesid.

Asetasin käed ta kohale ning palvetasin ta eest. Õige pisut peale seda, kui palve lõpetasin, kisendas ta korraga: „Kuri vaim läheb välja!" ja tõstis oma parema käe üles. Kuna vöötohatis oli just ta paremal kaela poolel ja paremal õlal, oli just parema käe liigutamine talle kõige raskem. Peagi tõusis ta istukile ning tundis, et kuri vaim, kes tema haiguse põhjustajaks oli olnud, oli kadunud. Ta sai täiesti terveks.

Tema lapsed tahtsid tema eest hoolitseda, nende seas ta väimees, kes oli Daegu's asuva Kyoungbook rahvusliku ülikooli professor. Tema aga otsustas tulla Sõuli, rentis seal väikese maja kiriku läheduses ning elas hulga aega eeskujuliku kristlase elu, tundes endas Püha Vaimu täiust.

Hoolimata takistustest Daegu ühinenud tervenduskoosoleku vastu

4. mail 1990.a. kutsuti mind kõnelema Daegu linna, Jooahm'i mäe palvekeskusesse. Selle koosoleku läbi viijaks oli Kyeong Sang'i maakonna misjoniühing. Inimesi oli nii palju kohale tulnud, et istuti isegi altari juures. Kuid soovijaid oli enam, kui ära mahtus. Nii eemaldasime me aknaklaasid, et ka väljas seisjad juttu kuuleksid. Koorilauljad ei mahtunud samuti hoonesse ning pidid väljas seistes laulma. Jumala armu läbi tulid kohale ka paljud pastorid ning sel koosoleku leidis aset palju tervendamisi.

Kuna koosolek oli väga edukas olnud, korraldas koosoleku läbi viija järgmisel aastal suurema koosoleku ja selleks puhuks renditi Daegu Gümnaasiumi ruumid. Seda ettevõtmist toetasid oma palvetega paljud misjoniühendused. Konfessioon, kes mind hukka mõistis, püüdis seda üritust aga nurja ajada.

Täpselt üks nädal enne koooslekut, reedeöise teenistuse ajal, sain ma korraga Jumalalt sõna. Jumal tahtis, et kõik koguduse liikmed paastuksid saabuval pühapäeval ühe päeva – soovisime sellisel moel Saatanat pühakojast eemale tõrjuda. Mina ei olnud veel selle ajani teadlik, mis Daegu's toimumas oli. Laupäeval sain ma aga oma koguduse töötajatelt kõigest teada.

Konfessioon, kes mind hukka mõistis, saatis koosoleku korraldajale, pressile ja muudele koosolekuga seotud organisatsioonidele ametliku kirja, milles ütlesid, et mind süüdistatakse ketserluses ning ma olen konfessioonist välja heidetud, soovides sedasi koosolek nurja ajada. Seepeale saatis pastorite konfessiooni „J" koosolek, kes olid seni koosoleku korraldamist toetanud, kõigisse kogudustesse kirja järgmise sõnumiga: „Kuna Rev. Jaerock Lee tegutseb ketserlikult, arvame me kõik need, kes koosolekul osalevad, samuti ketseriteks." Seetõttu jäime korraga ilma toetavatest organisatsioonidest ja pastoritest. Ringi liikus palju ebatõeseid kuulujutte, sealhulgas kuuldus, et koosolek jääb päris ära.

18. märtsi 1991.a., omamata enne mingit sõna õigust oma seisukohti kaitsta, algas koosolek. Toetavad organisatsioonid, kes kirja uskuma olid jäänud, keerasid meile selja. Kuid hoolimata survest, mida konfessiooni koosolek osutas, tulid paljud pastorid siiski koosolekule. Kui tore, et see nii viimaks läks! Jumal liigutas meie koguduse liikmete südameid ning nad läksid kõik Daegu'se ning tegelesin usinalt koosoleku ette valmistamisega. Koosolek läks hästi korda, selle läbi viijaks oli viimaks meie kogudus, osalejaid oli palju ning Jumal õnnistas meid rohke armuga.

Kuri vaenlane oli püüdnud koosolekut igal moel takistada, kuid kuna Jumal teab kõiki inimeste mõtteid ja plaane, lasi ta meil selleks varem palju palvetada ning paastuda. Viimaks aitas ta kõiges.

„Mis me siis ütleme selle kohta? Kui Jumal on meie poolt, kes võib olla meie vastu? Tema, kes oma Poegagi ei säästnud, vaid loovutas tema meie kõikide eest, kuidas ta ei peaks siis koos Pojaga meile kõike muud kinkima? Kes võib süüdistada Jumala valituid? Jumal on see, kes õigeks teeb. Kes võib meid hukka mõista? Kristus Jeesus on, kes suri ja, mis veel enam, kes üles äratati, kes on Jumala paremal käel ja kes palub meie eest. Kes võib meid lahutada Kristuse armastusest? Kas viletsus või ahistus

või tagakiusamine või nälg või alastiolek või hädaoht või mõõk? Nagu on kirjutatud: „Sinu pärast surmatakse meid kogu päeva, meid koheldakse nagu tapalambaid." Kuid selles kõiges me saame täieliku võidu tema läbi, kes meid on armastanud." (Pauluse kiri roomlastele 8:31-37)

Usu läbi uude pühamusse minemine

1987.a. märtsis ei suutnud me kõiki soovijaid oma pühamusse enam ära mahutada ning hakkasime paluma uue ja suurema paiga leidmiseks. Shindaebang 2 Dong'is, kus me oma kiriku tegevusega alustasime, oli ehitatud uus ehitis ning me rentisime sellest teise ja kolmanda korruse.

13. kuni 17. aprillini pidasime me uude hoonesse kolimise tervenduskoosolekut. Koosolek kandis nime „Ma ei vasta mitte igaühele, kes hüüab minu poole, öeldes ,Issand'" ja ma jutlustasin armust, Pühast Vaimust, usust ja igavesest elust. Kolm kuud peale seda, kui olime uude ja suuremasse hoonesse kolinud, oli pea 1600 ruutjala suurune hoone taas rahvast täis!

Palves hüüdmine

Nii nagu tänagi, palvetasid meie koguduse liikmed igal päeval kolm tundi Taanieli öisel palvekoosolekul. Kuna hoone oli ehitatud nii, et see ei pidanud heli, siis tuli väljast palju segavaid hääli sisse ning me täitsime aknaaugud soojustusmaterjaliga Styrofoam. Hea oli, et kiriku ees asus turg ja seal ei elanud inimesi.

Läheduses oli aga ka elumaju ning ühel koosoleku võttis ükskord sõna üks inimene, öeldes, et kirikust tuleb liialt palju lärmi. Üks teine naine aga ütles seepeale: „Kiriku aknad on isegi suvisel ajal suletud ning lisaks on helipidavust ehitusmaterjalidega parandatud. Ja kui ma palveid ka kuulen, siis on su mu kõrvadele justkui hällilaul." Rohkem sel teemal ei räägitud. Ühel korral kaebas üks kodanik ka politseisse ja politseinikud tulid koha peale asja uurima. Kaebuse saanud politseinik ütles: „Sina magad ja need inimesed siin palvetavad meie rahva eest, saamata sõba silmale?" Nii ei jäänud kaebajal enam midagi öelda.

Kriisist Jumala armuga üle saamine

Jumala sooviks oli, et me ei jääks ühele kohale seisma ning rahule kõigega, mis oli toimunud. Ta andis meile proovikivi ning seetõttu saime peagi suuremasse kohta kolida. 1988.a. aprillis oli inimesi juba nii palju, et mitte vaid pühamu ise, aga ka kõik trepid, kontor ja koridor olid rahvast täis. Sel ajal oli hoone keldrikorrusel supermarket, millel ei läinud kuigi hästi ja poe pidajad mõtlesid äri sulgemise peale. Me olime juba sõlmid lepingu eesmärgiga saada need vabaks jäävad ruumid enda kasutusse, kuid korraga muutsid asjasse pühendatud inimesed oma meelt. Nad lasid lahti kuulujutu, justkui üritaks kirik lähedusest kõik kauplejad välja süüa.

Protestiks hakkasid nad pühapäeval kiriku värava eest

śamaani rituaale läbi viima ning korea trumme valjusti taguma. Isegi kui me politsei kohale kutsusime, tulid nad, kuid selleks ajaks oli kõik juba lõppenud. Kõige selle taga oli linnavalitsus. Sel ajal külastas üks härra „S" opositsioonipartei meie kirikut mitmel korral ning meie vahel valitses sõprus. Enne valimisi olin ma tema eest palvetanud ning ta osutus hiljem valituks. Seejärel jõudis üks võimul oleva partei kandidaat, kes oli valimistel kaotajaks jäänud, järeldusele, et kuna meie kogudus toetas opositsioonierteid, siis on temal võitmine kindlasti väga raske. Nii kasutas ta oma võimu ning üritas meie kogudust valitsuse ja politsei abiga tõrjuma hakata. Sain sellest kõigest alles hulga aega hiljem teada. Koguduseliikmed ütlesid mulle, et selline olukord häirib neid juba väga ning nad oleksid selle vastu protestima tahtnud hakata. Ka pakkusid nad välja, et me võiks õigusabi taodelda, kuid ma laitsin selle mõtte maha. Lohutasin neid Jumala sõnaga ning õpetasin, et Jumala soovi kohaselt peaksime me kurjale heaga vastama.

Koguduse liikmed jäid mu nõuannet kuulama. Nad kannatasid ning püüdsid teenida neid, kes meid kiusasid. Aeg läks edasi, aga süüdistused muutusid aina tõsisemateks. Teenisuste häirimiseks tulid nüüd kohale juba Dong'i ametnik, kohaliku omavalitsuse ametnik, kohalik meditsiinitöötaja, naiste assotsatsiooni president ning isegi kõrges eas kodanikud; kord päevas käis meie tegevust segamas tuletõrje, kes üritas ohutust kontrollida.

Põlvitasin maha ja palusin Jumalat. Ning siis ühel päeval kuulsin, et need, kes meie kogudust välja tõrjuda olid püüdnud, soovisid väga minuga kõnelda. Läksin kohaliku omavalitsuse asukohta ning mind olid seal ootamas kümme esindajat erinevatest kohalikest üksustest.

„Pastor, päästke meid! Me tunneme justkui langeks me alla

põrgusse." „Meie sooviks on elada rahus, kuid ruumi on meil vähe ning raha ei ole meil ka." „Pastor, kui palju te selle eest tahaksite, et oma pühamu teise kohta üle kolida?"

Nad rääkisid mulle oma loo ja ma nägin, kuidas Jumal selles loos kaasa rääkis. Paljud neist, kes olid meie eemale tõrjumisel kõige suuremat tööd teinud, olid korraga haigeks jäänud ja kannatasid erinevate tõbede käes. Kuuldus sellest levis väga kiiresti. Palju olid hakanud juba ainuüksi uudiste kuulda saamist kartma. Need, kes meie vastu kõige tulisemalt kaevanud olid, tundsid end nüüd alla põrgusse langevat. Ja kuna korraga ei osanud nad oma hirmuga enam midagi peale hakata, siis tahtsid nad nüüd minuga kohtuda. Nad andsid meile 300 miljonit woni (300000 USA dollarit), summa, mis meile uue kohta kolimiseks vaja oli. Meil polnud olnud isegi mitte paarituhandet dollarit ja nüüd korraga saime sellise suure summa enda käsutusse.

Kui Abimelek Saara võttis, arvates, et ta Aabrahami õde on, ilmus Jumal talle unenäos ja andis teada, et Saara on Aabrahami naine ning käskis tal Saara tagasi saata. Abimelek ei saatnud tagasi ainuüksi Saara, vaid ka lambaid, lehmi ja teenijaid (1. Moosese raamat 20). Kuna Jumal tegutses, sai Aabraham raskustest jagu ning teda koheldi hästi. Samal moel tuli meie kogudus kriisist välja Jumala vahele segamisega.

Maa, mille Jumal meile valmistanud oli, laius meie ees

Me palusime: „Jumal, anna meile 54000 ruutjala suurune maatükk." Kiriku lähedal oli üks maatükk suurusega 6000 ruurjardi ning me palvetasime palju, et saaksime sellel asuvasse hoonesse kolida. Siis aga ühel päeval 1990.a. kuulutati, et Õhujõu

Akadeemia, mis asus Boramae pargis, kolib mujale ning see paik jääb edaspidi lihtsalt pargina kasutusse. Sõuli linnavalitsus asus tegutsema, et seda maa-ala erakätesse müüa. Ma tajusin, et see on maa, mille Jumal meie jaoks valmistanud on. Koht oli hea ja igati sobiv. Aimasin, et sel põhjusel olime me ka Shindaebang Dong'is oma kiriku avanud. Palvetasime Boremae pargi enda kätesse saamiseks ning Issand ütles meile: *„Ma olen valmistanud teile maa, minge ja võtke see. Kogu konfessioon peab selleks oma usku üles näitama. Kui te maa enda kätte saate, kannan mina juba kõige muu pärast hoolt.“* Korraldati enampakkumine ning ka meie kogudus osales selles, kuid ainüksi 4000 ruutjardi ostmiseks oli meie koguduses vähe usku. Vaid teatud hulk koguduse liikmeid näitasid üles suurt usku.

Jumal juhtis iisraellasaed Kaananisse, kuid kuna nad ei kuuletunud, siis ei jõudnud nad sinna. Üksnes nende lapsed jõudsid. Kuna me ei suutnud vajalikku usku üles näidata, juhtis Jumal meid teise kohta, Guro Dong'i. Seal oli ta valmistanud meile tööstusrajoonis ühe hoone kokku umbes 10000 ruutjardi maaga.

Uue pühamu sisse õnnistamise teenistus ja jätkuvad takistused

Guro tööstuskomplekt oli kohaks, mis näitas Korea tööstusele teed ette. Selles paigas oli palju tehaseid. Meie neljandas pühamus, Guro Dong'i pühamus, oli olnud varem ettevõte nimega Shin Ae Elektroonika. Enne, kui ettevõte pankrotti läks, kohtusin ma selle omanikuga.

Omanik ütles mulle: „Vanempastor, ma sooviksin ehitada Manmin Joong-ang'i kiriku pühamu." Ta kohtus minuga esimest korda ja ütles, et tahab midagi sellist teha. Mina võtsin ta öeldut tõsiselt ja vatsasin „Aamen." Hiljem läks ettevõte pankrotti ja omaniku põgenesid Ameerika Ühendriikidesse. Vanem diakoniss Shin-ae Hyun'ist sai selle paiga juhataja. Kuid kuna ettevõttel oli suur tasumata võlg, toimusid tööseisakud ning töötajatele olid tasud maksmata, siis nägi ta ka palju vaeva. Ja nii hakkas ta paluma, et tema käsutuses olev valdus saaks tulevikus Jumalariigi head kasutada ning selle võtaks oma kätte mõni tuntud pastoritest. Seepeale sai ta Jumalalt vastuse: *„Anna maa Rev. Jaerock Lee kätesse, keda ma armastan."* Ta uuris, kust mind leida ning jõudis viimaks minuni. Ta helistas mulle ning ma läksin tema kutse peale kohta, kus ma teda viimaks ametlikult kohata sain. Läksin Yongsan'i, kohta, kus olin 1974.a. Jumala tervendamist kogeda saanud. Peale seda olin temaga ametlikult vaid ühe korra kohtunud ning ta ei mäletanud mind enam.

Ta rääkis mulle, kuidas tal mind viimaks leida oli õnnestunud. Jumal liigutas mu südant sellest jutust väga ja me otsustasime koos edasi tegutseda. Meil oli nüüd vaja 10 biljonit woni (10 miljoni USA dollarit), ning selleks, et ka tööjõuga seonduvad probleemid lahedatud saaksid, oli vaja veel 2 biljonit dollati (2 miljonit USA dollarit).

Uue pühamu sisse õnnistamise teenistus

10. veebruaril 1991.a. lahkusime me Shindaebang Dong'i hoonest ning kolisime üle uude Guro Dong'i ehitisse ning viisime läbi sisse õnnistamise teenistuse. Tasusime võlad ning maksime välja töötasud. Seejärel hakkasime hoonet pühamuks ümber ehitama.

Kolides oli meil vaid 300 miljonit woni (300000 USA dollarit), olime selle vana hoone eest saanud. Nii et reaalselt olukorrale vaadates oli seis kehv. Meie aga olime kindlad, et Jumal juhib ja aitab meid ning marssisime edasi tugevas usus. Aasta pärast seda, kui me hoonesse sisse olime kolinud, pani pank hoone uuesti oksjonile, meil aga raha polnud. Pank saatis meile teate: „Teie, kogudus, lahendasite ettevõtte tüli tööühinguga ning kulutasite remonditöödele palju raha. Kuid kes teie arvates selle maaga tegeleb?" Pank andis meile nõu osta see maa, kui hind alla läheb. Reaalsus oli aga teistsugune. Üks ettevõte ostsis selle maa ära ning nende ideeks oli seal kinnisvara arendust tegema hakata. Meil paluti hoone tühjaks teha. Loomulikult puudus meil varuplaan, kuhu minna ja me ei saanudki kuskile minna.

15. veebruaril 1992.a. ostis see ettevõte maa endale ning tõstis kõik meile kuuluva hoonest välja. Meie, koguduse liikmed, püüdsime neid takistada, kuid üle võtjad olid nii ülbed, et kasutasid lausa füüstilist vägivalda. Ettevõte alustas meiega õiguslikku vaidlust, öeldes et me oleme seadust rikkunud. Selle kõige läbi muutus kirik koguduse liikmetele veel armsamaks ning Jumal lasi meil seetõttu palju palvetada. Seejärel aga toimus muutus – Jumal muutis ettevõtte juhtkonna südameid, meil õnnestus nendega koostööleping alla kirjutada ning peagi asusime me maatükki ise välja ostma.

Takistused Sõuli Evangeelsele Ristiretkele

18. – 21. mail 1992.a. pidas „1995 rahvuse taasühinemise ja juubeli ristiretke organiseerimise koosolek" meie kirikus „Sõuli Evangeelset Ristirekte." Seda viidi läbi Rahva Taasühinemise ja Evangeelse Liikumise poolt koos *The Kukmin Ilbo,* Kaug-Ida Levitamise ettevõtte, Kristliku Levitamise Süsteemi, *The Christian Newspaper, The Korea Church Newspaper* ja Politsei Kaplani abiga. Saatan aga oli selle koosoleku korraldamisele vastu seismas.

Jutlustajate seas olid ka mõned sellised nimekad pastorid nagu pastor Hyeon-gyoon Shin ja pastor Jaechul Hong. Neile käidi peale, et nad ei astuks sellel koosolekul üles. Leidus taas selliseid, kes minu kohta ketser ütlesid ning tuletasid meelde, et mind on minevikus konfessioonist välja heidetud. Pastoritele öeldi, et kui nad sel koosoleku üles astuvad, tuleb neil tulevikus ebameeldivusi kannatada. Jutlustajad teadsid, et ma olen mees, kes talitab oma usu kohaselt ning ma järgin kõiges Issandat Jeesust, ometi aga ei võtnudki nad koosolekust osa. Sellegi poolest toimus koosolek edukalt ja Püha Vaim aitas sellel palju kaasa. 14.-17. septembril samal aastal peeti meie kirikus Korea Kristliku Liidu poolt Sõuli Kodanike Evangelismi Ühendatud Ristiretk ning sellel jutlustasid kaheks pastorit, nende seas pastor Jongman Lee.

Uuestisünd koos Pühaduse Konfessiooniga (Anyang)

1992.a. veebruaris hakkas Korea Püha Kristlik Kirik (Anyang), konfessioon, kes mind süüdistanud oli, meie kogudust ründama. Meie kogudus kasvas väga kiiresti ning meist oli päris oma konfessioon kujunenud. Pastor „Y", konfessiooni tolle-aegne president, oli Korea Kristlikule Nõukogule ja pressile meist mitmeid kuulujutte rääkinud. See polnud ainüksi laim ja halbade juttude levitamine, aga tõi endaga kaasa ka pühakirja levitamise takistamist. Viimaks otsustasime, et meil ei jää muud üle, kui kaevata pastor „Y" alusetu laimu tõttu kohtusse.

Kohtuotsuse kohaselt pidi pastor „Y" maksma teatud rahasumma ning teda oleks peaaegu vanglasse saadetud. Ta oli väga suures meeleheites ning palus meilt läbi pastor Taekgu Sohn'i mitmel korral, et me oma kaebuse tagasi võtaksime. Ka pastor Taekgu Sohn palus meid, et me kaebusest loobuksime. Pastor „Y" oli samal ajal lubanud, et ei osale enam kirikute assotsiatsiooni tegevuses ning tegeleb üksnes teenimisega.

Pastor „Y" oli selleks ajaks juba küllalti kõrges eas ja mul oli temast hale. Nii otsutasin, et nõustun pastor Taekgu Sohn ettepanekuga ning võtan kaebuse tagasi, kuid jurist, kes meie asjaga tegeles, oli väga selle vastu. Tema nõuandeks oli: „Kaebust ei tohiks mitte mingil juhul tagasi võtta. Olen tema varasemaid tegusid uurinud ning kui me nüüd asja lõpuni ei lahenda, kordub kõik taas peagi." Mina aga tegin vastupidi juristi soovitusele, kirjutasin alla lepituskokkuleppele ning võtsin kaebuse tagasi.

20. aprilli 1993.a. kohtusime me pastoriga, kellega vaenujalal olime ning kirjutasime rahukokkuleppe alla. Ka täna on mul see kokkuleppe dokument veel olemas. Pastor „Y" kirjutas alla dokumendi, milles ütles järgmist: „Ma kahetsen, et olen levitanud teatavaid materjale ning et olen Rev Jaerock Lee'd ning Manmin Joong-ang'i kirikut laimanud. Annan endast parima, et midagi sellist tulevikus enam ei sünniks ning keskendun vaid teenimisele." Loobusime kohtuasjast ning andestasime talle, kuid läks nii nagu jurist ennustanud oli – selle asemel, et rahus edasi elada, jätkas pastor meie tegevuse takistamist. Enda vabanduseks ütles ta: „Minu vabandused olid vaid minu kui eraisiku vabandused, mitte aga kui konfessiooni presideni vabandus."

Piiblile tuginev ketserlus

Kiire uuesti sünni tõttu sain ma väga tuntuks, kuid samal ajal hakkasid paljud mind ketseriks pidama ning seda paljuski tänu Korea Püha Kristliku Kiriku õhutusele. On ju ikka nii, et need kes meid kohanud ei ole, pole iial mu sõnumit kuulnud ega meie koguduse viibinud, otsustavad selle põhjal, mida teised neile räägivad. Sama moodi on Piiblis kirjas, et apostel Paulust, kes terve oma elu Jeesus Kristust kogu südamest armastas ning pühakirja jagas, süüdistati ja peeti hulluks, tõeliseks katkuks ning mässule õhutaja naatsaretlaste seas (Apostlite teod 24:5).

Siinkohal tuleks meil üle vaadata, mis on ketserluse definitsiooniks Piiblis. Peetruse teine kiri 2:1 ütleb: *„Aga rahva seas on ka valeprohveteid, nõnda nagu teiegi sekka tuleb valeõpetajaid, kes vargsi toovad sisse hukutavaid eksiõpetusi ja salgavad ära Issanda, kes on nad vabaks ostnud. Nad tõmbavad iseeneste peale äkilise hukatuse."* Issand, kes on nad vabaks ostnud, on Jeesuse Kristus. Seega ei ole Piiblis enne seda, kui Jeesus risti löödi, kui ta surnuist üles tõusis ning oma tegevuse Päästjana lõpule viis, kordagi ketserlusest juttu. Vana Testamendis ega neljas evangeeliusmis – Matteuse, Markuse, Luuka ega Johannese evangeelimis - ei esine seda sõna kunagi.

Neljas evangeeliumis ei kasutanud isegi mitte kirjatundjad, fariserid, preestrid ega kõige kõrgemad preestrid Jeesuse süüdistamisel sõna „ketserlus". Alles siis, kui Jeesus surnuist üles tõusis ning täitis oma osa Kristusena, hakkasid isegi need, kes varem olid Teda eitanud kui „Issandat, kes nad endale ostnud oli", teisiti mõtlema ning üksnes Peetruse 2. kirjas nimetatakse neid ketserlikeks inimesteks. Nimi Jeesus tähendab „Tema, kes päästab rahva nende pattudest" (Matteuse 1:21) ja Kristus täheb „Salvitud" või „Võitud". Alles siis, kui Jeesus risti oli löödud ja Ta üles tõusis, oli Ta täitnud oma kohuse Kristusena ning temast sai Päästja.

Seetõttu on oluline öelda palvetamise lõppedes sõnade „Palun Jeesuse nimel" asemel sõnad „Palun Jeesuse Kristuse nimel" ja sellised sõnad on vaimulikus mõttes õigemad. Johannese esimene kiri 2:22 ütleb: *„Kes on valetaja? Eks ju see, kes salgab, et Jeesus on Kristus. Antikristus on see, kes salgab Isa ja Poega."* Nii on ketserlus Kolmainsuse (Jumala Isa, Poja Jeesuse Kristuse ja Püha Vaimu) eitamine. Jumala silmis ei ole õige mõista hukka ega otsustada ühegi isiku ega koguduse üle, kes usub Jumalat Isa ja tunnistab Jeesust Kristust kui oma Päästjat.

Kui keegi mõistab hukka koguduse, kus Jeesuse Kristuse nimel Püha Vaimu teod aset leiavad ja Piibel hoiatab, et sellist pattu ei anta andeks. Püha Vaim on üks osa Kolmainsusest ning kui inimesed väidavad, et Püha Vaimu teod on Saatana teod, siis nimetavad nad sellega Jumalat ketseriks ja kuidas võiksid sellised inimesed päästetud saada? Matteuse 22:2 räägib, kuidas Jeesus tervendas inimese, kes oli kurja vaimu tõttu pime ja kurt. Variserid mõistsid Jeesuse tegevuse hukka, öeldes: *„ See ei aja kurje vaime välja kellegi muu kui Peltsebuil, kurjade vaimude ülema abil. "* Jeesus vastas: *„ Seepärast ma ütlen teile: Inimestele antakse andeks iga patt ja teotamine, aga vaimu teotamist ei anta andeks. Ja kui keegi ütleb midagi Inimese Poja vastu, võib ta saada andeks, aga kui keegi ütleb midagi Püha Vaimu vastu, ei andestata talle ei sellel ega tuleval ajastul. "* (Matteuse 12:31-32).

Kui variserid Jeesuse poolt Jumala abi ellu viidud Püha Vaimu tegusid hukka mõistsid, oli see Püha Vaimu teotamine. See oli sedavõrd tõsine patt, et seda ei saanud andeks anda ning neid ei olnud võimalik päästa.

Surmani vere valamise proovile panek

1992.a. juunis toimus meie koguduse mitmeid raskeid asju, millest mul ei olnud võimalik kellegagi rääkida ning ma elasin mitmeid päevi saamata sõba silmale. Väsimus kasvas väljakannatamatuks. Mõned abipastorid ning töötajad olid palvetamise unarusse jätnud ning nii andis Jumal meile ühe õppetunni. Olin võtnud enda kanda suured töökoormad ning tundsin end nii läbi põlenuna ja pinges, justkui võiks mu ajust kohe verd pursata. Kui koguduse liikmed haiged olid, palvetasin nende eest. Mis aga saanuks siis, kui ka mina haige olnuks ja tõepoolest mu pea lõhkenud oleks? Jumal tegi nii, et enne kui asi päris kehvaks oleks läinud ja ma pidanud hemorraagi käes kannatama, läks esmalt suur veresoon mu ninas katki.

13. juuni 1992.a. oli laupäev. Peagi oli toimumas üks laulatus-tseremoonia ning enne seda läksin ma natukeseks õue. Korraga hakkas mul ninast verd jooksma ning pidin paluma teisel pastoril

enda eest teenistus läbi viia. Verd tuli rohkelt nii ninast kui ka suust. Kogu pärastlõunal jooksul jooksis verd enam kui poolteist tundi. Järgmisel öösel kordus sama ning kestis enam kui ühe tunni. Istuda sain ma vaid nii, et pea oli allpool. Iga kord, kui püüdsin pea üles tõsta, tundsin verd kurgust alla voolavat.

Pühapäeva hommikul olin just pesema minemas, kui verd hakkas taas tulema ning kirikusse ma minna ei saanud. Taas tuli läbi ninasõõrmete välja palju verd ja see voolas isegi kaelale. Mõtlesin endamisi, kust selline suur kogus verd küll tulla saab.

Enamu kui 100 koguduse liiget olid toimunust kuulda saanud ning kogunesid minu juurde koju. Mulle tuldi appi, aidati algul taskurätikute ja hiljem käterätikutega, verd ära pühkida, kuid kuna verd oli ikka väga palju, siis oli meil juba üht anumat minu ette vaja. Kõik teadsid, et maailmast pärinevaid meetodeid ma ei kasuta ning haiglasse minekut isegi ei mainitud.

Korraga tundsin, et tahaksin väga kirikulaulu kuulda ning palusin koguduse liikmeid selleks. Üks inimene tuli ning laulis üht kirikulaulu. Kuulasin seda, südames oli rahu ja tundsin, kui väga ma taevasse minna tahaksin. Aegamööda hakkasin kaotama jõudu ning kaotasin teadvuse. Mu vaim aga muutus aina selgemaks ning rohkem täis Vaimu.

Elu ja surma ristteel

Sel hetkel andis Jumal mulle korraga teada nende inimeste vaimuliku olukorra, kes mind seal ümbritsesid. Kõnelesin neile, et nad unustaksid oma ülbuse ning ebatõesuse, mida Jumal ei kannata, ning andsin oma pere liikmetele teada oma viimasest tahtest. Hiljem sain aru, et kogu meie kogudus oli minu eest palvetamas.

Südamelöögid peatusid ja ka hingamine jäi seisma. Hetk peale seda, kui ma teadvuse kaotasin, tundsin, kuidas mu vaim kehast lahkus. Kuulsin, kuidas üks vanematest, Boaz Lee, ja teised nuttes ning pisarates palvetasid: „Jumal, luba palun, et meie pastor tuleks ellu tagasi!" Nad rääkisid mulle hiljem, et katsusid mu käerannet ja sellel ei olnud enam pulssi tunda. Nad katsusid ka mu rindkeret ja see oli külmaks muutunud. Sel hetkel tuli Issand mu juured.

„Mu sulane, kas sa tuled minu juurde või lähed sa tagasi oma teenistust täitma?"

„Issand, ma tahan Sinu juures olla."

Elasime sel ajal rendimajas, mille eest tuli igal kuul renti tasuda. Mul ei olnud ühtki maja ega mingeid sääste pangakontol. Oma perekonnaliikmete pärast ma ei muretsenud, tundsin vaid, et tahan minna taevasse. Siis aga näitas Jumal mulle kahte võimalikku varianti. Kui ma Issanda juurde läinud olin, tuli Saatan ja ründas meie kogudust. Pühamu langes kokku ning paljud kiriku teenijad läksid tagasi maailma, valides hukatuse tee. Mõned liikmed liikusid taeva värava suunas, paastusid ja palvetasid, kuid enamus meie konfessioonist kaotas oma tee, liikus tagasi maailma ning põrgu teed pidi. Siis tulin ma teadvusele.

„Issand, aita mul tagasi minna. Tahan tulla Sinu ette siis, kui oleme oma koguduse liikmetega suurepärase pühamu valmis saanud."

Palusin, soovides elada. Ülevalt tuli alla valgus ning ma

kuulsin kõva häält. Tõusin istukile ning palusin vett juua. Hiljem aga sain aru, et vesi, mida joonud olin, muutus vereks mu ihus. Tõusin püsti ja läksin elutuppa. Mõned koguduseliikmed, kes ei olnud saanud minu tuppa tulla, olid seal nutmas ja palvetamas. Nende üllatus oli väga suur ja nad rõõmustasid väga. Surusin neil kõigil kätt ning vestlesin nendega. Mu nägu hakkas taas jumet võtma. Igasugused märgid surma minemisest olid kadunud. Mu teadvus aga ei olnud veel päris taastunud ning ma mäletasin vaid seda, mis mulle räägiti ning detailselt ma juhtunut ei mäleta.

Sellest peale, kui mul kunagi verd jooksis, jõin ma vett. Varem olid mulle muud kerged joogid rohkem meeldinud, kuid nüüdsest peale hakkasin palju vett jooma. Olin kaotanud tohutult verd ning võinuks selle kätte surra. Issand aga muutis vee mu kehas vereks ning ma jõudsin veendumusele, et igal korral kui mul verd jookseb, tuleb mul vett juu ning Jumal muudab selle vereks. Kuna ma teadsin nüüd, et isegi mu verejooks oli Jumala poolt ette kindlaks määratud, siis puudus mul nüüdsest alati soov meditsiinist abi otsida. Usaldasin kõikvõimast Jumalat kõiges ning andsin kõik Tema kätesse.

Haiglasse minekuks puudus mul igasugune soov. Kui Jumal tahtis minu vaimu, polnuks mul mõtet edasi elada. Ma valiksin surma vaid siis, kui see oleks Jumala soov. Tunnen kõikvõimalust Jumalat paremini kui keegi teine, olin tervendanud Jumala abiga paljusid ning kui ma ei oleks olnud suuteline tervendama usuga, siis kuidas saanuks ma konfessiooni veenda usuga tervendama? Seetõttu valinuks ma pigem surma kui lootmise haigla peale. Vaatasin oma surmale vastu õnnelikuna, andes oma viimasest tahtest perele rahuga teada. Kuid kuna Jumala sooviks ei olnud mitte minu surm, siis viis Jumal mu hetkega ellu tagasi.

Aabrahami proovist läbi minek

Kui verejooks õhtul viimaks järele jäi, sõin ma õhtust ning läksin palvetama. Öösel aga jooksis verd uuesti, see kestis umbes tund-poolteist ning sama kordus järgmisel hommikul. Ma ei saanud ei süüa ega pikali olla. Olnuks ma pikali visanud, jooksnuks veri südamesse ning nii tuli mul külili istuda, pea allapoole. Pühapäeval olin ma taas oma palvekambris palvetamas. Pidasin omaette väikest teenistust, kasutades abimehena jutluse „Tervendaja Jumal" videokassetti, mille varem linti olin lugenud. Kui videokassett jõudis „Haige palve" kohani, peatus verejooks korraga täielikult. Läbi selle kogemuse sain taas tunda, kui tugev on haige palve.

Arvestasin kokku, kui kaua mu verejooks kestnud oli. Kaheksa päeval jooksul oli verejooks kestnud kokku kakskümmend neli tundi. Kui verejooks jätkus, jõin vett, see muutus vereks ning nii jätkus see kaheksa päeva. Nii oli Jumal mind kaheksa päeva proovile pannud, kuid ma ei kaevelnud kordagi ega olnud Jumala peale pahane nagu Iiob seda teinud oli. Olin üksnes väga tänulik. Isegi kui mul oleks tulnud surra, tähendanud see Issanda poolele üle minekut ja see tähendanuks õnnelikult taevas elamist. Nii ei olnud mul mingit põhjust kurb olla.

Kui ma pikali olin, jooksis verd rohkem. Pidin istuma pidevalt pead all pool hoides. Mõtteid, mille üle mõtiskleda, oli peas palju. Jumal oli andnud mulle palju võimu, kuid mina ei olnud osanud oma konfessiooni hästi usule juhtida, ma ei olnud kontrollinud koguduse töötajaid piisavalt ning ka pühamu oli meil veel püstitamata. Mõtisklesin kõige selle üle ning muutusin aina enam nukramaks Jumala ees. Veetsin 8 päeva ilma magamata, kahetsedes kogu südamest Jumala ees.

Kuna olin tänumeeles olnud hästi valmis oma elust loobuma,

kui Jumal seda minult nõudis, siis tervendas ta mu kaheksa päevaga. Hiljem andis Jumal mulle teada, et niisamuti kui Aabraham läbis oma poja Iisaki ohverdamise testi ja Jumal ei lasknud asjal viimaks halvaks minna, nii olin ka mina testi läbinud. Sellise testi läbinuna sai Jumal mind rohkem usaldada ning ma sain rohke õnnistuse osaliseks. Juhtunu muutis ka koguduse liikmeid, see äratas nad taas usule ning kogudus toetus nii tugevale alusele.

Olgugi, et ma olin ajaga määratud eshatoloogia osas hoiatanud

1984.a., peale kiriku avamist, jagasin ma sõna märkidest lõpuaegade kohta ja tegin seda läbi inspiratsiooni, mis ma Jumalalt sain. Rääkisin suhetest Lõuna-Korea ja Põhja-Korea vahel, numbrist 666, Euroopa Liidust ja nõnda edasi. Suhted Lõuna ja Põhja Korea vahel olid sel ajal väga halvad, majanduslik olukord polnud kiita ja isegi krediitkaardid olid vähe levinud, nii et koguduse liikmete jaoks oli teema tuttav.

Jeesus küsis: *„Ometi, kui Inimese Poeg tuleb, kas ta leiab usku maa pealt?"* (Luuka 18:8) Nii püüdsin ma anda endast maksimumi, et uskujatesse ususeemet külvata nii, et nad sel lõpuajal head vilja kandma saaksid. Jagasin sõna lõpuajast ning hakkas levima kuuldus, justkui oleks ma maailma ajastule piiri paika pannud. Minu artikleid leidus ajalehtedes, ajakirjades ja neid kajastasid muud kommunikatsioonivahendid. Sain maailmale taas tuttavaks.

Artiklites leidus ka seda, mida ma öelnud ei olnud. Pastor „L", kes tegeles eshatoloogiaga, teatas, et ka mina olen asjasse segatud. Enamus artikleid olid üldiselt siiski päris meeldivad, kuid üks teatud härra „T" ütles ühes ajakirjas, et ma olevat väitnud ennast teavat päeva, mil Issand tagasi tuleb. Ma ei võtnud selliste tegevuste peale midagi ette, teadsin, et kõik leiab omal õigel ajal lahenduse.

Tänaseks on avaldatud kõik minu jutlused ning neid müüakse avalikult. Alates kiriku avamisest olen kogudust alati õpetanud, et nad oleksid igal ajal vahel nii nagu neitsid, kellest kõneleb Matteuse 25. peatükk. Alljärgnevalt toon ära kuupäevad sel teemal peetud jutlustest algusest peale kuni 1992.a. keskpaigani.

„Täna loevad nii mõnedki teist raamatutest või kuulevad teistelt inimestelt sellest, ning kas on teie seas mõni, kes ütlevad end uskuvat, et Issand tuleb tagasi 10. või 28. oktoobril? Seda ei tohiks kunagi teha! Olete te mind kunagi aastast 1992 kuulnud kõnelemas? Ei ole. Olen teile vaid Jumala sõna õpetanud ning käskinud kõrvaldada endast patt ja elada valguses ja õigluses, riietades end Issanda pruudiks ja paludes pisarais. Isegi kui Issand tuleb homme, on meil vaja istutada õunpuu veel täna." (Kokkuvõte pühapäevasest teenistusest „Olge ärkvel" 19. jaanuaril 1992.a.)

„Matteuse 24. peatükis küsisid jüngrid Issandalt Tema taastulemise ja lõpupäevade märkide kohta. Jeesus kõneles neile märkidest, mida saadakse näha siis, kui Ta taas tuleb. Nii saame me selliseid märke näha... nähes inimesi, kes nõuavad selgitus 1992.a. oktoobri kohta, neist paljud on

lahkunud ning paljud ütlevad, et nad on peast segased. Mida Sina arvad? Kui sa armastad Jumalat ning tead Tema tahet, siis ei peaks sul sellise nõudmisega midagi tegemist olema. Sul ei ole vaja selliseid nõudmisi kuulata. Me saame päästetud usu läbi, mitte selle läbi kui me kas teame või ei tea, millal Issand taas tuleb. Jeesus on meie Päästja, ta lunastas meid patust, nii saame me andeks oma usu läbi, saame Jumala lasteks ning pääseme taevalikku kuningriiki. Nemad aga ütlevad, et saame päästetud ja selleks piisab vaid usust, ning nõuavad meilt päeva ja kuud, ja ütlevad, et kui me seda ei ütle, siis me päästetud ei saa. Kui rumal see on! Sellisel mõtteviisil pole Piibliga mitte mingit seost." (Väljavõte pühapäevasest teenistusest „Mis saab olema märgiks?" 31. mail 1992.a.)

Peatükk 7

Jumal laiendas
teenimise piire

Uks maailma evangelismile avatud

Maailma Püha Vaimu Evangeliseerimise Ristiretkel

1992.a. märtsil kutsuti mind rahvuslikule hommikusöögile, kus osalesid ka President ja võtmepoliitikud ning ma läksin sinna koos meie Nissi orkestriga. Sama aasta 14. ja 15. augustil osalesin ma „1992.a. Maailmale Püha Vaimu Jagamise Ristiretkel", mida peeti Yoido väljakul. Seda üritust peeti pealkirja all „Püha Vaimu sõna" ning tegemist oli tohutu rahvakogunemisega, millest võttis osa umbes 1 miljon inimest. Meie kogudus osales 200 liikmelise kooriga, Nissi orkestriga, ja 400 koguduse liiget teenisid vabatahtlikena liikluse korraldamises ja ürituse turvalisuse tagamisel.

Kohtasin selle ürituse käigus pastor Gwangsam Rah'i, kes oli Washington D.C. Püha Vaimu klubi president ja Püha Vaimu Evangeliseerimise Ristiretke alaline nõukogu esimees. Ma olin temaga keskkoolis koos õppinud ning ta teenis Washington

D.C.'s. Aega oli palju mööda läinud, olime näinud teineteist viimati kooli lõpetamisel ning nüüd kohtusime seal pastoritena.

Ta rääkis mulle, et oli endamisi imestanud ning mõelnud, et huvitav millisest kogudusest need vabatahtlikud tulnud on ning olnud üllatunud, kuuldes, et need liikmed on minu kogudusest. Me arutasime asju ning sellel üritusel sai alguse mõte teenida Ameerikas.

Washington D.C. Evangelismi Ühendatud Ristiretk

1993.a. avas Jumal korraga ukse maailma misjonile. Sain kutse jutlustada Washington D.C. Evangelismi Ühendatud Ristiretkel, mis toimus 6.- 8. augustil 1993.a. ja seda korraldas Korea Kirikute Ühendus. Ka varem oli selliseid kutseid palju tehtud, kuid ma ei saanud tol ajal neile vastata. Kuna sel korral oli tegemist Ameerika Ühendriikide pealinnaga, siis tundsin, et siin on Jumala tahe mängus ning otsustasin minna.

Washington D.C. Ühendatud Ristiretke korraldajate sõnul soovisid nad korraldada seda ettevõtmist selleks, et korealastesse tõelist usku süstida ning et nad näeksid, et Püha Vaimu abiga saab inimeste elus suuri muudatusi toimuda. Koosolek sai toimuma Wheaton Keskkoolis ja seda toetasid 180 kogudust Ameerka Ühendriikide kirde osast, nende seas Washington D.C., New York ja Baltimore. Kõik need kolm päeva oli täidetud Püha Vaimuga.

Esimesel päeval kõnelesin ma risti sõnumist, teisel päeval maisest usust ja vaimsest usust ning kolmandal päeval igavese elu õnnistusest. Kuulajad olid jutlustest väga haaratud ning kuulasid mu sõnumit, vastates kinnituseks „Aamen."

Valguses püsimisele õhutamine

Peale väga edukat ristiretke Washingtoni kutsuti mind samal aastal osalema „1993.a. LA Evangelismi Ristiretkele". Mind kutsuti selle ürituse presidendiks ning selle korraldajaks oli Korea linna Korea assotsatsioon ning see toimus Korea Linna Päeva 20. sünnipäeva pidustuste raames 19. septembril. Enne seda kogunemist lasi Jumal mul selle nimel palju palvetada. Läksin selleks kolmeks nädalaks mägedesse palvetama.

LA Evangelismi Ristiretke korraldajad palusid mul jagada sõnumit korealaste lohutamiseks, kuid seda ma ei teinud. Nad ei vajanud lohutust. Neil oli vaja kahetseda, et nad kohast kristlaste elu elanud ei olnud, et nad ei olnud Jumalat pühaks pidanud ning nende elus puudus valgus.

29. aprillil 1992.a. toimus LA ümbruses Ameerika mustanahaliste mäss ning korealased pidid kannatama suurte läbielamiste ja tagakiusamiste käes. Probleemi algeks oli valge- ja mustanahaliste vastasseis, seejärel hakkas mässav rahvahulk röövima ning süütama korealaste kauplusi. Paljud korea perekonnad kannatasid nii psühholoogiliselt kui materiaalselt.

Piibel õpetab meile, et kui me Piibli sõna järgi õiglast elu elame, siis meie hing õitseb ning kõik meie elus läheb hästi. Me võime nii olla kindlad, et Jumal hoiab kõik häda ja kurjuse meist eemal. Nii otsustasin võtta oma jutluse aluseks Apostlite tegude 4:11-12 ning anda ettekandele pealkirjaks „Miks on Jeesus meie ainus Päästja?" Jagasin risti sõnumit ning püüdsin külvata ususeemet. Õhutasin saama tõelisteks kristlasteks ning elama edaspidi vaid Jumala sõna järgi.

Seejärel kutsuti mind ühte kogudusse Irvine's. Peale kõigi nende koosolekut pidamist külastasin ma 21. septembril LA Linnavalitsust. Linnavalitsuse liikmed olid parajasti koosolekut pidamas, tegid sellesse pausi ning palusid mul palusin mul koos nendega palvetada. Nii ma ka tegin ning palusin neile õnnistust. Sain samal päeval LA maakonna aukodanikuks ja sain hiljem teada, et sellist asja tegid nad päris esimest korda. Võtsin osa Hõljuva Lille Festivalist, mis oli Korea Päeva Festivali kõige olulisem üritus ning sain seal hõljukiga sõita. Tegin seal ka palvet ning seda näidati kanalites KTAN, KATV, KTE ja väljaannetes *The Hankook Daily ning The Joong-Ang Daily.* Selle ürituse läbi sain ma korraga kogu maakonnas tuntuks ning kõik toimunu sai suureks auks Jumalale.

Jutluste tekstide aktiivne jagamine

1990.a. märtsist hakkas Kaugida Levitamise Ettevõte jagama minu jutluseid programmis nimega „Kauge maa, head uudised." Levitamine toimus Hiinas ning mõnedel aladel Venemaal. Sain sellest peale Korea hiinlastelt palju tänukirju ning paljud neist tulid meie kogudust külastama.

Sama aasta augustist hakati mu jutlusi Korea raadio abiga levitama Washington D.C.'s. 1992.a. detsembrist toimus pühakirja jagamine igal nädalal Busani Kristliku Levitamise Süsteemi poolt, 1993.a. novembrist Iri Kristliku Levitamise Süsteemi poolt ning 1994.a. veebruarist Cheongju Kristliku Levitamise Süsteemi poolt. Iga aastaga kasvas jutluste ette mängimise aeg ning igal nädalal jagati enam kui 900 minutit minu jutluseid. Selleks tuli mul jutlused linti lugeda ning tegemist oli üsna mahuka tööga. 20. – 22. mail 1994.a. jagasin ma sõnumit korealaste koosolekul Washington D.C.'s ja Baltimore's, korraldajaks Washingtoni Kristlik Raadio Süsteem (WCRS). Kui see läbi oli, palus vanem liige Yeong Ho

Kim, WCRS'i juht mul hakata WCRS'i nõukogu koosoleku esimeheks ning ma võtsin selle pakkumise vastu.

Paljud WCRS kuulajad vastasid mu jutlustele väga innukalt ning peagi olin ma selles maakonnas väga hästi tuntud. Juhataja Kim andis mulle edasi paljude kuulajate kirjad, milles nad jagasid oma arvamust et mu jultused on olnud tõeliselt kosutavaks pühakirja jagamiseks neile. Juht oli väga rõõmus, et kuulajad nii innukalt vastasid.

Usk on kinnitus asjadest, mida on loodetud

Tunnustus meile kui ühele viiekümnest maailma tipp kogudusest

1991.a. veebruaris, kui me uude Guro Dong'i pühamusse kolisime, korraldasime kaks nädalat kestva spetsiaalse tervendamise koosoleku. Koosoleku lõpuüritusel, reedeöisel tervenduskoosolekul ületas registreeritud inimeste hulk 10000 piiri. Jumal saatis meie juurde palju inimesi erinevatest kultuuridest, erineva sotsiaalse ja majandusliku taustaga. Peale kuue kuu möödumist oli ka uus ja suurem pühamu taas rahvast täis. Kolme aasta pärast ei mahtunud rahvas taas ära.

11. veebruaril 1993.a. kirjutasid Korea peamine päevaleht ja teised kristlikud ajalehed, et Ühendriikide ajakiri *Kristlik maailm* oli toonud ära viiskümmend tipp kogudust maailmas ning meie kogudust oli üks nende seas. Meie kiriku avamisest oli möödunud kõigest kümme aastat ja Jumal oli lubanud

meie kogudusele sellise kasvamise osaks saada, et see oli juba ülemaailmselt tuntuks saanud. Seda tegi Jumal, mitte mina ning mida muud kui vaid tänu ja au sain ma Jumalale tuua.

Mida iganes me lootuses palusime

Õpetussõnad 29:18 ütleb: „*Kui nägemus puudub, muutub rahvas ohjeldamatuks, aga Seadust pidades on ta õnnis.*" Nägemus on teadmine tulevasest, mida Jumal meile prohvetite kaudu teada annab. Ilma nägemusteta oleksime me ohjeldamatud, me ei hooliks Jumala seadustest ning me käiksime alla.

Enne oma kiriku avamist olin ma paastunud nelikümmend päeva ning selle jooksul andis Jumal mulle mitmeid unistusi ja visioone. Jumal andis mulle unistusi ning juhtis mind. Palusin palju selle nimel, et kui ma ükskord kiriku avan, laseks ta sel maailmas tuntud koguduseks saada ning et Jumal ise armastaks seda kogudust väga.

Et maailma misjonit edasi arendada, oli mul esmalt töötegijaid vaja. Pidin leidma palju liidreid, kes Jumala silmis õiged oleksid ning keda oleks võimalik kasutada mitte üksnes oma maal vaid ka mujal maailmas misjonitöö tegemiseks. Palvetasin, et meile tuleks palju suurepäraseid pastoreid. Teoloogilises koolis õppimise ajal nägin ma palju, kuidas teoloogi tudengit kiriku tualettruume puhastasid, iganädalaseid väljaandeid kokku panid ning muid pastorite ning koguduse liikmete raskeid ja keerukaid töid tegid. Tihti ei saanud nad selle eest mingit tunnustust. Kui nad mõne vea sisse lasid, hurjutasid pastorid nende kallal ning halvemal juhul võidi neid ka kogudusest välja heita. Tohutult kahju oli tudengeid sellises olukorras näha. Seetõttu hakkasin ma peale oma kiriku avamist tudengeid õppetasude maksmisel aitama ning toetasin neid elamiskulude katmisel. Soovisin neid aidata selleks, et neid kasvaksid pastorid, kes ei eksi maailma ahvatlustesse ning kellest saaksid tugevad pastorid. Jumal liigutas mu südant ning palju tublisid pastoreid tuli. Kuna koguduse rahaline seis polnud kiita, polnud seda kõike aga kerge teha. Koguduse liikmed, kes raha eest hoolt kandsid, kaebasid sel teemal vahel. Veensin neid seepeale, et me ajame head asja ning palusin olla kannatlikud ja teha rahus oma tööd.

Maailmamisjoni edendamiseks oli mul head meeskonda vaja ning ma palvetasin selles unistuses. Neljakümne päevase paastumise ajal olin ma vaimusilmas, kuidas ülistusmeeskond igal teenistusel ülistust läbi viis. Palvetasin: „Jumal, kui ma kiriku avan, anna mulle palun suurepärane ülistuse meeskond." Ootasin selle täitumist usus. Palusin mitte vaid ülistusmeeskonna, aga ka suurepärase koori pärast. Esimene ajaraamat 23:5 ütleb: „*Ja neli tuhat olgu väravahoidjaiks, ja neli tuhat kiitku Issandat mänguriistadega, mis ma kiituse tarvis olen teinud!*" Näeme, et Jumala templis oli neli tuhat inimest muusikalisi instrumente mängimas. Laulud 150 õpetab, et peaksime ülistama mängides trompetit, lautot ja harfi, flööti, valjut simblit ja tärisevaid simbleid!

Palusin koori nimel ja ootasin Jumala juhatust selles osas aastaid. Jumal kutsus kokku erinevate instrumentide mängijaid. On üsna tavaline, et muusikutel on oma arusaamine ja tõekspidamised ning neil polnud neist kerge loobuda. Ometi leidus professionaalne, kes olid valmis end Jumala teenistusse andma. Neist muusikutest moodustus orkester, Nissi orkester. 1. märtsil 1992.a. oli meil asutamise teenistus ning sellest peale on nad koguduse tegevuses väga aktiivselt kaasa löönud. Nad mängisid Yoido väljakul peetud juubeliüritusel ning teistes kirikutes peetud teenistustel, andsid heategevuskontserte Koreas ja väljaspool Koread.

Jumal andis meile ka suurepärase koori. Täna on meil enam kui kakskümmend ülistamise meeskonda, kes annavad au Jumalale mitte üksnes Koreas, aga ka paljudes muudes maades.

Tema ülistamine käsitrummi ja tantsuga

Maailmamisjoni täiendamise unistus tõi endaga veel ka tantsugrupi, mitte üksnes ülistusgrupid. Mõtisklesin Piiblit lugedes ning püüdsin teada saada, mis oleks Jumalale kõige enam meele järele. Sain idee sellest, mida oli kirjutanud Taavet. Kui Jumala laegas Taaveti juurde tuli, tantsis Taavet suurest rõõmust (Teine Saamueli raamat 6:12-23). Tema naine Miikal aga põlastas seda oma südames ning kritiseeris Taavetit. Siis ütles Taavet: „*Issanda ees, kes mind on valinud sinu isa ja kogu ta soo asemel ja kes käskis mind olla vürtsiks Issanda rahvale Iisraelile, jah, Issanda ees olen ma tantsinud.*" (Teine Saamueli 6:21). Miikal, kes Taavetit Jumala ees tantsimise tõttu põlanud oli, sai ta neetud ning ta ei saanud järeltulijaid. Meile on oluline, et me järgiksime Jumala sõna ja ja oleksime Talle meele järele, mitte ei mõtleks sellele, mida teised inimesed asjast arvavad.

Nad tantsivad nõiatantse!

1986.a. märtsis oli Püha Tantsu Meeskond Jumalale au andmas ning ülistavaid tantse tantsimas. Tantsu vaatajatele annab see aimdust taevalikust lootusest. Nimetus Püha Tantsu Meeskond muudeti ümber Misjonikunsti Meeskonnaks.

Täna on kristlikud tantsud tänu meedia kiirele arenemisele hästi teada, kuid tol ajal ei tuntud seda häsit. Meie kogudus lõi Ülistuse Nõukogu ning Misjonikunsti Nõukogu. Need grupid korraldasid erinevaid üritusi ning esile kerkisid paljud professionaalsed lauljad, tantsijad ning mängijda. Kuna meie kogudus kasvas tohutul määral, oli alati ka kadedaid inimesi ning need lasid lahti palju alusetuid kuulujutte. Nii oli peagi kuulda laimu: „Nad tantsivad oma teenistustel nõiatantse!" Paaril korral aastas korraldasime me Piiblist tulenevate tähtpäevade puhul tantsuetendusi ning andsime neid meie konfessiooni ees. Levis aga kuulujutt, et meid juhivad kurjuse jõud ning et me tantsime igal teenistusel.

Hoolimata kuulujuttudest kutsuti meie Püha Tantsu Meeskond 1991.a. pastor Hyeon-gyoon Shin'i Halleluuja Nõukogude Liidu Ristiretkele. See oli esimene rahvusvaheline ettevõtmine, kus Jumalale tantside au anti. Sellest peale said nad rohkem armastuse ja poolehoiu osaliseks paljude rahvast poolt nii Koreas kui väljaspool Koraed. Nad teenivad Jumalat veel ka täna.

Ande ära tundmine

Praegu on meie koguduses palju kunstilisi gruppe. Nad on Jumala abiga oma annet arendada saanud ning on väga aktiivsed oma tegevuses. 1. juunil 1991.a. osales üks meie koguduse grupp Kaugida Levitamise Ettevõtte poolt korraldatud 10. Gospelmuusika konkursil. 17. juunil 1995.a. oli nende jaoks 14. konkurss, see kandis nime Valguse Koori Hääl ning koor võitis peaauhinna. Valguse Koori Hääl koosnes tol ajal kolmest lauljast ning üks neist oli minu kolmas ja noorim tütar Soojin.

Jumal oli kutsunud tema oma sulaseks juba siis, kui ta alles laps oli, ta lõpetas teoloogia kursuse ning teenib koguduses praegu pastorina.

17. aprillil 1993.a. toimus Hwaetbool (tõlk. Tõrvik) hallis kristlik kontsert lastele, kes olid oma perekonnapead ning sinna oli kutsutud ka meie Nissi orkester. Samal aastal kutsuti Nissi orkester kaasa Misjonikunsti Meeskonna ja teiste ülistusmeeskondadega. Nad osalesid süüdistajate ja kaebajate evangeliseerimiseks korraldatud spetsiaalsel ülistusteenistusel, mida peeti riikliku süüdistaja avaliku büroo konverentsiruumis. 6. novembril 1993.a. osalesid meie koguduse Kristall-lauljad neljandal Rahvuslikul Gospelmuusika konkursil, mida korraldas Kristlik Levitamise Süsteem ning nad võitsid seal peaauhinna.

Koostöö kirikute liitude ministeeriumidest

Teenimise südamega

Kuna meie koguduse liikmed osalesid vabatahtlikena paljudel kristlikel üritustel, siis avaldasid mitmed organisatsioonid soovi mind kõrgele kohale nimetada. Mina ei olnud sellest kuigi huvitatud, kuna mulle meeldis rohkem tahaplaanile jääda ning juheneid n.ö. kardinate tagant anda. Keeldusid pakkumistest palju kordi, kuid viimaks nõustusin võtma vastu mõne madalama koha, et mitte ükskõikse ja ülbena näida. Kui toimus mõni üritus, millel osalejatele olid määratud nimelised kohad, siis istusin ikka endale ette nähtud kohale. Kui sellist kohta ette nähtud polnud, võtsin istet tagumises reas. Piinlik oli istuda sedasi keskel kohal, kui peale minu oli kohal nii palju eakaid ja väärikaid pastoreid. Tagumistes ridades tundsin end hoopis paremini. Lisaks sellele ei ole ma avalisest üritustest kuna hoolinud, kuna samal ajal tuleb Jumala sõnale keskenduda ning palvetada ja sellised ettevõtmised

1992.a. Maailmale Püha Vaimu Avaldumise Ristiretkel

Daegu Evangeliseerimise Ühendatud Ristiretkel

Süüdistajate Evangeliseerimise Ristiretk

Kontsert vangide õpetamise ja evangeliseerimise teenistusel

Rahvale ja selle inimestele paastuva palve koosolekul jutluse pidamine

Halleluuja Sõuli Ühendatud Ristiretk (Manmin'i Keskses Kirikus)

1995 Juubeli Ristiretk Lõuna ja Põhja Korea Taasühinemiseks (Yoido's)

võtavad palju aega. Nii palusin ma tihti oma abipastoritel minu eest osaleda. Võimalik, et minu vähese suhtlemise ja üritustel osalemise ning teiste pastoritega vähese läbikäimise tõttu on mind ka ülbeks peetud. Kus iganes aga mõni koguduste liiduga seotud ettevõtmine toimus, püüdin ma alati endast parima anda.

21. juunil 1993.a. viisin ma „Kogu maa kampaania ja Imjingak'i Suur Ristiretk Rahvaste Taasühinemiseks" nimel läbi spetsiaalse palvetamise. Nissi orkester, meie koor ja vabatahtlikud osalesid sel samuti. Sama aasta 18.-20. oktoobril peeti Rahvate Taasühinemiseks Sõuli Evangeliseerimise Ristiretk. Kõnelejateks olid neli Korea väga kuulsat kõnemeest ning nad kuulutasid, et Pühakirja abil ühendame me maa taas üheks. Sama aasta 24. novembril kutsuti mind Rahvaste Taasühinemise palvekoosolekule Haneolsan palvemäele. Jagasin sõnumit ning palvetasin kohale tulnute eest, ning paljud tervenesid.

Tundsin huvi koolituskeskuse vastu, mis oli loodud vangide ja vangist vabanenute heaks. 28. veebruaril 1994.a. peeti Korea Kristliku Ristiretke Rahvusliku Koolituse nõukogu koosolek, see toimus Myung Sung Protestantlikus Kirikus ja läbi viijaks oli Rahvusliku Koolituse Nõukogu Kristlik Liit. Koosoleku pealkirjaks oli „Sõna, armastus ja haridus". Mina olin üks liidu presidentidest ning lugesid kirjakohti Piiblist. Meie koguduse ülistusmeeskond, Nissi orkester ning tantsu esitajad tõid Jumalale au. Sama aasta 24. märtsil peeti Sejong'i keskuses Kristliku Levitamise Süsteemi (CBS) neljakümnenda sünnipäeva tähistamiseks üheteistkümnes Misjonikooride Festival. Meie koguduse koor ja Nissi orkester esinesid sel festivalil. 20. juunil 1994 peeti Maailma Evangeliseerimise Keskse Nõukogu poolt „Imjingak'i Suur Ristiretk Rahvaste Taasühinemiseks". Selle ühenduse presidendiks oli tol ajal pastor Hyeon-gyoon Shin ning mina tegin seal esinduspalve.

President pastor Hyeon-gyoon Shin kõneles pealkirja all „Rahvaste Taasühendamine Piibli abiga" ning õhutas kogudusi ühinema, vaatamata nende konfessiooni kuulumisele. Sajad meie kogudse liikmed olid taas vabatahtlikena ametis, lõid kaasa koori või orkestri tegevuses, olid uksehoidjateks ja liikluse korraldajateks. 20.- 22. juunini peeti Maailma Evangeliseerimise Keskse Nõukogu Sõulu ala Suurt Ristiretke meie kirikus ning sel korral oli kõnelejaks pastro Homun Lee.

14. juuli peeti Olümpia Gümnaasiumis koos pastor Jongjin Pee kui esindava presidendiga „1994.a. Sõulu Püha Vaimu Suurt Ristiretke". Reinhard Bonnke jagas sõna ja õnnistas rahvast. Samas aasta 5. septembril osalesin ma Kristilike Naisliidrite Ristiretkel, mida peeti Rahvaste Taasühinemise Juubeli Ristiretke Nõukogu poolt Olümpia Gümnaasiumis ning koostasin ülevaate ühingu ajaloost.

Cheong Wa Dae Presidendipalee külastamine ja Juubeli Ristiretk

29. juulil 1995.a., ajal mil ma olin Rahvast Taasühinemise ja Evangeliseerimisliikumise Assotsatsiooni alaline president, korraldasin ma spetsiaalse palvetamise „Rahva ja inimeste Paatumise Palvekoosolek". 12. augustil 1995.a. kutsuti kümme pastorit, kes olid „Rahumeelse Taasühinemise Juubeli Ristiretke" liidrid Korea Iseseisvuspäeva mälestamise 50. aastapäeva puhul Cheong Wa Dae Presidendipaleesse. Mulle oli enne räägitud, et me võime saada ühe tunni jooksul Presidendiga rääkida ning omi soovitusi anda. Päev enne sinna minekut palvetasin ma ning palusin, et Jumal näitaks, mida ma seal kõnelema peaks. Vastust aga ei tulnud. Palvetasin koosoleku pärast, kuid Püha Vaim ei

andnud mulle ühtki suunda. Mulle tundus üsna kummaline, et Püha Vaim vaikis.

12. augusti kell 11 hommikul toimus meil Cheong Wa Dae's koosolek ning korraga mõistsin ma, miks ma eelmisel õhtul ühtki vastust saanud ei olnud. Meie koosolek toimus koos President Youngsam Kim'i, kuid kõnelemiseks ega soovituste andmiseks meile aega ei antud. President muudkui kõneles ja kõneles, ning viimaks oli aeg otsas. Tulime tagasi ja laususime mõttes palveid.

Siis läksim Yoido väljakule, et kell 14 algavast Rahumeelsest Taasühinemise Juubeli Ristiretkest osa võtta. Meie koguduse liikmed olid sealgi taas teenimas, küll liikluskorralduse ja parkimisega tegelemas, platvormil uksehoidjate ja Nissi orkestri koosseisus teenimas.

Mis on koguduse kasvamise saladus?

Pastor Hyeon-gyoon Shin'i lootus ja nägemus

5. detsembril 1994.a. kutsuti mind Rahvusliku Evangeliseerimisliikumise Assotsatsiooni „Tervendaja Koolituskeskusesse", ma jagasin seal sõnumit ning 8. detsembril peeti meie kirikus CBS'i neljakümnenda sünnipäeva tähistamiseks 4500. spetsiaalne CBS'i programm „Uuenda meid". Jagasin sõnumit pealkirja all „Tõeline hääl", õhutades sellega levitamise süsteemi tegeme tööd kui prohvet, jagades sõnumit õiglusest ja rahust. Pastor Hyeon-gyoon Shin armastas meie kirikut. Tänaseks on ta meie seast juba lahkunud, kuid ta olevat olnud Korea tervendamiste eestvedajaks ning oli tõeliseks staariks Korea kristluses ühe neljakümne aasta. Ta armastas mind ja armastas meie kogudust. Ta jagasin Korea kirikutele ning Korae Taasühinemise Liidule lootust ja nägemust Püha Vaimu väega, tehes seda suurepärase huumorimeelega. Paljud,

hoolimata nende konfessiooni kuuluvusest, armastasid teda väga. Ta teadis, et mind oli vääriti koheldud ning külastas meie kirikut ning külastas meid 1992.a. oktoobris toimunud teenistusel ning sisse õnnistamise teenistusel. Sellest peale osales ta mitmetel meie üritustel ning koosolekutel ja julgustas meid sõnumitega.

Mis on koguduse kasvamise saladus?

Palju pastoreid mitte üksnes Koreast aga ka paljudest muudest maadest on meie koguduse liikmete rõõmsaid palgeid nähes väga liigutatud ning uurivad minult tihti koguduse kasvamise saladuse kohta. „Pastor, teie koguduses ei ole ühtki spetsiaalset tegevuse korraldajat ega ei toimu teil ka koolitusi, milles seisneb teie koguduse kasvamise saladus? Kuidas saavad liikmed vabatahtlikku tööd nii andunult teha?" Minu arvamus on, et ma ei ole kunagi kedagi millekski kasvatanud. Kõik see täiuslikkus sai loodud Jumala armuast.

Koguduse kasvamise kohta on erinevaid arvamusi. Mõned pastorid ütlevad: „Jumal annab meile vaid nii ja nii palju liikmeid" või „Selline liikmete arv on meie kogudusele just paras." Piibel ütleb, et esimeste koguduste liikmete arv kasvas päev-päevalt ja see oli Jumalale meele järele. Kuna Jumala tahe on, et igaüks saaks päästetud (Pauluse 1. kiri Timoteosele 2:4), siis kasvas liikmete arv esimestes kogudustes, mis Jumalale meele järele olid, iga päevaga (Apostlite teod 2:47). Kuuldus mõne koguduse kasvamisest rõõmustas mind väga. Kuna iga kogudus on loodud Issanda vere kaudu, palvetasin ma iga sellise koguduse ja pastori eest.

23. veebruaril 1995.a. peeti meie kirikus Korean Pastorite Palveühenduse 149. Rahvuslikku Pastorite konverentsi. Kohale

tuli umbes 1000 pastorit. Kõnelesin neile koguduse kasvamise saladusest ning tegin sama ka 1996.a. Hawaii pastorite ja Argentiina pastorite konverentsidel.

Esmalt on vaja, et pastor ja kogudus Jumala armastust kogeksid

Õpetussõnad 8:17 ütleb: „*Mina armastan neid, kes armastavad mind, ja kes otsivad mind, need leiavad minu.*" Armastada Jumalat tähendab Johannese esimese kirja 5:3 järgi *pidada tema käske.* Jeesus ütles ka: „*Kellel on minu käsud ja kes neid peab, see ongi see, kes armastab mind. Aga kes armastab mind, seda armastab mu Isa, ja mina armastan teda ning näitab talle ennast.*" (Johannese 14:21).

Teiseks peame me palvetama

Tublisti teenimiseks peame me palve abiga Jumala õnnitust maa peale tooma. Usuisad, kes Jumala tahet täitsid, olid kõik palvevõitlejad. Esimeste koguduste apostlid ütlesid: „Pühendame end pidevalt palvetamisele ning maailma teenimisele." Koguduse administratiivse töö jätsid nad teiste hooleks ning keskendusid ise vaid Jumala sõnale ja palvetamisele. Palvetades hüüame me Jumalat kõigest oma jõust ja väest (Jeremija 33:3). Esimene Moosese raamat 3:17 ütleb Jumal pattu teinud Aadamale: „*Vaevaga pead sa sellest sööma kogu eluaja.*" Nii nagu vaevaga inimene külvab ja lõikab saaki, nii tuleb meil ka palves panna sellesse kogu oma hing ja pingutada kõvasti. Täna tulevad paljud meie koguduse liikmed igal öösel kirikusse ja palvetavad seal.

Sama toimub ka kodustes pühapaikades, harukogudustes ning majapidamisetes üle kogu maailma.

Kolmandaks peab meil olema vaimulik usk

Siin räägitakse ususst, mida saadakse ülalt ning mida me kogu oma südamest usume. See on usk luua mitte millestki midagi ja usk, millele mitte miski pole võimatu. Sellist usku ei saa me lihtsalt sedasi, kui loeme Piiblit ning olema pikka aega kristlased. Sellist usku annab üksnes Jumal ülalt neile, kes Jumala sõna ellu rakendavad. Piibli järgi on tegudeta usk elutu usk. Üksnes siis, kui palume sellise vaimuliku usuga, saavad meie palved ka vastused nagu ütleb Matteuse 21:22 *„Ja kõike, mida te iganes palves palute uskudes, seda te saate!"* Nii saavad ka meie palved koguduse kasvamise osas täidetud.

Neljandaks peame me kuulama Püha Vaimu häält ja tegutsema tema juhtimise järele

Püha Vaim püsib paastetud Jumala laste südametes ning juhib meid Jumala tahte järgi. Kuuldes Püha Vaimu häält selgelt ning talitades tema juhtimise järele näeme ka selgelt, kuidas kogudus kasvab. Et Püha Vaimu häält kuulda, tuleb pastoritel enam kui midagi muud võidelda iseenda patu vastu ning heita endast kõik südame kurjus. Sel moel peab ta heitma endast kõik lihalikud mõtted ning mõttemallid, mis Jumala plaanidega ei sobi. Peame olema suutelised järgima Jumala sõna kõiges.

Viiendaks peame joonduma esimestest kogudustest

Apostlite tegudes on kirjas, kuidas esimesed kogudused risti sõnumist tunnistasid. Kuna apostlite läbi leidsid aset palju vägevad teod, hakkasid paljud pühakirja uskuma just nende imetegude nägemisest ning kogudus kasvas väga kiiresti.

Kodumaised ja meretagused missioonid kogu ulatuses

Aafrika missiooni lagus

1994.a. jaanuaris külastas meie kogustu pastor Charles Macom Tansaania Nelipüha Kogudusest. Ta sai meie koguduses jagatud sõnast väga liigutatud ning kui ta koju tagasi pöördus, kõneles ta nähtust. 4.-6. juulini 1994.a. jutlustasin ma Tasmaania Nelipühi Koguduste Liidu poolt korraldatud Aafrika Kirikupeade konverentsil, mis toimus Dar Es Salaam'is, Tasmaania pealinnas. Mu süda oli suures vaevas nähes nõnda paljusid aafriklasi vaesuse ja haiguste, sh AIDSi, käes kannatamas. Teadsin aga siiski, et igaüht on võimalik igast kannatusest päästa ning ka haiged saavad tervetena edasi elada, kui nad Jumala sõnas elavad.

Jumal näitas meile selle konverentsi ajal palju imesid. Kui meie meeskond Tasmaaniasse jõudis, ütles kohalik pastor: „Pastor, see mis toimub on väga kummaline. Meil ei ole sel aastaajal kunagi vihma, kuid just enne teie saabumist sadas meil vihma ning nii ei ole meil mingit tolmu. Näeme, et Jumal valitseb ka ilmastiku üle." Päevast, mil meie meeskond Tasmaaniaase saabus kuni sealt taas lahkumiseni, sadas igal päeval igas paigas kuhu me läksime vihma ning pakkus kosutust kuuma eest. Vihma sadas ka öösiti ja ilm oli väga meeldiv. Jagasin rist sõnumit. Kuulajad mõistsid Jumala sõna ning ma tundsin selles elu, nad vastasid minu jutlusele omapärasel viisil ümisedes, plaksutades ja tantsides. Nägin, kui lapselikult süütud nad olid. Paljud neist tunnistasid, et nende usk sai uuendatud ning nad said suure kindluse ja usu osaliseks.

Peale konverentsi läksin ma Tansaania Masai hõimu külastama. Pealik ja paljud hõimu liikmed tulid meid tervitama. Väga eriliste külaliste puhul on neil kombeks ohverdada lehma verd. Kuna nad aga teadsid, et vere joomine on Jumala poolt ära keelatud, siis pakkusid nad meile hoopis kokakoolat.

Selleks, et neisse usku külvata, tunnistasin neile sellest, kuidas ma Jumalat kohanud olin. Mu jutt tõlgiti inglise keelde, suahiili keelde ja masai keelde, inglise keelde tõlkis Rev. Dr. Myongho Cheong. Enne teenima asumist oli ta olnud Hoseo Ülikooli inglise keele professor. Hiljem sai temast Aafrika misjoni üks

Masai hõimu külas

tublimaid eestvedajaid ning ta asutas misjonikeskuse Keenias, Nairoobis. Täna tegutseb ta viiekümne nelja Aafrika riigi elanike usule kutsumisega ning jagab neile pühakirja.

Jaapan, kus Piibli sõnum vilja ei kanna

Umbes samal ajal hakkas vaikselt avanema ka uks Jaapani evangeliseerimisele. 5.-8. novembril peeti seal Goshien'i jalgpalli staationil Tervendamise Misjoni üritus. Tegemist oli Jaapani suurima jalgpalli staadioniga ning meie koguduse Kunstimisjoni meeskond puudutas kõiki Jaapani korealasi sügavalt. Sama aasta juulis oli Kunstimisjoni meeskond kutsutud pastor Hyeon-gyoon Shin'i poolt esinema Hiina Ristiretkel ja Baekdu mäe taasühinemise palvel.

1994.a. juulis saadeti pastor Seung-gil Ryu misjonärina Jaapanisse ning sellest sai meie Jaapani misjoni algus. 22.-23. novembril 1994.a. toimus Jaapanis Ganae Kultuurikeskuses pealkirja all „Vala välja Püha Vaimu väge" üritus, millest võttis osa umbes 1000 inimest. Selle korraldajaks oli Ida Kirik (seal teenis Yoshikawa Noboru) ja lisaks toetasid mõned Ida Koduduse teised kirikud. Jagasin neile sõnumit pealkirja all „Ülestõusmise ajalooline tõestus", veensin kuulajaid olema kindlad selles, et Jeesus on üles tõusnud ning õhutasin neid elama oma elu ülestõusmise lootuses. Teisel päeval kõnelesin ma Jumalaga kohtumisest. Peale sellega lõpetamist palvetasin ma haigete eest ning Püha Vaim tõi külluslikult tervendust. Mida muud sain ma teha, kui vaid Jumalat tänada. Pastor Yoshikawa Noboru, ürituse üks peamehi, ütles: „Rev Dr Jaerock Lee sõnum puudutas sügavalt paljusid jaapanlastest usklikke ning ainuüksi see on Jaapanis väga harv juhus. Palju jaapanlastest usklikud on arvamusel, et imelised tervenemised leidsid aset vaid Jeesuse päevil. Kuulates Rev. Dr. Jaerock Lee sõnumit said paljud neist tervendatud ning kohtusid tõelise Jumalaga."

Mäletan sellelt ristiretkelt üht tervenenud patsienti nimega Yoshizawa Motohisa. Ta töötas pressi insernerina ning talle tehti seljaoperatsioon. Peale operatsiooni kannatas ta mitmete kõrvalmõjude käes ning käimine oli raskendatud, ning viimaks tuli ta suurte valudega meie ristiretke üritusele. Esimesel päeval sõnumit kuulates koges ta mõndagi. Järgmisel päeval tuli ta ja otsis mind mu hotellist üles, et koos palvetada. Palvetasin tema pärast kogu hingest ning peagi oli ta valu läinud ja küürus selg taas sirge.

Seni lastetud pered hakkasid palvevastuseid saama

1991.a. veebruaris toimus meil uude pühamusse minemise pidulik teenistus ning jutluse teemaks oli „Koos hinge arenguga". Jagasin kahe nädala jooksul viisteist sõnumit ning juhatasin spetsiaalseid koosolekuid just haigete abistamiseks.

1993.a. alustasime me kahenädalaste spetsiaalsete tervenduskoosolekutega. Esimene selline koosolek peeti mais mais ning kandis pealkirja „Patt, õigus ja kohus" (Johannese 16:8). Kuulates jutlusi sellest, mis patt, õigus ja kohus tähendavad kahel korral päevas, hommikul ja õhtul, hakkasid osalejad mõistma, milline sein nende ja Jumala vahel seisab. Nad vaatasid oma tegudele ning kahetsesid pisarsilmil. Nad murdsid maha patu seina enda ja Jumala vahel ning kogesid palju tervendustöid.

Paljud neist ei teadnud õieti sedagi, mis usk on, kuid kuulates sõnumit hakkasid nad kogema Püha Vaimu, mõistma sõna ja palvetama ning püüdma elada sõna Jumala sõna järgi. Hoolimata nende konfessiooni kuuluvusest tuli koosolekule palju inimesi üle kogu maa. Usklikud, kes olid koosolekul Jumala armu osaliseks saanud ning tervendust saanud, said täidetud Pühast Vaimust ning said oma kogudust veel paremini teenima. Inimesed tervenesid emaka- ja maovähist ning kõike seda tegi Püha Vaim. Oli palju tunnistusi sellest, kuidas inimesed olid paranenud halvast kõrvakuulmisest ning visanud ära kuuldeaparaadid, vabanenud halvast silmanägemisest ja visanud ära nägemisprillid, ning olnud seni viljatud kuid jäänud nüüd lapseootele.

Leidus selliseid paare, kes ei olnud saanud lapsi enam kui viie abieluaasta jooksul ning said nüüd suure õnnistuse osaliseks. Paljud selliseid viljatud paarid olid palunud mul nende eest palvetada ning nii palvetasin ma 5. mail 1993.a. toimunud õhtusel sessioonil haigete eest nõnda: „Need kes on viljatud, andku Jumal teile armu." Kui tervenduskoosolek läbi sai, kuulsin hiljem, et paljud osalenud paarid oli järgmisel aastal lapse saanud. Praegu tean ma palju lapsi, kes sündisid just sel aastal ning lõpetasid kõik Manmini lasteaia.

Pidin elama elu, kus sain kogeda füüsilisi väljakutseid

1994.a. mais toimus meil pealkirja all „*Ma teen*" (Johannese 14:13) teine spetsiaalne kahenädalane tervenduskoosolek. Ka sel koosolekul leidsid aset suured Püha Vaimu teod. Paljud kogesid sel koosolekul jumalikku tervendust. Tahaksin teile rääkida Joanna Park'ist, kes oli tol ajal peale suurt autoõnnetust haiglas.

Joanna Park sattus 27. mail 1993.a. teel koju autoõnnetusse, istudes õnnetuse toimumise ajal sõiduki tagumises osas. Ta langes koomasse ning ta toimetati haiglasse. Muuhulgas oli tal õla- ja lõualuu murd. Sisikond oli segamini. Teda vaadates ei

Joanna Park pidi elama vigastatuna kogu ülejäänud elu
Joanna Park tervenes täiesti ja kõndis tervenemiskoosolekul koos Rev. Jaerock Lee'ga
Joanna Park teenib täna misjonärina ja on täiesti terve

näinudki muud, kui vaid tohutuid vigastusi. Kuna ta reieluu oli paigast nihkunud, siis olid ka vaagen ning puusakondid purunenud ning üles paistetunud. Parem jalg oli tuim ning ta ei suutnud liigutada ei pöialt ega ühtki varvast. Kuna ta pindluu närv oli saanud vigastada, siis jäi üks ta jalg teisest 5 sentimeetrit lühemaks. Arstide sõnul ei olnud paranemiseks suurt lootust ning selliste vigastustega tulnuks tal kogu elu edasi elada.

10. mail 1994.a. õnnetus Joanna Park'il läbi raskuste saada haiglast liikumise luba ning ta tuli võtma osa meie kahenädalasest tervenemise koosolekust. Ta tuli kohale karkudega. Me palvetasime kõigi koosolekute juhtidega tema eest altaril ning sündis ime. Kõver jalg oli korraga sirgeks läinud ning Joanna, kes ei saanud varem isegi suud avada et haigutada, sai nüüd valuta mitmeid kordi haigutada. Palvetasin isiklikult tema eest ja ta tundis, et Püha Vaimu kuumust ning sai iseseisvalt kõndida, kasutamata enam karke. Koguduse liikmed, kes toimunut pealt nägid, olid rõõmust täidetud ning andsid Jumalale au. Kaks nädalat hiljem pandi talle Hanyang Ülikooli haiglas diagnoos, selleks ajaks oli ta parem jalg 5 sentimeetri võrra pikemaks saanud ja oli nüüd teise jalaga ühepikkune.

Kord tervenes üks väike beebi, kel polnud mingit lootust, ime kombel. Diakoniss Soonim Kim oli sünnitanud ennetähtaegselt ning vastsündinu kaalus kõigest 1.2 kg. Beebi pandi inkubaatorisse, kuid tema veresooned, mis südame juures olid, purunesid, beebil oli verejooks peas ning ta kaotas olulise osa oma silmanägemisest. Arsid teatasid, et imiku peaaju kahjustused on pöördumatu tagajärjega. Ka ütlesid nad, et ilma opereerimiseta võib ta kaotada oam silmanägemise täielikult ning kui teha operatsioon, siis suudaks edukas operatsioon tagada vaid kolmanditu tavalise inimese nägemisest.

7. mail 1994.a. lubasid arstid vanematel oma lapse koju viia, kuna nad ei suutnud enam midagi tema heaks teha. Õnneks oli sel ajal kohe toimumas üks tervenduskoosolek. Diakoniss Soonim Kim tõi imiku kirikusse, kuid ta seisund oli väga tõsine. Laps oli saanud palju ravimeid ja süste ning selleks ajaks oli tema kehakaal juba vähem kui üks kilogramm. Tundus, et lootus puudub ning lapse isa oli juba lootmastki loobunud.

8. mail, mil palusin lapse eest kogu südamest, hakkas Jumal tegutsema. Lapse silmapupillid, mis olid varem olnud ebaselged, hakkasid nüüd musta värvi võtma ning laps sai tavalise silmanägemise tagasi. Korraga oli tal isegi jõudu lutipudelist piima imeda. Sellest peale sõi ta nüüd aina enam ja enam ning kogus tervist. Talle pandi nimeks Hanna, täna käib ta põhikoolis ja kasvab suureks rõõmuks Issandale.

Peaaju rabandusega inimene

1995.a. pidasime me kolmandat kahenädalast spetsiaalset tervenduskoosolekut pealkirja all „Õige elab usust." Kolmandal päeval, ajal mil me pidasime haigete eest spetsiaalset palvet, toimus pühamu sissepääsu juures väike tunglemine ning üks inimene kanti kanderaamil pühamusse. Näis nagu oleks see inimene kiirabist kohale toodud, ta oli väga kriitilises seisundis. Sain hiljem teada, et kanderaamil lebas Moonki Kim ja ta kannatas peaaju rabanduse käes. Tal oli veresoon aju lõhkenud.

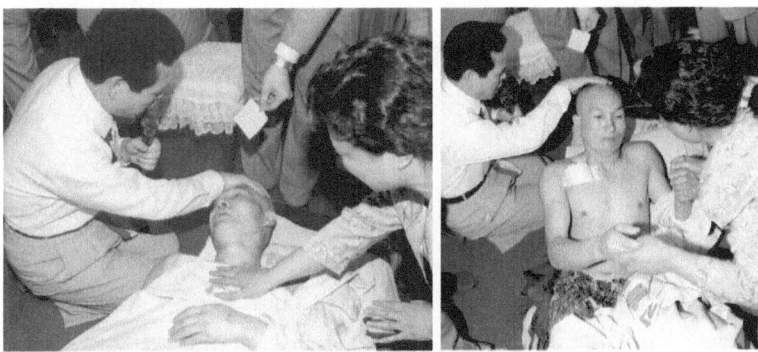

Peale palve tegemist tõusis peaajurabanduse käes kannatanud patsient püsti

Tema abikaasa oli pastor, kes oli peagi uut pühamud avamas ning aegajalt käis ta meie kirikus Jumala sõna kuulamas. Kui ta mees haiglasse viidi, oli arstide sõnul tal vähe lootust paranemisele. Kuna tema abikaasa ja pastor teadis, et selline tervenduskoosolek meie kirikus peagi aset leidmas oli, lasi ta kiirabiautol oma abikaasa kirikusse tuua ning oli kindel, et seal saab ta mees terveks.

Asusin selle teadvuseta mehe eest palvetama ning niipea, kui palve läbi sai, tõusis mees istukile. See mis nüüd aset leidis, oli kui filmis. Kõik pealtnägijad, kes sündinu tunnistajaks olid, andsid Jumalale au ja plaksutasid suurest rõõmust käsi.

Tervenemine hetk enne seda, kui käed amputeeritud oleks

Sel koosolekul oli ka diakoniss Sang-yi Lee, kelle kaheksa sõrme kätel olid halvatud. Koosolekul toimus ime tema jaoks - kõik tema kaheksa halvatud sõrme elustusid. 1985.a. talvel oli ta kõvasti külmetada saanud ning külm võttis sõrmed ära. Ta oli proovinud palju võtteid, sealhulgas nõelravi, kuid mitte miski ei aidanud. Ka kannatas ta üle keha liigesepõletiku käes. 1990.a. juhatati ta meie kirikusse Sõulis, ta tuli sinna mitmeid kordi ning läks seejärel kodulinna tagasi. Peale sinna tagasi pöördumist, jäi ta Jumalast kaugeks ning muutus laisaks oma usuelus.

Tema lugu oli selline: 1993.a. hakkas ta keha korraga kokku kuivama ning kael muutus väga kangeks. Tal diagnoositi liigesepõletik üle terve keha ning olukorra halvenemisega hakkasid ka muud kõrvalsümptomid lisanduma. Viimaks pidi ta minema Korea Ülikooli Guro haiglasse ning tema kaheksa sõrme jäid halvatuks, mitte aga pöidlad. Käed muutusid mustjaks kuni

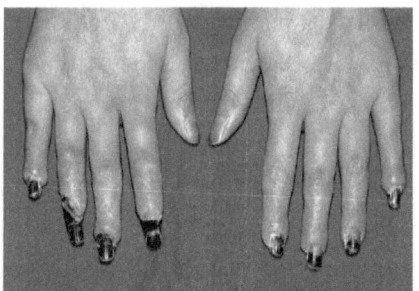

Sang-yi Lee halvatud sõrmed paranesid

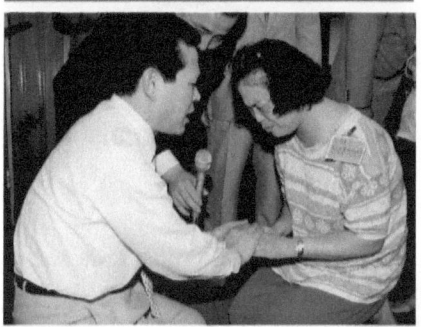

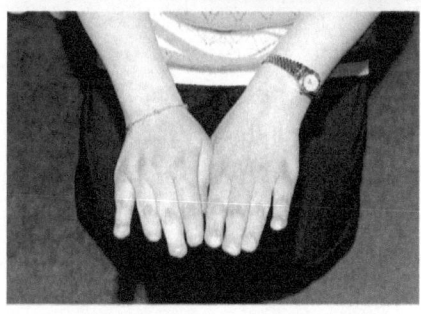

randmeni välja. Nüüd ei olnud enam üksnes küünte osa halvatud, aga juba ka sõrmeluud. Arsti sõnul oli vaja käed amputeerida, et halvatus ei liiguks mööda käsi kaugemale ning ei halvaks ka käsivarsi ning asi oli otsustatud. Kuupäev operatsiooni tegemiseks oli paika pandud. Olukord oli väga piinarikas ning diakoniss Sang-yi Lee pidi manustama pidevalt suurel hulgal valuvaigisteid. 1994.a. mais, päev enne operatsiooni aega, tuli ka kahenädalasele tervenduskoosolekule. Me palvetasime koos ning ta tunnistas, et sellest hetkest muutusid ta käed korraga kuumaks ja kogu väljakannatamatu valu kadus. Sellest peale muutus ta olukord järjest paremaks, arst vaatas ta üle ning otsutas, et operatsiooni polegi enam vaja teha.

Halvatus taandus ning halvatud sõrmedel olnud puukoore

taoline kõva nahk tuli lahti ning kasvama hakkas uus nahk. Ka uued küüned tekkisid sõrmedele. Järgmisel aastal, 1995.a. mais tuli ta taas kahenädalasele koosolekule ning ma palvetasime taas koos. Kui palve läbi oli, tundis ta korraga justkui oleks ta keha hästi kerge ning kogu valu tekitanud liigesepõletik taandus. Korraga sai ta täiesti terveks ja puhtaks ning mitte üksnes ta halvatud sõrmed polnud tervenenud, vaid kogu ülejäänud keha samuti.

Sampoong'i Kaubanduskeskuse kokku kukkumisel ellu jäämine

Meie koguduses tegutsed misjoniühenuds „Valguse ja soola missioon" ning see oli loodud eelkõige restoranitöötajate ja kommunikatsiooniettevõtete töötajate heaks. Alates selle töögrupi loomisest 1985.a. oktoobris olid selle liikmed pidanud teenistusi ja koosolekuid erinevais paigus. Nagu eelpool nimetatud, tegutsevad nad restoranides ja kommunikatsiooniettevõtetes töötavate inimeste huvides. Kuna selle ühenduse töötajad peavad pühapäeviti tööd tegema, siis tulevad nad teenistusele kirikusse pühapäeva õhtul ning nende teenistus kestab kella 21st kuni 23ni.

29. juunil 1995.a. umbes kell 18 õhtul toimus korraga kohutav katastroof. Kokku kukkus Sampoong'i Kaubanduskeskus. Selles kohas töötas umbes kümme meie koguduse liiget ning Jumal aitas neid õnnestusepaigast pääseda. Sellise kohutava õnnetuse toimumise läbi saime me kõik kogeda imet, mis nende päästmiseks juhtus.

Õde Jinsook Hong, kes töötas selles Sampoong'i Kaubanduskeskuses, jäi koos oma kolleegidega lõksu kolmanda

Sampoong Kaubanduskeskuse kokku kukkumine

korruse vahele ja sai imepäraselt päästetud. Ta oli tööl baaris kolmanda korruse vahekorrusel. Kuna tema tööaeg oli läbi saanud, siis läks ta väiksesse ruumi apteegi läheduses ning oli seal puhkamas. Õnnetus juhtus ajal, mil tema oma väikest uinakut tegemas oli ning jäi ruumi lõksu koos apteegis töötava õega. Medõe pea sai kannatada ning jalaluu oli murdunud. Nad ei näinud pimeduses isegi mitte poolt meetrit enda ümber ning ei leidnud väljapääsu. Küll aga kuulsid nad eemalt teisi inimesi hõikumas ja karjumas, lootuses saada abi.

„Jinsook, mu peast jookseb verd. Mäletan, et mulle ei meeldinud kui sa mulle varem pühakirja lugesid. Anna andeks! Ma usun nüüd kõike, mis sa siis rääkisid." Õde karjus ja kisendas ning õde Jinsook Hong hoidis ta käsi, palvetades ja Jumala sõna peast öeldes. Rääkida oli raske, sest tsementitolm, mida kõikjal palju oli, tungis kurku. Õde Hong palvetas: „Jumal, saada meile kõigile päästjad ja luba, et hoone ei vajuks enam ning anna palun ka värsket õhku hingamiseks."

Jumal vastas sellele palvele. Kolm tundi hiljem, umbes kell 21 õhtul, nägid nad korraga eemalt valgust ning keegi hüüdis: „On siin keegi?" Nad kisasid vastu: „Siin!" ja kaks päästjat jõudsid hääle järgi nende juurde. Apteek asus väljapääsu läheduses ja õnneks ei olnud ei väljapääsutee ega trepp kokku kukkunud. Kui päästjad nüüd treppi mööda tulid, kuulsid nad palvetamist ja ülistust. Medõde viidi kiirabiga haiglasse ja õde Jinsook Hong pääses õnnetusest täiesti tervena. See uudis trükiti ära peamistes päevalehtedes ning seal seisis, et päästjad kuulsid lauluhäält ning leidsid kannatanud seeläbi.

Kes võiks sellises meeleheitel ja eluähvardavas olukorra laulda? Lauluhääl oli palve- ja kiiduhääl Jumalale ning Jumal liigutas päästjate südameid nii, et nad läksid just õigesse kohta. Kui me peame Issanda päeva nii nagu vaja ning maksame kümnist, siis hoiab Jumal meid õnnetuste ja hädades eest.

L.A. 1995

Kirik enne lagunemist

27.-29. aprillil, enne Misjoni Kampaania korraldamist, toimus erinevais paigus enam kui neljakümne koguduse ühendatud ristiretke. Minul oli ristiretk pastori (O) protestantlikus kirikus (H), tema oli ka korralduskomitee esimees. Enne Los Angelesse minekut andsid mu koguduse liikmed mulle pisut raha, mida misjonireisil kasutada. Enne lahkumist ütlesin ma mõnedele koguduseliikmetele: „Jumal andis mulle kenakese summa ja ma olen kindel, et see leiab kasutust just selleks, mis vaja." Kirik, mida eelpool mainisin, oli väga väike kirik. Kiriku pastor oli selleks ajaks juba kuuekümneaastane mees ja tegi kogu töö kirikus üksi ära. Nende kolme päeva jooksul tuli kirikusse vaid umbes 100 inimest, kuid sellest hoolimata pingutasin väga, et neile head sõnumit jagada. Paljud pastorid, kes olid tol ajal suuremate kirikute avamisega ametis, oleksid soovinud mind endale esinema

LA Linna Nõukogu õnnistamine

LA Aukodanikuks saamine

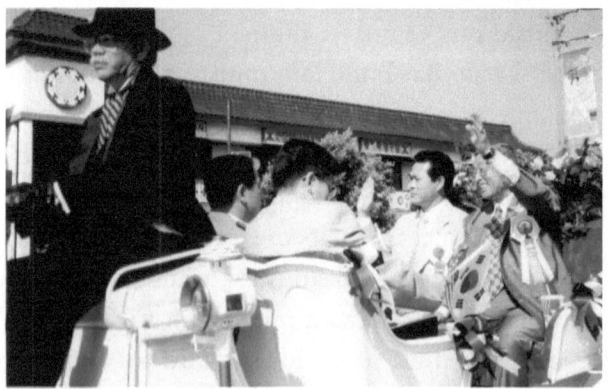

Korea Päeva paraadil LA's

ning vabandasid väga, et polnud koosolekule tulnud. Usun, et sellisele kolmepäevasele ristiretkele juhtimine oli Jumala töö.

29. aprillil, kui toimus viimane koosolek, palvetas pastor oma koguduse eest ning ütles: „Jumal, palun võta Sina meie rahaline olukord enda kätte, see kirik on plaanis anda maailma kätte." Olin tolleks hetkeks elanud läbi mitmeid raskeid olukordi sel koosolekul, kuid kuulates nüüd seda palvet, tundsin südames suurt rahutust ning Jumal puudutas mind sügavalt.

„Aita palun seda kirikut! Minu käes on kena summa misjoni raha, kas see võiks olla õige koht, kuhu raha suunata? Aita palun seda kirikut."

Kuulsin seda häält kõnelemas ning ütlesin oma sõnumis: „Ma ei tea, kui suur on teie koguduse võlg, kuid selline suurepärane Jumala kogudus ei tohiks maailma tõttu kannatada. Pakun teile pisut abi ning palun ühinege minuga kõik teised osalejad," ja ma lubasin anda 20000 dollarit.

Mõistsin korraga, et minu minek sellesse kogudusse oli olnud Jumala plaan ning see oli ette määratud, et see olukord mulle hinge läks. Mu südames oli suur soov aidata seda pastorit ning lohutada tema südant. Andsin endast kõik, et pastor ei peaks end kuidagi ebameeldivalt tundma ja et ta ei raiskaks oma aega minu tõttu. Ülistust viis sellel üritusel läbi meie koguduse ülistusgrupp ning nad andsid endast parima, et jagada liikmetele armu ja Vaimu täiust.

Järgmisel päeval, pühapäeval 30. aprillil, tuli pastor minu juurde, ta oli väga ärevas olekus ning ütles: „Pastor, eilseni tulid koguduseliikmed, kes teid tundsid, koosolekule ja asi oli hästi, kuid täna peavad nad kõik lahkunud olema. Teil pole isegi mitte kirikusse vaja minna, et seda kõike näha." Olin seda kuuldes muidugi väga üllatunud ja uurisin temalt, mis oli juhtunud. Ta rääkis, et koguduse abipastor oli ordineerimise eksamist läbi kukkunud ning kaebas nüüd pastori peale. Ta oli oma ameti maha pannud, temaga ühel nõul olid ka paljud kirikuvanemad ning kogudus oli lõhestunud. Kogudus oli niisiis kaoses. Kuna kogudus oli ka rahalistes raskustes, siis oli koguduseliikmete usk väga väikseks kahanenud.

Läksime viimaks siiski kirikusse ja avastasime hoopis vastupidist – keegi polnud lahkunud ja kirik oli rahvast täis. Isegi kooriliikmete istekohad olid ära võetud, nii palju oli rahvast. Jumal oli selle koguduse olukorda algusest peale teadnud, ta oli saatnud mu sellesse kogudusse ning nii sain ma pastorit rahaliselt aidata ja kogudusele Jumala sõna jagada.

'95 LA Misjoni Kampaania

30. aprillil 1995.a. toimus Konverentsikeskuses „1995.a. LA Maailma Misjoni Kampaania". Ürituse korraldajaks oli Maailma Evangeliseerimise Nõukogu ja Korea-Ameerika Kristliku Liikumise Nõukogu ning mind paluti sellele ettevõtmisele kõnelejaks. Jumala armust sai Maailma Misjoni Kampaania edukalt ära peetud. Mõni päev peale ürituse toimumist lugesin ma Ameerika Kristlikust Ajalehest järgmist:

„30. aprillil kogunes kokku umbes viiskümmend tervendajat ja enam kui 8000 usklikku ning erinevate rasside ühendamiseks peeti tervendamise koosolek." Rev. Jaerock Lee, peakõneleja pealkirja all „Olgek üks" veenis osalenuid, öeldes: „Me oleme vennad usus ja siin ei loe, kust me pärit oleme, millisest rassist või kultuurist. Loogem siis oma ühisest usust alus maailma evangeliseerimisele."

Korea Päeva paraadil LA's

Kutsutud 22. LA Korea Päeva Auesimeheks ja osalemine Kultuurikeskuses

Rahvahulgad hüüdsid koos ürituse motot: „Jagagem pühakirja maailma igasse nurka, tehkem see linn siin inglite linnaks, võit on meie!" ning see kostus üle terve konverentsihalli.

Võtsin ürituse raames osa ka hommikusöögist, kus osalesid Los Angelese linnaosa 300 liidrit. Nad tunnustasid koguduste laulu- ja tantsugruppe ja mõned neist valasid kõike toimuvat nähes pisaraid.

Korea Päeva Festival

1995.a. septembris osalesin ma 22. Korea Päeva Festivalil Los Angelese Korealinnas ja olin selle auesimees. Tegin mälestusmonumendi sisse õnnistamise palve ning Korae Õhtu ürituse avapalve. Osalesin ka festivali põhisündmusel, festivali paraadil, millel oli rohkelt lilledest valmistatud hõljukeid. Ühe hõljuki kandmiseks oli neli hobust ja selline tehti vaid väga erilise külalise jaoks. Mulle tehti ettepanek sellesse hõljukisse istuda, kuigi pean ütlema, et see valmistas mulle pisut ebamugavustunnet nii paljude inimeste ees. Muud sõidukid ja hõljukid liikusid minu hõljuki järel.

Minu üritusel osalemist takistasid mitmed asjaolud. Los Angelese Korea Ühing korraldas seetõttu koosolek ning võttis takistajate takistamiseks ette meetmeid, teatades, et kui keegi veel minu aadressil alusetut laimu levitab, siis hakatakse õiguslikke meetmeid kasutusele võtma. Nii oli Saatana tegevus rikutud inimeste poolt, kelle Jumal oma tööd maal tegema oli pannud.

- Esimese raamatu lõpp -
Jätkub (Raamat 2)

Autor:
Dr. Jaerock Lee

Dr. Jaerock Lee sündis Muan'is, Jeonnam'i maakonnas, Korea Vabariigis 1943. aastal. Olles oma kahekümnendates eluaastates kannatas Dr. Lee seitse aastat paljude ravimatute haiguste käes ning ootas surma, kuna lootus elu paranemiseks oli kustunud. Ühel kevadisel päeval 1974. aastal juhtis ta õde ta kirikusse ning kui ta palvetamiseks maha põlvitas, parandas Elav Jumal ka otsekohe kõigist haiustest.

Sel hetkel kohtus Dr. Lee Elavat Jumalat läbi erilise kogemuse, hakkas Jumalat kogu oma südamest ja siirusega armastama ning 1978.a. kutsuti ta Jumala sulaseks. Ta hakkas Jumalat õhinal paluma, et hakata Jumala tahet mõistma, Tema sõna täiustama ning järgima. 1982.a. asutas ta Sõulis, Koreas, Manmini Keskse Kiriku ning sellest peale on leidnud selles kirikus aset loendamatud Jumala tööd, sealhulgas palju imesid ja tervendusi.

1986.a. ordineeriti Dr. Lee Koreas, Jeesuse Sungkyul'i Kiriku aastakoosolekul pastoriks ning neli aastat hiljem, 1990.a. hakati avaldama tema jutlusi Kaugida Levitamise Ettevõtte ja Washingtoni Kristliku Raadiosüsteemi kaudu Austraalias, Venemaal, Filipiinidel.

Kolm aastat hiljem, 1993.a. valiti Manmin'i Keskne Kirik USA ajakirja *Christian World* poolt üheks Maailma Top 50 Kirikutest ja ta sai Jumaliku Audoktori tiitli Florida Kristliku Usu Kolledzilt. 1996.a. anti talle doktorikraad USAst, Iowast, Kingsway Teoloogilise Seminari poolt.

Alates 1993.a. on juhtinud Dr. Lee maailma misjonit paljudes ülemeremaades nagu USA, Tansaania, Argentiina, Uganda, Jaapan, Pakistan, Keenia, Filippiinid, Honduras, India, Venemaa, Saksamaa ja Peruu. 2002.a. nimetas Korae peamine Kristlik ajaleht teda „ülemaailmse haardega pastoriks" ja seda just tema tööde tõttu ülemeremaade Suurtel Ühendatud Ristiretkedel.

2010.a. augustis on Manmin'i Kesksel Kirikul kokku enam kui 100000 liiget. Üle maailma on rajatud 9000 kodumaist ja ülemeremaade harukogudust ning tänaseks tegutsevad 131 misjonäri 23 maal, sealhulgas Ameerika Ühendriikides, Venemaal, Saksamaal, Kanadas, Jaapanis, Hiinas, Prantsusmaal, Indias, Keenias ja paljudes teistes riikides.

Käesoleva raamatu kirjutamise ajaks on koostanud Dr. Lee 60 raamatu, sealhulgas bestseller'id *Igavese elu maitsmine enne surma, Minu elu,minu usk I & II, Risti sõnum, Usumööde, Vaim hing ja ihu, Taevas I & II, Hell, ja Jumala vägi.* Tema töid on tõlgitud enam kui 45 keelde.

Täna tegutseb Dr. Lee paljude misjoniorganisatsioonid ja ühenduste juhina: sealhulgas on ta Korea Püha Ühendatud Kiriku Esimees; Rahvusliku Evangeliseerimise Ajalehe President; Manmini Maailma Misjoni President; Manmini TV Asutaja; Globaalse Kristliku Võrgu (GCN) Asutaja ja Esimees; Maailma Kristlike Doktorite Võrgu (WCDN) Asutaja ja Esimees; Manmini Rahvusvahelise Seminari (MIS) Asutaja & Esimees.

Taevas I & II

Üksikasjalik ülevaade taevakodanike toredast elukeskkonnast keset Jumala au ja taevariigi eri tasemete ilus kirjeldus.

Risti Sõnum

Võimas äratussõnum kõigile, kes on vaimses unes! Sellest raamatust leiate te põhjuse, miks Jeesus on ainus Päästja ja tõeline Jumala armastus.

Usu Mõõt

Missugune elukoht, aukroon ja tasu on sulle Taevas valmistatud? Sellest raamatust saab tarkust ja juhatust usu mõõtmiseks ja parima ning kõige küpsema usu arendamiseks.

Põrgu

Tõsine sõnum kogu inimkonnale Jumalalt, kes soovib, et ükski hing ei sattuks põrgu sügavustesse! Te leiate mitte kunagi varem ilmutatud ülevaate surmavalla ja põrgu julmast tegelikkusest.

Minu Elu ja Mu Usk II

Liigutav jutustus igasugused katsumused võitnud tõelisest elust ja Püha Vaimu tulistest tegudest, mis said koguduses tõelise usu kaudu ilmsiks.